U0524739

本书受到北京大学国家发展研究院腾讯基金资助

北京大学国家发展研究院智库丛书·中国乡村调查系列
主编 黄益平

陕西省吴堡县辛庄村调研报告

Rural Survey in Xinzhuang Village,
Shanxi Province

北京大学国家发展研究院《经济学社会实践》调研团 著

中国社会科学出版社

图书在版编目(CIP)数据

陕西省吴堡县辛庄村调研报告/北京大学国家发展研究院《经济学社会实践》调研团著 . —北京：中国社会科学出版社，2021.6

(北京大学国家发展研究院智库丛书. 中国乡村调查系列)

ISBN 978-7-5203-7948-9

Ⅰ.①陕… Ⅱ.①北… Ⅲ.①农村调查—调查报告—吴堡县 Ⅳ.①D668

中国版本图书馆 CIP 数据核字(2021)第 034168 号

出 版 人	赵剑英
责任编辑	刘凯琳
责任校对	刘 娟
责任印制	王 超

出　　版	中国社会科学出版社
社　　址	北京鼓楼西大街甲 158 号
邮　　编	100720
网　　址	http://www.csspw.cn
发 行 部	010-84083685
门 市 部	010-84029450
经　　销	新华书店及其他书店
印　　刷	北京明恒达印务有限公司
装　　订	廊坊市广阳区广增装订厂
版　　次	2021 年 6 月第 1 版
印　　次	2021 年 6 月第 1 次印刷
开　　本	710×1000　1/16
印　　张	23
字　　数	251 千字
定　　价	118.00 元

凡购买中国社会科学出版社图书，如有质量问题请与本社营销中心联系调换
电话：010-84083683
版权所有　侵权必究

课题组负责人：

徐晋涛，北京大学国家发展研究院

蒋少翔，北京大学国家发展研究院

刘士磊，北京大学国家发展研究院

课题组成员及对本书贡献：

王笑雨、刘作杰、吴子贤（第一章）

蒋嘉毅、袁振宇（第二章）

刘梓轩、朱依诺、王子晨（第三章）

胡诗云、洪景鹏、江弘毅（第四章）

陈潇爽、周润人、张想（第五章）

訾亦然、姚思雨、陈艺多（第六章）

尉银杰、冷泓霆（第七章）

于元博、严元可（第八章）

李丁丁、李烨星（第九章）

赵家琪、夏心怡（第十章）

序　言

辛庄，陕北黄土高原一个无名的小村庄，距黄河25华里，是我出生和长大的地方。

相传在这个偏远的村庄，曾居住生活过数姓人家。最早在此生活的是居姓人家，现还存有他们居住过的残破窑洞。当时有一条贯通东西的大路，来往于山西临县碛口与陕北佳县、绥德、延安等地之间的货物都要经过此道，过往的客商甚多。居姓人家除过农家生活外，还辅之于经营旅店，供过往拉骡驮马的客人食宿。但居家并不安分农商生活，一天他们看到驻店的客商携带财物甚多，便起歹意，把客商杀害，将财物据为己有。此事败露后，遭官府抄办，居家从此败落，从辛庄失散。居姓败落后，又有周姓在此短暂居住生活后，迁居他乡。周姓离开后，我的张姓祖先从数十里外的一个村庄迁来此处，后又有王、霍二姓相继迁入，繁衍生息至今，故传统上辛庄有张家湾、王家湾和霍家崖三个自然村。从现存地契、文约等资料考证，我的祖上来辛庄的时间约为清朝康熙末年至乾隆初年，距今约300年。祖上最早居住过的窑洞现在仍在。

我出生于1959年，当时中国农村刚进入人民公社时代，辛庄也不例外。辛庄村为一个生产大队，下设四个生产队，我家属于第一生产队。从出生到1978年春去西安上大学，除中间两年在县城住校读高中外，我不曾离开过这个村庄。高中毕业后，我回到村里当农民，曾担任过大队团支部书记和生产队会计。我上大学后不到两年，人民公社解体，生产队解散，辛庄又回到单干时代。所以，我对农村生活的记忆，就是人民公社时代的记忆。

人民公社时代的辛庄村，好的地方是人多，热闹，当时农村人没有机会外出工作；不好的地方是生活苦，常年饿肚子，因为农民懒得好好干活。我当时的梦想就是离开这个村。我不想当一辈子"受苦人"，不愿在此度过一生。1977年恢复高考，我如愿以偿。但离开家乡越久，对它的思念亦越强烈。我时常想起孩提时候的生活，渴望回到这个村庄。我想"上一道道坡坡下一道道梁"，阳坪上摘酸枣，背坪上挖苦菜；我想喝碗妈妈熬的小米粥，躺在窑洞的土炕上睡一觉；我想和同伴们在大草堆里捉迷藏，望着天空数星星；我想听"德顺爷爷"唱一曲信天游，跟着伞头扭一场大秧歌；我想……

好在现在交通发达了，回到我的辛庄村并不难。但斗转星移，物是人非。花一天的时间就能走进我熟悉的村庄，但不容易碰到我熟悉的面孔。当年村里有四百多口人，现在长年生活在这里的只有百十号人。村里的长辈不少已经作古，儿时的发小大多都在外地打工。我曾上过的小学早已停办，教室变成了村干部办公室和仓库。碾米用的碾子已经弃之不用，磨面用的石磨已不见踪影。当年我曾把红枣当作口粮，但如今满地红枣无人拾捡。当然，托信息化之福，辛庄也不再像我小时候时那么闭塞。当年全村就一部手摇电话机,而且基本不能正常工作,现在居住在村里的人大多有了手机,用上了微信。

辛庄在凋敝,如千千万万个其他村庄一样。但突然有了转机。

2018年春,我的发小霍东征当了村主任。他小时候不是个好学生,长大后也不是个好农民,但他当村主任后,我发现他是个好领导!他有想法,有激情,肯付出,敢冒险,自己花钱为大家办事,雄心勃勃要把辛庄建设成模范村,为的就是"熬一个好名声",做一个"前无古人后无来者"的好村主任。他上任半年多,就做了"十件大事",让村里焕发生机,民风大变。我被他的精神感动,写了篇《村主任霍东征》,在自己的微信公号上发表了,没想到感动了不少读者,让东征出了名,引起了县乡两级政府领导对"霍东征现象"的重视,还吸引来北京大学国家发展研究院的师生搞田野调查。

作为地地道道的辛庄人,我对参加调研的三十多位北大学生和徐晋涛、蒋少翔两位带队老师怀有深深的感激。这么多北大同学和老师千里迢迢来到我们辛庄村,这是从来不曾有过的。在十来天的时间里,他们每天往返于县城与辛庄之间,克服了诸多生活不便和语言交流障碍,白天挨家挨户做访谈,晚上还要夜战"复盘",返校后提笔撰文,反复修改,写出一本很有分量、高水平的调研报告。这本田野调查报告真实地反映了辛庄村的方方面面,它的过去与现在,它的变与不变,不仅有史料价值,而且有学术创新,表现出了北大学生的水准,值得所有关注"三农"问题和想了解真实农村生活的人一读。这本调研报告也让我自己对辛庄村有了新的认识，想到一些我原来不曾想过的问题。

　　也许再过几十年，我的辛庄村将不复存在，正像它很久之前不曾存在一样，但我相信，这本调研报告的价值不会消失。

张维迎

2020 年 7 月 17 日

前　　言

中国农村社会，从费孝通先生所记述的20世纪30年代至今，虽然社会背景发生了剧烈的改变，但农村中的基本社会群体仍然是家庭。一切活动依旧围绕家庭这个核心展开。

本书基于对陕西省吴堡县辛庄村的实地调研，细致描述了中国农村的家庭结构、亲属网络、财产继承、日常生活、农业生产、非农就业等家庭基本特征，以及村办企业、贸易信贷、土地制度、乡村治理等乡村基础制度，旨在向读者展示中国农村文化、经济和社会变迁的蛛丝马迹。恰如费孝通老先生在《江村经济》一书中所述，如果要实现社会制度的成功变革，对社会制度的细致观察是必需的，乡村调查就是这些细致观察和分析的重要组成部分。在《江村经济》成文时费老说，"中国越来越迫切地需要这种知识，因为这个国家再也承担不起因失误而损耗的任何财富和能量了"。今日的中国，虽然取得了巨大的经济成就，但仍面临着巨大的外部挑战和内部发展压力，仍需砥砺前行，所以今天我们依然承担不起失误所带来的损耗，我们仍需要通过细致观察来提供客观的知识。希冀本书可以丰富乡村调查的案例，并为中国农村的进一步发展贡献绵薄之力。

不同于《江村经济》时期，中国农村目前面临的最大挑战已不再是传统农业文明与西方文明之间的冲撞，而是城镇化背景下的人口流失与产业转型。对中国农村而言，当下或是最难的时代。伴随着人口由农村向城镇的不断迁移以及大量的外出务工潮，农村原有的社会网络和传统文化逐步瓦解，加速的人口老龄化抽离了农村的朝气，部分村庄面临着消亡的危险，农业生产也不再能独立维持农村家庭的生计。多重挑战下，许多农民失去了对未来的方向，变得无所适从。与此同时，对中国农村而言，当下又或是最好的时代。习近平总书记的精准扶贫战略给农村带来了大量的扶贫资金、扶贫技术与配套政策，这为中国农村的转型与再次繁荣奠定了物质基础和政策基础，广大农民可以轻装上阵，重塑中国农村的经济、生活、制度和文化。在这样一个充满挑战和机遇的时代，农村的真实需求、多种农村政策的政策效果、农民行为方式的转变以及整体社会变革的演进，都需要被认真地审视。

村庄，其表象是农户的聚集居住单位；其内涵是农户的经济合作单位、社交网络单位、血缘延续单位和文化传承单位。因此村庄也是乡村调查的基本单位。本书选择的调研地点是陕西省吴堡县辛庄村，也是北京大学国家发展研究院张维迎教授的老家。在张维迎教授的大力支持与协调下，我们得以带领北京大学国家发展研究院2017级本科学生，前往位于陕北黄土高原的这处村庄进行深度调查并完成调查报告。在调研出发前，张维迎教授特意对全体同学进行了一场别开生面的行前培训，详细介绍了这块生他养他的地方——辛庄村。调研期间，学生克服了艰苦的调研环境，并且坚持及时整理调研数据，每晚集中讨论调研体会，汇报调研成果，听取大家提出的建议，不断打磨完善实践报告。在实践期间与实践结束后，也不断查阅县志与网上可得的历史资料，努力厘清当地发展脉络与重大历史事件，结合辛庄村现状，分析研究这其中反映的中国乡村的变迁。调研结束返校后，学生以费孝通先生的《乡土中国》为范式，以辛庄村的发展脉络为线索完成了调研报告，详尽讲述了以辛庄村为代表的中国典型村落的发展现状与其背后的经济学逻辑。

本报告为北京大学国家发展研究院2019年《经济学社会实践》课程的调查成果，北京大学国家发展研究院（NSD）是北京大学的一个以经济学为基础的多学科综合性学院，前身是林毅夫等六位海归经济学博士于1994年创立的北京大学中国经济研究中心（CCER），随着更多学者的加入以及科研和教学等方面的拓展，2008年改名为国家发展研究院（简称国发院）。从2017年秋季起，国发院开始招收国家发展方向的本科生，培养以经济学为基础，并通晓哲学、历史和政治学等人文社会科学基本原理的综合性人才。

国发院非常注重学生在社会实践方面的投入，我们鼓励本科学生通过基层实践，对于中国的现实问题有自己的认识，因此，国发院为本科生开设经济学社会实践项目，希望在假期带领学生深入乡村，了解我国经济发展的现实情况。

参与课题组调研的同学及分工如下：王笑雨、刘作杰、吴子贤（第一章）；蒋嘉毅、袁振宇（第二章）；刘梓轩、朱依诺、王子晨（第三章）；胡诗云、洪景鹏、江弘毅（第四章）；陈潇爽、周润人、张想（第五章）；訾亦然、姚思雨、陈艺多（第六章）；尉银杰、冷泓霆（第七章）；于元博、严元可（第八章）；李丁丁、李烨星（第九章）；赵家琪、夏心怡（第十章）。25位同学分为十组，就人口与家庭、亲属关系、财产与继承、治理结构与社会资本、乡村生活方式、农村产业结构、非农就业、商品流通、贸易与信贷，土地制度等课题分组，有针对性地研究中国乡村的变迁脉络，撰写出上万字的实践报告，以小见大理解中国相关发展及其背后的经济学逻辑。

目　　录

第一章　人口与家庭 …………………………………………（1）

　1　人口及家庭概述 …………………………………………（1）

　2　婚姻 ………………………………………………………（9）

　3　生育 ………………………………………………………（27）

第二章　亲属关系 ……………………………………………（34）

　1　宗族与祭祖 ………………………………………………（34）

　2　收养与干亲 ………………………………………………（39）

　3　亲属间往来 ………………………………………………（43）

　4　亲属关系与养老 …………………………………………（50）

第三章　财产与继承 …………………………………………（53）

　1　家产 ………………………………………………………（53）

　2　土地的权利界定以及相关历史沿革 ……………………（66）

　3　赡养与继承 ………………………………………………（81）

第四章　治理结构与社会资本·····················（94）
1　引言：初入辛庄·····························（94）
2　辛庄村的社会资本现状·······················（96）
3　辛庄村治理结构与社会资本的历史变迁··············（104）

第五章　乡村生活方式·························（111）
1　生产消费生活·····························（111）
2　娱乐生活·······························（120）
3　健康及医疗卫生情况·························（122）
4　社会关系·······························（131）
5　前路何方·······························（137）

第六章　农村产业结构·························（142）
1　辛庄村产业结构发展历程·······················（142）
2　竞争优势缺失·····························（151）
3　产业政策分析·····························（162）

第七章　非农就业·····························（179）
1　个体中心视角的非农就业·······················（179）
2　个体决策的依据：非农就业与多元目标···············（182）
3　描述性统计：非农就业的基本事实·················（186）
4　个体的非农就业：生活经历的中心环节···············（189）
5　收入和居住条件：非农就业情况的评价依据············（191）

6　教育水平：家庭的决策和个人的能力 ………………（195）

　　7　信息和关系：第一份非农就业的视角 ………………（203）

　　8　婚育和抚养：非农就业者与其未来 ………………（209）

　　9　结语：农民在哪里？ …………………………………（213）

第八章　乡村产业中的企业家 ……………………………（216）

　　1　个体经营——乡村企业家的前景 ……………………（217）

　　2　集体经营——乡村发展新模式 ………………………（230）

　　3　绕树三匝，何枝可依
　　　　——乡村企业家的去向 ………………………………（234）

　　4　结语：套利型企业家与创新型企业家 ………………（239）

第九章　商品流通、贸易与信贷 …………………………（240）

　　1　三位高中生的选择 ……………………………………（240）

　　2　人力资本 ………………………………………………（244）

　　3　传统农业 ………………………………………………（246）

　　4　辛庄村商品流通及贸易 ………………………………（250）

　　5　人力资本与借贷 ………………………………………（254）

　　6　辛庄村案例 ……………………………………………（260）

　　7　结语 ……………………………………………………（266）

第十章 土地制度 ……………………………………（267）
  1 村内土地产权概况 ………………………………（267）
  2 "企业化"与土地产权演进趋势 ………………（279）
  3 "企业家"与制度演进动力 ……………………（296）
  4 花椒地的合同设计 ………………………………（305）
  5 总结 ………………………………………………（308）

附 录 ……………………………………………………（311）

考察感想 …………………………………………………（314）

参考文献 …………………………………………………（350）

第一章

人口与家庭

◇ 1　人口及家庭概述

1.1　"户"的概念

《说文》:"護也。半門曰戶。象形。凡戶之屬皆从戶。"半门为户，古代大门多为对开，只有内门才是半扇呈户。内门从属于庭院之内，户的范围往往要比"家族"小很多。户为半门，本身就是对于财产产权的划分，可以说，家就是共有财产的内容，而户就是共有财产的边界。家庭本身就是一种经济依从关系，随着依从关系本身的变化，"户"的概念、范围本身也在不停的变化。我们在走访过程中，发现人们对于户的理解大致可以分为三个类别：宗族户、法律户、经济户。使用这三个词的人不同，这些词汇的含义也不同。

宗族户更多的被年长男性家主（即家中最年长的男性）所使用。它指代的范围，包括家主及其妻子、家主所有的男性子孙及其妻子以及未出嫁的女性，女性出嫁后便不再被计算在本宗族之内。需要注意的是，宗族的概念一定是建立在同姓家族中存在最年长男性的情况下，比如一个40岁已经成家的男子有70岁的父亲，那么这个男子单独的家庭及其附属人员就不能单独的称作一个"宗族户"。另外，如果该男性迁居他地，并与本家族不再有联系，可视作另立他户。这与分家的概念略有不同，如果男性成年结婚后选择另居别处但是与原家庭仍保持着联系（在辛庄村绝大多数人分家后仍住在相距不远的地方，这就仅是分家），在男性家长去世前，都不能称作为另立门户。

法律户的概念相对简单，就是户口本上名字写在一起，没有单独分户的就被称为法律户。

经济户的概念更多的被我们调查小组所使用，经济户指代的家庭中的成员必须有足够强的经济依附关系。比如赡养关系、养育关系、共生关系，等等。在调查中我们发现很多受访人描述的情况与实际情况相差很大的现象。比如存在子女未成年就进城打工，与原生家庭不再有经济联系的情况，这类子女就不能算作经济户内的成员，尽管他们的法律户口并未迁出。还有一些特殊情况，比如爷爷辈直接经济支持儿媳妇及其子女的生活，但其儿子个人并不对其妻子进行经济支援的情况，这一家的儿媳妇户口被其父辈扣住，[①] 并未在法律上与其丈夫结为夫妻，且其丈夫也并没有和其父亲分户，

---

① 因为此女的婚姻没有得到其父母的同意，家长将女方的户口扣住不让其领结婚证。

这种复杂的经济从属条件下，我们视作儿媳妇及孙辈均是爷爷这一方经济户的成员，而其儿子并不能算作经济户成员。更多的情况下，往往子辈愿意对父辈提供经济支援，但是父辈完全不接受，这些子辈不能算作经济户成员。

虽然我们精细地划分了经济户的判定标准，比如满足三个月以上在家或者直接、长期提供对应方的生活资料主要来源等条件，但实际情况远比文字描述的复杂，很多情况棘手到没办法具体地归为一类。我们采访的某一家人，其祖辈有三男一女，祖辈和前三个子女共同贷款为幺男娶妻，全家负债，各还各债，除此之外自顾不暇，再无联系。从时间上讲，2018年，这五个家庭之间确实没有任何明显的经济依存关系，但是这种共同贷款娶妻的行为，又不能说没有经济依存关系。为了尽量简化问题，我们并没有把这种分担风险的行为划分为经济户的判定标准。

1.2　家庭成员权责利的分配变化

家庭成员中的权力地位并不平等，一般推崇男尊女卑、长尊幼卑的传统序列，但在特殊的历史条件下，这样的情况并不是总是成立的。前文提到了家庭的核心是共有财产和管理一整套财产的规范办法，在我们的采访中曾经遇到过家庭几乎没有任何财产——除了一口用来居住的窑洞，在这种条件下，家庭成员之间的属从关系似乎被削弱了（这种情况集中出现在20世纪50—60年代最困难的时期）。

一个小孩从出生到四五岁，是由其更大的兄姐和家长共同抚养长大的，长兄（姐）负有一定的监护责任。在小孩成长到足够劳动之后，家庭就会给他分配轻度的劳动任务，比如捡柴、放羊、解枣（即打枣子）等。等小孩进入少年期，就可以参与和大人相同的种地劳作了。有两个情况引起了我们的注意：其一，本地的男孩和女孩在劳动上面没有任何的区别，由于采访样本的年龄限制，从我们了解到的情况来看，至少从20世纪50年代末起，男孩和女孩进行相同的农务劳作，女孩并没有学习纺织等传统意义上的轻手工业制造；其二，当地的作物全部为玉米、红薯、高粱、小米、土豆等主食，几乎不存在经济作物，另外一个未经数据证实的情况是，我们所采访的9个家庭中大都患有脑梗等心脑血管疾病，可能与本地的高碳水化合物饮食结构有关。总体来说，青少年承担的责任就是参与农务劳动，贡献体力，由于物资的贫乏，基本只能要求满足生存需求的食物。不过青少年所承担的责任随着时代的变化，逐渐发生了变化。20世纪80年代之后出生的小孩，在基本完成义务教育阶段的读书任务之后，大都外出打工，此时他们与原生家庭的联系被前所未有地削弱了，即便是他们愿意赡养父母，父母也并不愿意接受他们的付出，我们的数据中仅有1/9的父母接受了孩子提供的金钱援助。父母更希望他们能够在城市立足，逃脱这个只能种地的环境。

家长的职责除去劳作以外，还需要负责子女的婚姻嫁娶的部分或者全部支出。具体来讲有两方面：其一，父母负有监督子女结婚的责任，在子女到达适婚年龄仍未结婚的时候要予以介入，比如主动寻求介绍对象，甚至包括联系买卖媳妇等情况；其二，父母经济上负有支持子女结婚的责任，包括男方提供给女方的彩礼（我们采访中遇到了一个非常有趣的现象，女方父母要求的彩礼和我们采访到的男方父母提供的彩礼数额之间存在极大的统计差异，后文会讲到）。在父母缺乏对于子女结婚进行经济支持资金时，他们甚至可能以自己个人的名义向亲朋好友和金融机构贷款结婚，这种现象在近二十年愈演愈烈。一方面，自由恋爱的主动性前所未有地增强了，存在有"私奔"的现象，也存在自由恋爱嫁娶时女方几乎不要求任何物质条件的现象；另一方面，介绍婚姻和部分自由恋爱的女方对于物质的要求却极大地增强了。在20世纪60年代，由于物质的贫乏，结婚基本不需要经济条件；20世纪70—90年代，结婚所要求的经济物资基本满足改善生活或者礼仪习俗要求，不会有过分的要求；近二十年来，结婚要求的经济条件逐渐开始偏离当地的经济发展实际情况，借款结婚开始出现。往往有"一人结婚，全家欠债"的情况。

另外，对于儿子和女儿，婚嫁的经济支持程度是完全不同的。习惯上，嫁出女儿应该是得到净收入，而儿子娶媳妇需要净支出。这里从男方的角度进行叙述。在娶媳妇的时候，需要准备三笔钱，一部分直接交予女方家长；另一部分则交予女方用于购买"三金一银"和新娘的衣物等，还有用于招待女方的亲朋好友；还有另一部分则由男方准备置办婚礼宴席。

父母的权力在市场经济逐渐渗透进这个乡村的同时，在不断地被削弱。曾经的婚嫁市场中，父母之命非常之重要，虽然从伦理习俗上我们讲到传统婚姻需要父母的同意和支持，以及一个双方都认可的媒人介绍才算是"明媒正娶",否则便是不被祝福的。但从经济因素上讲,20世纪90年代前,适婚年龄20岁左右,结婚的男女双方对于大家庭的经济依赖度仍然是非常高的。结婚时,适婚年轻人往往缺少独立工作,以及独立的经济基础。生活依赖于务农,务农依赖于土地,土地与户口一对一绑定,而户口则被家长牢牢地握在手中。在这个贫穷的山村中,年轻人往往也不具备把握一定量现金的机会,也很难脱离户籍制度离开本土去外出谋生,这就决定了,从经济上讲,年轻人的婚姻一定是和大家庭绑定在一起的。

时代的变化要从1977年恢复高考说起,这个时间以后,读书成为改变命运的一条重要道路(尽管辛庄村走通这条道路的人屈指可数)。我们可以看到,恢复高考后,辛庄村的平均教育年限不断地提升。但是通过教育改变命运需要不断的投资,而恰巧辛庄村缺乏这样的一个基础条件,故对于大多数人来说,恢复高考并不意味着生活发生了彻底的变化。

20世纪90年代,经济制度改革的春风吹到了黄土高原深处。黄土坡上务农女,独木桥上读书郎,外出打工二十载,一朝归故乡。打工逐渐成为年轻人就业的主流,与此同时,延续数百年的大家庭概念逐渐开始解体。首先是生产关系的解体,年轻人就业的途径不仅仅限于务农,人和土地之间无比密切的联系逐渐消散,与此同时,长辈对于晚辈的控制力也逐渐减弱。一方面,就业途径更多了,另一方面,年轻人对于长辈的财产和社会关系的依赖程度也降低了。在婚姻情况上,不被长辈允许的婚姻出现,也被我们视作大家庭解体的标志性事件之一。在这样的一个时代,长辈只能通过扣留子女的户口从而使其不能结为合法夫妻,除此之外,便没有太多其他的控制手段了。

家中最长辈,即80岁及以上的老人(我们的采访数据缺乏丧失劳动能力的祖辈),他们基本都能生活自理,子女轮流看望长辈,而不存在完全的依附关系。我们发现在辛庄村中,直接而明显的赡养依赖关系非常的稀少,部分原因是当地普遍存在的贫困,使得长辈认为小辈把自己的衣食住行处理好,不拖累长辈已是非常好的情况。另外,我们也合理地怀疑,由于我们的采访对象均是家长辈,出于面子的原因,他们可能也不愿意直接透露接受子女经济支持的情况。

1.3 人口结构的变迁

家庭大多建立在婚姻关系的缔结和子女后代的生养上,其中婚姻关系的建立在不同的时期有不同的形式。在我们的统计数据中,1998年前结婚的夫妇中,100%为介绍婚姻。此处的介绍婚姻,严格来说,男女双方在被介绍认识之前,应该是没有见过面的,在介绍之后,通过一系列的婚俗上的规定检验(如家庭背景的调查,人品的调查,等等,都在后文讲到),再订婚,最终结婚生子。2000年之后,由于20世纪90年代打工潮的出现所带来的人口外迁,逐渐出现了以自由恋爱为主的结合形式。在我们的数据中,只有10对夫妇是通过打工而自由恋爱最终结合的。鉴于延续香火对于辛庄人

第一户

第二户

第三户

第四户

第五户

第六户

第七户

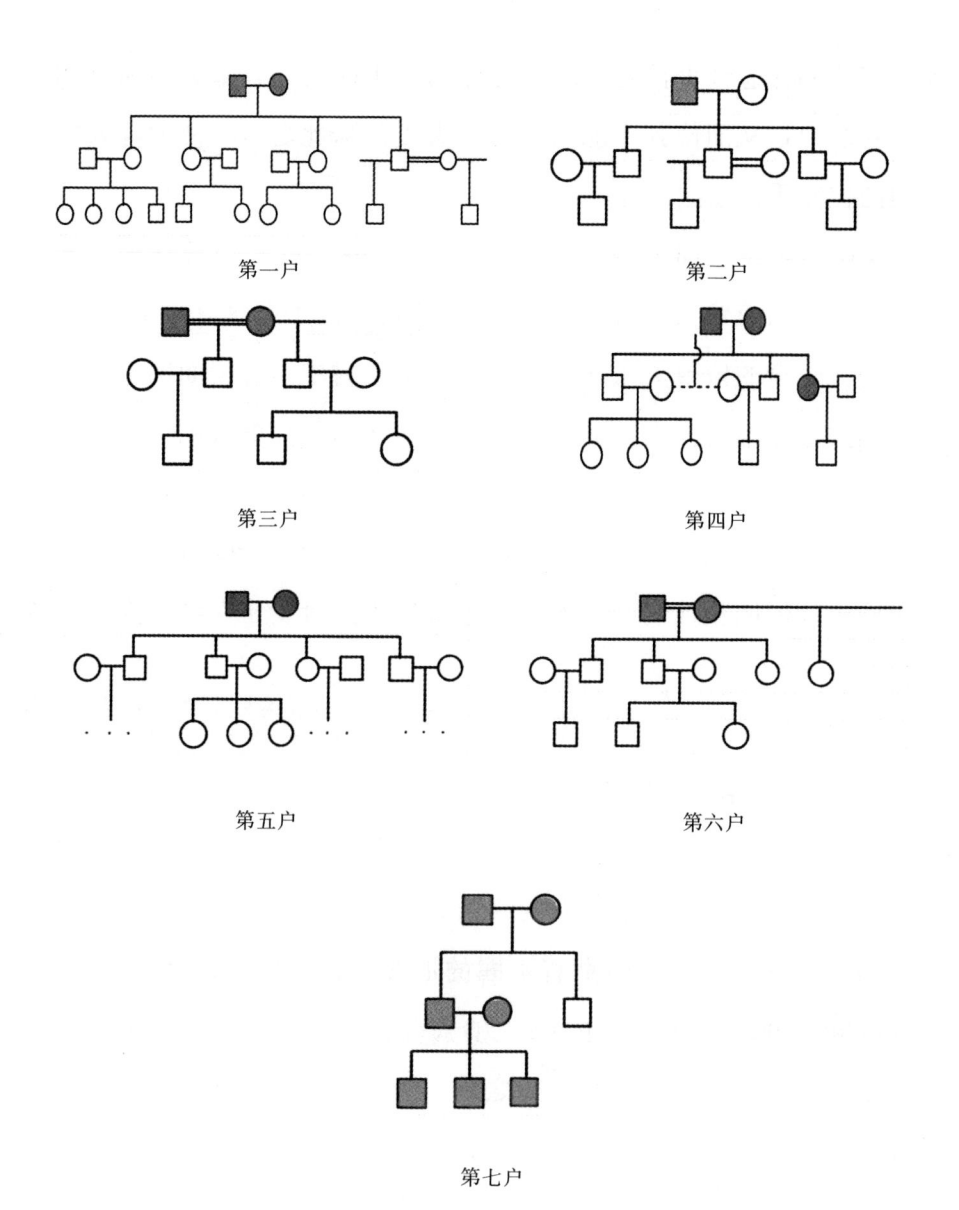

图1-1 抽样采访的7户代表性人家人口结构图

来讲是如此的重要，没能在适婚年龄结婚的成年男子（由于男女比失衡，女性总是能嫁出去的），可以选择与大龄后婚女性、残障女性结婚，若到最终都没有找到对象，则可以选择买被拐女性，这一现象集中出现在20世纪90年代末至21世纪初，后文会专门讲解。

为了叙述的方便，这里引入生物学的遗传系谱图（见图1-1）。方框代表男性，圆框代表女性，两框之间的单横线代表二者为原配，双横线代表二者其中有一方为二婚。横线下方的树形扩展线代表二者生育的子女。我们称首排的为亲代，亲代的下一代为子一代，子一代的下一代为子二代。整个图表示的是祖孙三代，而标阴影的为祖辈男子的经济户成员。第一、第二户人家均有二婚女性携带其原配子女再嫁的情况。

◇◇2 婚姻

《礼记·昏义》中言："昏礼者，将合二姓之好，上以事宗庙，而下以继后世也，故君子重之。"婚姻自古为国人所看重，关乎家族，关乎子孙，关乎生活。千年来，任时光如何流逝，时代如何日新月异，婚姻作为家庭的起点，大到社会小到个人都是重要的一部分。

2.1 人口流向

村子里的姓氏主要有张、王、霍,而且有着同姓不婚的风俗,因此他们娶妻嫁女基本都不在本村。通过几天的采访调查,我们发现婚姻对象来源的变化。

结婚无论是娶妻还是嫁女,婚姻对象的来源随时间发展都有逐渐远离辛庄村的趋势。在20世纪60—90年代,辛庄村都是从邻村或者周边村里(由于辛庄村在吴堡县城的位置,翻过山就是佳县,因此佳县也属于此范围)娶妻嫁女;而随着改革开放的深入,外出打工的新一代成长起来,自由恋爱也逐渐成为主旋律,更多的是同学之间或者打工仔与打工妹的结合,因此娶妻嫁女的方向也发生了扩张,来自周边村落的对象明显减少,来自主要打工地点的媳妇女婿占到绝大多数,以陕西本省和只有一水之隔的山西省为主,具体如西安、延安、榆林市区、神木。

2.2 婚姻对象的选择方式

2.2.1 选择方式的变化趋势:媒人介绍为主到自由恋爱为主

婚姻在中国历史文化中一直占据着重要的位置,扮演着重要的角色,尤其在古时候,那不是两个人的事而是两个家庭的事。"父母之命,媒妁之言",这是自古以来中国儿女决定一生伴侣的主流方式;21世纪的今天,我们看到的是你情我愿的自由恋爱取代了几千年传统的婚姻决定方式成为主流。然而这一转变明显发生的时间是什么时候呢？辛庄村这样一个落后闭塞的小山村又是在何时在选择结婚对象的方式上发生的改变呢？

通过在辛庄村几天的观察和调研，我们发现每一家庭中选择方式的变化趋势与大致时间都是相似的。在我们抽样的9个祖孙三代（或四代）的大家庭中，最早的两对自由恋爱夫妻出现于1998年。也就是说这些样本中1998年以前都是通过媒人介绍认识的，1998年之后开始出现自由恋爱，21世纪以来更是占了主导。受访的9个家庭中19位1998年之后结婚的家庭成员中有11位自由恋爱，另8位依旧是通过媒人介绍的。

在介绍婚姻中承担媒人角色的一般不是专职媒人，都是通过亲戚朋友聊天介绍认识的，比如邻居、嫂子、姑姨。嫂子姑姨经常会将自己娘、婆两村的适龄青年介绍在一起，当然并不都是亲上加亲，姑舅、亲姨、表亲这种并不占多数的特殊情况会在下文有详细的介绍。在媒人搭线两家互相有了一定了解之后，男女双方及两家长辈见面之前，还会悄悄去实际观察一下介绍对象的相貌仪态等，不过由于当地常常是男多女少，因此被"偷窥"的往往是男子，挑选权利更大的是女方家庭。

1998年之后自由恋爱逐渐普遍，但既是自由恋爱就可能会出现父母不同意的厄运，这时无外乎三种结局：父母妥协，名正言顺；子女妥协，棒打鸳鸯，劳燕分飞；亲子僵持，双双私飞，随你而去。这个地方也不例外，我们在调研中见证了4对现实中的所谓"私奔"。私奔的情况往往是男女中的一方父母坚决不同意，我们了解的几对中只有一户是男方家长不同意，但最后妥协同意了，其他都是女方父母不愿意。后一种情况中女方就未经父母同意跟着男方走了并且结婚生子，而女方父母则紧紧扣住女儿户口本不放，哪怕外孙子都已经出生很多年。我们了解到两种没有户口本结婚的女儿解决问题的方式，一种是造假证结婚，另一种是没有结婚证的事实婚姻，这两种情况都是当事人亲口所说。

在调研过程中，我们遇到一位霍家的老太太，他们家三个孩子中出现两起"私奔"。他们家的两个儿子娶了一对亲姐妹，二儿子与二儿媳妇是由于哥哥姐姐的缘故认识，然后相爱。这位老太太说亲家并不愿意二儿子夫妇的这门亲事，具体原因也没说清，因此二儿媳妇是跟着二儿子跑到自己家的，而这二儿媳妇在家很是孝顺。后来大儿子夫妇主要在媳妇娘家，二儿子夫妇则以这边为主。除了二儿媳妇是私自过来的，自家女儿也选择了私奔。女婿是安徽人，老太太不同意这门婚事，扣住了女儿的户口本，但女儿依旧跟着男人到了山西弄了个假户口本结婚生子，现在外孙子已经18岁了，暑假就会送到吴堡跟着老太太生活，看得出老太太也喜欢这个外孙，但是女儿的户口本至今仍然扣在娘家，她对这个女婿十分不待见，对安徽人的偏见甚至影响到了与之比邻的江西人身上。

这个村子里还有没有结婚证同居的老人，他们自幼便熟识，后来各自的老伴过世之后，他们便住到了一起相互照顾，至今已有七八年了，虽然没有领证，但他们的金钱、劳作、日常生活都是一起的。

尽管自由恋爱成为主流，尽管村里大多数父母的观念也发生了改变，他们尊重子女的选择，希望他们幸福满意，但仍然存在极力反对子女交往对象的，也还有介绍婚姻的存在。一位老大爷告诉我们他们当时反对儿媳妇的原因是儿媳妇娘家太远，如果婚姻发生矛盾，双方家长不能及时沟通从中调解。从中可以看出传统婚姻观念的印记。在传统婚姻中，婚姻是两个家庭的大事，它代表着两个家庭的一种联系，从繁衍后代到社会、经济地位和利益上的相互帮助、相互扶持。在这种意义下，和睦稳定的婚姻关系不再是夫妻两人的事，而是两个大家庭要努力维持的，因此在这位大爷的认知里，离婚是最不好的选择，有矛盾双方父母可以进行调停帮助化解误会。

比较恋爱阶段在婚姻决定过程中的从无到有与婚姻选择方式的变迁时代，可以看到婚姻选择方式的变迁与婚姻对象原属地区范围扩大的时间是相当一致的。其实经济生活的变迁在那些年也发生着巨大的变化，家庭的经济关系与权责也发生了改变，农村的土地不再需要同时也养活不起村里的所有人，年青一代陆续外出打工讨生活，维持大家庭运转的纽带开始瓦解，原本需要在劳作与社会上互相扶持帮助的家族成员之间的联系越来越弱，大家庭之间的经济依附与经济联系日渐减弱，大家庭越来越向血缘意义偏重，延续着传宗接代、绵延香火的传统并作为一个温暖人心、抚慰心灵的亲情场所；而经济与政治上的进步也促使思想的日渐开放与现代化，无论是思想上的追求自由、人权解放，还是经济上的家庭需要，包办婚姻都不再那样重要，子女外出读书求学或者打工挣钱期间遇上心仪的对象便希望可以相知相守、天长地久，因此自由恋爱的普遍化也意味着娶妻嫁女方向的转移，从邻乡近村向主要打工地扩展。

2.2.2 历史特殊婚姻形式

娃娃亲与童养媳。指腹为婚，永结秦晋之好是中国古代常有的事，娃娃亲更多是出于社会关系的考量而形成的一种嫁娶方式，不过在这个山村，至少20世纪已经没有娃娃亲的存在了，大概是辛庄村的闭塞和贫穷使得其社会交往、社会网络没有达到一定的重要程度。与娃娃亲同为少年婚姻形式的童养媳则是经济层面的考虑，按费孝通先生的说法，童养媳是为了应对结婚费用过高的问题：在女孩很小的时候，男孩的父母领养她，因为在夫家长大，所以婚姻的一切复杂程序和过多开销都可以减免。但是在20世纪的辛庄村童养媳也是不存在的，不是因为富足，相反是因为太贫穷了，按村里人的说法，他们没有办法再养一个孩子。不过为解决娶不起媳妇的问题，这个地方有一种换亲的婚姻形式，即两家互嫁女儿给对方的儿子。

姑舅亲与姨表亲。为了叙述的方便，这里引入生物学的遗传系谱图，如图1-2所示。方框代表男性，圆框代表女性，横线下方的树形扩展线代表二者生育的子女。我们称首排的为亲代，亲代的下一代为子一代，子一代的下一代为子二代。我们用虚线代表姑舅亲的结合。

由于近亲同姓婚姻的禁止，我们可以排除子一代同为男性时的情况，只看从子一代为异性或者全女性的情况。在子一代全部为女性的情况下，其子二代可以任意通婚，这种称为姨表亲。

在子一代为异性的情况下，即姑舅亲，有两种情况，如图1-3所示。

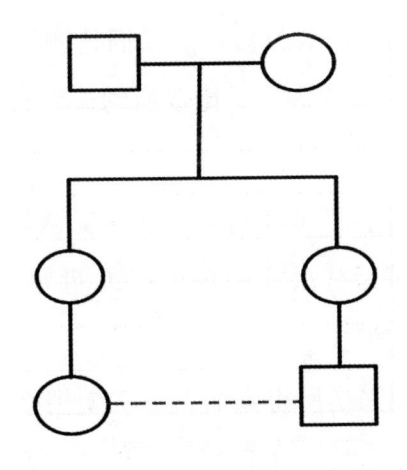

图1-2 姑舅亲1

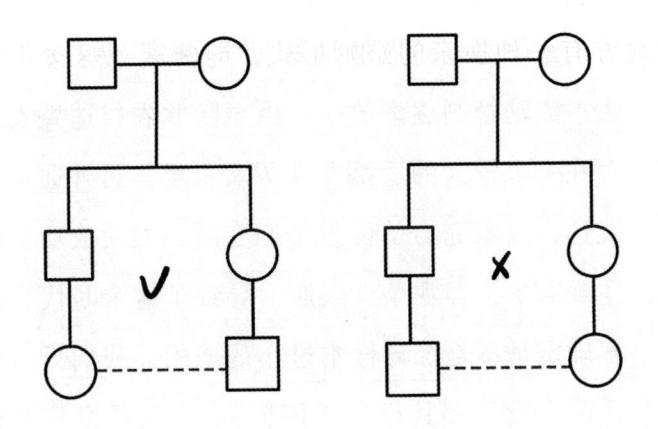

图1-3 姑舅亲2

其中图1-3左边这种子二代与子一代性别不同的情况可以通婚，右边这种子二代与子一代性别相同的情况不能通婚。

从称谓的角度来考虑，所谓"姑亲"和"舅亲"其实是同一情况的不同侧面。站在子一代男方角度来讲，其女儿把子一代的姐妹称为"姑姑"，故为姑亲。从子一代女方的角度来讲，其儿子把子一代兄弟称为"舅舅"，是为舅亲。我们猜测这是为了避免家族男性Y染色体单代传递，族内通婚比普通的近亲结婚更容易产生畸形儿的情况，形成了这样一种传统。

20世纪七八十年代的辛庄村是存在姑舅亲与姨表亲的，不过数量不多，而且有出现后代残疾的现象；20世纪90年代之后，姑舅亲与姨表亲差不多就消失了。

买卖婚姻。我们采访所得到的关于买卖婚姻的信息均是二次口述信息，并没有能够直接采访到买卖媳妇的家庭或者被买的女性本人，但由于多个受访者之间言辞的相互印证，我们相信我们所听到的买卖婚姻情况应该是接近于现实情况的。

辛庄村买卖媳妇的时间集中在20世纪90年代末至21世纪初。这个时代，人口流动管制逐渐放松，由于陕北农村适婚女性的相对缺乏，这里存在一个较大的适婚女性买卖市场，另外通信手段、交通手段尚不发达，以家庭为单位拐卖妇女时，妇女成功逃跑的可能性也较低。主观需求，客观条件限制，导致了这个时代猖獗的人口买卖现象。不确定是不是统计样本过小的原因，我们只听闻一例儿童买卖案件，两个女孩和其母亲"搭售"。本地并没有其他的单独购买儿童的现象，人口买卖只限制于适婚女性，尤其没有听说为了一个男性后代而单独购买男童的情况。

购买被拐妇女往往是大龄单身男性的最终手段之一,一般来讲,这类男性的条件都是村中极端糟糕的,不仅家徒四壁,甚至可能有残障等。购买一名妇女对这类男性家庭来讲,也是非常大的负担,他们往往举家借债以购买适龄女性。对于这样的家庭来说,他们对于被购买的女性的态度也是非常复杂的,一方面,他们希望这个女人能尽快为家庭生育后代,并且最好能够参与一定程度的劳动;另一方面,他们也害怕被拐女性逃跑,闹得竹篮子打水一场空(这种行为在村中也会损害他们家的名誉)。这种矛盾的态度使得他们对被拐女性的信任度在不断的变化之中,与印象中不同,这些女性并不总是受到虐待或者暴力看押,购买者仍然希望这些女性能够融入家庭,成为家庭的一员,而非单纯的生育机器。事实上,我们在采访中确实发现了一位女性,在被拐卖二十多年后,选择留在辛庄村。

被拐卖的妇女大多来自四川、青海、西藏,包括整个大藏区和陕甘欠发达地区,年龄区间集中于18—22岁,拐卖妇女的目的非常单一,即传宗接代,所以存在"二手媳妇"的情况,有的女性在为买者生完孩子之后,又被卖往下一家继续生育。

我们没有获得具体的拐卖妇女的人员信息,但据我们推测,由于携带被拐卖者本身存在较高的风险,且拐卖人员变现需求急切,故拐卖者应该是非常熟悉本地情况的人士,极有可能是本地人拐卖外地妇女入本地。据多方采访信息来源,买卖媳妇是一个半公开的行为,拐卖者会在村中散播手中有人口贩卖的信息,信息在村中的传播途径尚不清楚，但是买卖妇女存在竞价行为，竞价的模式我们也没有能够具体地采访到。从理论上讲，买卖妇女的市场模式和当今互联网"暗网"买卖形式应该具有类似性，都是高单价高风险的拍卖市场，且卖家掌握的信息和承受的风险远远超过买家，根据经验，这类市场采取密封拍卖的可能性较大，即卖者在短时间内收到多家报价，再决定最终买者。被拐卖者的唯一定价点就是其生育能力，其外貌等其他条件基本不会影响卖方定价。

被拐卖的妇女往往会被严加看管，脱离社会、脱离劳动，直到其第一个子女出生，她才可能获得少许的信任，得以外出或者是参加劳动以及照顾子女。某些反抗较为强烈的妇女可能会遭遇暴力控制，包括并不限于关押于单独的窑洞中、殴打等手段。但施暴者一般不会采取较为过分的行为，否则将会损害该女的生育价值。

令人感到震惊的是，本地人对于拐卖妇女的态度十分的淡漠，在他们描述拐卖行为时没有表露出任何的负面情绪，并且认为这是一件非常普通的事情。法律上，他们对当今的拐卖人口法律缺乏了解；道德上，他们并不认为拐卖人口是非常令人痛恨的行径；行为上，他们保持中立，既不会帮助被拐卖妇女逃跑，也不会帮助买者追捕逃跑的被拐妇女。

经过多方来源推测，辛庄村在近三十年一共购买了六个媳妇，其中有一个选择留在本地（我们实际见到了她本人，但是不方便直接询问情况），一个生过孩子之后借口回娘家逃了，两个被父母和警察带走了，一个被转手卖到邻村，一个被骗说可以帮忙找工作逃跑了。

由于国家对打拐的日渐重视和警察力量的增强，辛庄村的买卖媳妇终结于2010年到来之前，曾经被卖到这里的妇女终于有机会选择自己的命运。

其实换亲、买卖婚姻乃至娃娃亲、童养媳，都是一种买卖，女性在婚姻中扮演的角色本质都是一样的，她们没有选择婚姻的权利，除了娃娃亲的社交功能外，其他形式的本质都是把适婚女性当作一种可以传宗接代的高级物品。

2.3 婚俗

2.3.1 基本观念与规则

关于辛庄村的婚嫁观念和规则其实在前面已经体现得差不多了，这里做一个概括性总结。

（1）同姓不婚。

（2）女儿不能往回嫁（和母亲同姓的），但儿子可以娶母亲娘家的姑娘。也就是当地姑舅亲的规则。

（3）没有娃娃亲的习俗，20世纪七八十年代存在姑表亲的情况，后来就基本没有了。

（4）这个地方适龄男子常多于女子，因此在婚姻选择中女方家庭往往具有主动选择权。

当然这只是一个传统，并不代表现实完全吻合，比如同姓不婚，村中确实有个别同姓婚姻的出现，但"同姓不婚"作为当地的传统，已经根植于他们的血液里，同姓婚姻即使出现，也不会广而告之。

2.3.2 婚礼礼仪及风俗

作为红白喜事之一，结婚在我国自古就是一件大事，有着烦琐复杂的礼仪，《礼记》中称："昏礼者，礼之本也。"《诗经》中就有关于迎亲的记载："俟我于著乎而，充耳以素乎而，尚之以琼华乎而。俟我于庭乎而，充耳以青乎而，尚之以琼莹乎而。俟我于堂乎而，充耳以黄乎而，尚之以琼英乎而。"诗歌在表现女子出嫁前微妙的心理变化的同时也展现出男方去女方家迎亲的复杂礼仪。

早在周朝《礼记》中就有关于婚姻礼仪的记载，议婚至完婚过程中共有六种礼仪，即所谓的"六礼"：纳采、问名、纳吉、纳征、请期、亲迎。简单来讲，纳采，即男方家请媒人去女方家提亲，女方家答应议婚后，男方家备礼前去求婚；问名，即男方家请媒人问女方的名字和出生年月日；纳吉，为男方将女子的名字、八字取回在祖庙进行占卜；纳征，即男方家以聘礼送给女方家；请期，即男家选定婚期，准备礼物告诉女方家，求其同意；亲迎，即新郎到女家迎娶。

在调研中我们有幸听到一套完整的婚俗，并在其他受访者处得到了印证。这套婚俗可以说是十分烦琐了。梳理发现，当地的婚嫁习俗其实和古代传统的六礼十分相似，只是有些流程进行了一定合并，但整体上可以说是脱胎于六礼的。以介绍婚姻为例，首先是介绍阶段：媒人会将男方/女方的基本信息告诉女方/男方，家中长辈会进行考虑，并且待婚男女会悄悄地远远地观察一下介绍的对象（由于适龄青年中往往男多于女，女方的选择权更大，所以女子去偷看男子的远多于男孩看女孩的），如果满意的话，这门亲事差不多就说成了。该阶段可以对应于"纳采、问名、纳吉"，只不过现在这三阶段基本上不能剥离得十分清楚，不再像"六礼"那样礼节周到而已。从这里还可以看到与古礼不同的地方，即新中国成立之后，即使仍然有很长时间的父母主导的介绍婚姻，但是女儿在婚姻确定中有了参与并选择的机会，她们在婚前就可以知道未来的丈夫到底是什么样子的。双方同意结为婚姻之后会有一个订婚仪式，待婚夫妇及双方父母出席，在此期间，婆家要给未来媳妇一些首饰（如三金一银）和现金（用来置办首饰衣服之类的，婚服由新娘准备），双方长辈会包一个小红包当作改口费，而未婚夫妇要在这时交换信物，他们称作互递"把柄"——也就代表着这桩亲事板上钉钉，双方要信守承诺。这个订婚仪式与六礼中的"纳征"意义相似。订婚之后选定婚期，即六礼中的"请期"。最后迎亲、正式结婚就是"亲迎"了。《诗经·大雅·大明》："文定厥祥，亲迎于渭。"在六礼之中，纳征和亲迎最为重要，现在订婚形式的重要性有些下降，但迎亲举行婚礼仍是整个流程中最为关键和重要的，关于婚礼本身就有一套繁复的风俗礼仪。

《说文解字》中言婚为："妇家也。"《礼》："娶妇以昏时，妇人阴也，故曰婚。从女从昏，昏亦声。"从中可知古代的婚礼拜堂是在黄昏，《孔雀东南飞》中也有："其日牛马嘶，新妇入青庐。奄奄黄昏后，寂寂人定初。"在婚礼时间上辛庄村的婚俗与古代相比有了一定的改变，常在午后一段时间，具体比较宽松，不像古时候对吉时要求那么准确。

辛庄村举办婚礼一般要忙上三天，包括五顿饭（也就是我们常说的婚宴），想简化也至少得有三顿，而且这几顿吃什么也是有讲究的。三天中第二天是去迎娶新娘，第一天早晚各一顿，早饭不讲究，晚饭一般要吃饸饹，迎娶新娘的早晨一定要吃喜糕（也就是他们当地的裹了糖的年糕），晚上吃"八碗"（有荤有素，相当于满汉全席了），第三天早晨要再吃一顿和和饭（大概就是前面吃过的一起混在一起）或者饸饹或者喜糕都可以，五顿中的第一顿和最后一顿没有固定要求，不过当地有一种习惯是"两顿饸饹一顿糕"或者"两顿糕一顿饸饹"，而"两顿糕一顿饸饹"更好，因为在他们当地，这种年糕是他们逢年过节、招待贵宾时才享用的食物。

娶亲当天，婆家的迎亲队伍带着吹手去女方家迎接新娘。迎亲队伍中没有新郎，一般有一个婆姨——新郎的嫂子最常见，也可能是新郎的姐姐或姑姑，其他为新郎的男性亲属。吹手要雇一班，通常5—7个人，包括吹唢呐的、敲锣打鼓的。迎亲队伍出发的时间根据路程的远近决定，一般下午一两点前要将新娘子带到。娘家人也有送亲队伍，新娘子坐毛驴跟着迎、送亲队伍前往婆家；这时候虽然不再用红盖头，但是胸前要戴大红花。接上新娘往回走，每遇上一个孤塌①——一般被当作村子的入口，吹手要冲着孤塌里面长吹

---

① 两山之间的狭长过道。

一下，迎、送亲队伍再前进；进本村之后敲锣打鼓吹唢呐就更热闹了，路旁还有很多挑逗新娘的，直到家门口，新郎在门口迎接，新娘下毛驴，由新郎最亲的女性亲属①搀扶进新房——称为"丈夫窑"②开始成亲的仪式。寡妇、孕妇、再婚的女性都被认为是不吉利，不允许进新房的，未婚女性虽然可以见新娘，但也是不能进新房的。进入丈夫窑之后，最重要的是夹喜糕，新娘要将喜糕两片两片地夹到另一个碗里，每夹一次都是有寓意的，这个过程中一定不能把喜糕掉出来，否则会被认为不吉利。③ 晚上公婆还要一边说唱吉利话一边给新婚夫妇"儿女馍"，大抵也是祝福婚姻美满、儿女满堂。到此一天的仪式才算结束。

送亲的队伍一般在正式结婚的第二天早上离开，有时婆家的彩礼和陪方是在这时由送亲队伍带回去，而其他亲戚朋友则会收到一些喜糕带走，也算是新婚的喜气。新娘子会在这一天打开嫁妆箱子，婆家要往里面放东西，价值须是嫁妆的两倍。

上面的迎亲嫁娶风俗是以20世纪八九十年代为蓝本讲述的，但根据我们对近十年成亲的青年女性的访谈发现，这么多年来这套流程并没有什么大变化。只要是在村子里结婚，她们依然着传统红色婚服，请吹手、夹喜糕、儿女馍、五顿饭都是必不可少的；改变的只是毛驴变成了小轿车，新郎跟车去接新娘，并且一起在村口下

---

① 即姑、姨、姐姐、嫂子等。
② 不一定是新打的窑洞。
③ 有一家新娘子在结婚时不小心把喜糕掉了出来，后来两人离婚，婆婆总认为是当初夹喜糕掉出来的缘故。

车，吹手才开始演奏，在乡亲们的挑逗中走到家中。吹手的数量基本也没变化，只是增加了一些电子乐器。而且发现随着时间的不断发展，结婚时的风俗似乎越来越多，还出现了借鉴其他地区风俗的新玩法，比如往新娘的腰上放钱，缠得越多越吉利。当然现在也有很多在城里办婚礼的，这些习俗也就省了不少，与城里人颇为相似，不过五顿饭中的三顿饭一般还是会保留的。村里的婚俗与现在城里人的结婚典礼差别很大，整体还是以男方为主导，风俗不仅仅是一种形式，背后代表着人们的生活方式、生活习惯以及思想意识，婚俗长久地延续一定程度上反映了辛庄村对于婚姻关系的认识和家庭责任的理念在这么多年的改革开放、日新月异中并没有实质性的改变。

据村里人介绍，绝大部分人家办喜事都会走这样的形式，并且办酒席——五顿（或三顿）和走婚俗是一有俱有、一无俱无的，只有特别贫困的家庭和特定背景下①才会省去婚礼的麻烦和开销。不过尽管这个地方的农业完全靠天，却也刚刚好可以自给自足，所以他们办婚宴都是用自家的粮食蔬菜，大多数人不会也没有意识把办酒席的开销计算在结婚的花费中去。至于来参加酒席的亲朋好友自

---

① 特定背景可分为两种：一种是时代背景——为20世纪六七十年代，另一种是不太合法的婚姻——买卖婚姻或者没有正规结婚证的私奔。一位老太太说毛泽东时代都没有特别复杂的婚礼，大家去领结婚证，念几句毛泽东语录就是结婚了，根据前后语境我们可以推断她指的是1970年前后。另外，富农和地主这种阶级成分不好的家庭嫁女儿时婚礼也一切从简（1968年）。在辛庄村的这几天我们还发现，毛主席在辛庄村村民的心中留下了极深的影响，毛主席时代是他们访谈中常挂在嘴边的事，尽管绝大多数家中贴着习近平总书记的挂画日历，但是显然其思想的影响不及毛主席，从中也可以侧面反映出辛庄村与外界的信息沟通较为闭塞，思想进步缓慢。

然也是要随些礼的，从过去大家一人九毛多凑钱买布料到现在每户随 200—1000 元不等，这其中包含的人际关系、社会资本以及经济互助在辛庄村调研的其他部分有更为详细的分析，这里不再展开。

正式的婚礼结束后，作为新婚夫妇仍有很多礼节要做。据一些嫁到辛庄村的邻村姑娘们说，她们要在新婚第三天回门并且在娘家住三天，带着礼品和丈夫拜见亲属，亲戚们都会给"启发"钱，现在金额常为 120 元或者 200 元，"启发"特指新婚第一次去拜会；婚后的第一次春节也要去亲戚家敬酒，并且在每家都要吃一些"新饭"。

2.3.3 关于结婚的开销

由于每一个小组都只是对一个村子进行抽样调研，我们无法收集这个村子里的所有结婚方面的开支数据，而且村民们对于结婚的开销也只能记得一个约数，因此通过访谈对部分数字也只能有一个大体上的定性观察。

结婚开销的大体趋势自然是花费越来越多，大概有以下几个节点：20 世纪 70 年代、2000 年前后、2008 年前后、2014 年前后。根据受访者的回忆，1970 年前后以及更早些的时候（在当事者口中称为毛主席时代）结婚基本不花什么钱，哪怕是请大家吃饭庆祝也是用自家种的粮食。主要原因有两个，一个是和毛主席时代的社会主义大氛围和家庭出身相关，另一个是六七十年代这里的人们实在太贫穷了。尽管他们有复杂的婚礼习俗，尽管结婚对于辛庄村人民来讲是经济和生活上非常重要的事，但是特别贫穷的时候婚礼的开销也被省去了。到了20世纪后二三十年，娶媳妇的开销逐步增加，但也在正常范围内。男方给女方父母的钱是必不可少的，但也不能太多，一般不能超过1000元，否则会觉得是在做交易买媳妇，具体数字按当地老传统是120的倍数，不过到20世纪八九十年代也没那么严格了，只是一定要凑个吉利数。除了给女方父母的养育费之外，还会给新娘一些彩礼，但数量远比给父母的少，彩礼一般是嫁妆的两倍。男方这边要负责准备婚后住的地方，一般父母会替每个儿子至少准备一孔窑和置办些柜子（窑洞的个数、新旧都不太重要，根据家里经济条件而定），其他如请吹手、开喜宴的支出就很少了。

　　2000年以后，结婚的开销有一个跨越性增加，从小几千元变成了几万元，不过仍然是三部分开销：给女方父母的、给新娘子的（三金一银、首饰衣服钱）以及办酒席婚礼的花销，这时候还没有对房车的要求。大约2008年以后，除了三大开销外，房、车成了辛庄村适婚男青年能够结婚的资本，房子、汽车和稳定的工作的重要性依次递减，而且这里的房子还得是榆林、西安这种市区的，村里的窑洞肯定是不行的，吴堡县城的房子有时候都是不够要求的。近几年辛庄村"儿子"的结婚开销已经达到十几万元甚至更多了。当然"私奔"形式的婚姻一般是没有开销的。

　　可以感觉到结婚的开销对于他们来说是一个巨大的负担，我们采访的家庭中很多表示需要贷款给孩子娶媳妇，困难的家庭还出现了全家帮忙贷款的情况；银行、亲戚朋友都是他们的贷款对象，而且银行的利息对于他们来说是很高的，为了优先还上银行贷款，甚至会继续向亲友借钱先还银行贷款，因为亲友借钱是没有利息的。辛庄村很多村民曾经是贫困户，国家政策使他们得到了吴堡县城的小单元房，分到的扶贫住房都留给了儿子结婚用，如果家中的小孙子要到城里念书而小儿子无力买房且尚未婚配，全家会选择给孙子孙女租一套房子住着上学而不会借住分配的单元房。

◇3 生育

3.1 "一孩化"意义上的计划生育

3.1.1 政府政策、事实政策与实施

新中国控制人口的理念在20世纪50年代就出现了，当时只是鼓励人们节育、有意识避孕，不过这种理念在20世纪五六十年代经历了反复与停顿。1971年、1974年周恩来总理和毛主席分别提出计划生育的重要性，"晚、稀、少"成为控制人口、计划生产的标准，为中央地方政府所提倡。1979年全国计划生育办公室会议指出，提倡每对夫妇生育子女数一个最好，最多两个，每胎间隔三年以上；对于只生一胎的予以表扬，对于生三胎及以上的从经济上加以必要限制。1983年国务院总理在《政府工作报告》中指出提倡一孩，严格控制二胎，坚决杜绝多胎生育。由于一孩政策在农村贯彻中的重重阻力，1984年针对农村放宽条件：提倡一胎，经过审批可以有计划地安排二胎，杜绝三胎。20世纪80年代中后期，农村可

生育第二胎的特殊情况各地区大同小异，归纳起来主要为：①第一胎为非遗传性残疾，不能成为正常劳动力者；②曾患有不孕症但收养子女后又怀孕的；③再婚夫妻有一方未生育过的，双方现有子女之和不足2个的；④夫妻中有一方以上是少数民族的；⑤夫妻中有一方以上是独生子女的；⑥夫妻中有一方以上是归国华侨的；⑦男到女儿家结婚落户的；⑧烈士的独生子女；⑨海岛的农民和渔民；⑩几兄弟中只有一人有生育能力的；⑪几兄弟中有无生育能力的，允许有生育能力的兄弟中的一个生育第二个孩子；⑫夫妻一方有非遗传性残疾并丧失劳动能力的；⑬从事某种职业的并只有一个女孩的夫妻等。① 1992年之后计划生育政策基本稳定。

根据我们几天的调研，辛庄村计划生育的推行时间、进程和标准都遵循了国家指示。根据村里的老党员回忆，早在1980年之前，当地就已经开展了计划生育的宣传工作，当时对于超生的情况并没有政策上的处罚，但是相关部门会采取一些限制措施。例如，他的三女儿1977年出生，按当时的情况已经算是超生了，那时没有罚款抄家等强制措施，但是无法上户口，得不到国家的粮食和田地，分给大人的粮食也进行了削减。而1980—1985年他做村支书时上面的政策非常紧张，计生办相关人员与村民的冲突也很大。下面是我们综合了所有受访者回忆并进行相互比较印证之后绘制的简易时间轴（见图1-4），表示政策在某段时间内的松紧程度。

---

① 参见杨发祥《当代中国计划生育史研究》，浙江大学出版社2004年版。

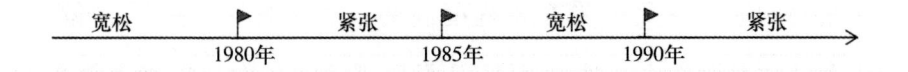

```
宽松          ▶     紧张          ▶    宽松         ▶    紧张
          1980年          1985年          1990年
```

图 1-4　计划生育政策松紧程度时间轴

虽然大进程和整体要求是一致的，但村民们了解到的政策其实是不全面的，他们大多只了解农村户口①头胎女孩或者头胎有疾病可以生育二胎，在头胎满 7 岁之后可以向村里提交二胎申请，批准之后即可生育二胎，但每个村都是有二胎名额限制的。

3.1.2　实际作用及影响

总的来说，21 世纪之前计划生育政策并没能达到其目标，尽管超生的惩罚力度很大，但是并没有使人们不继续生育子女，也没有改变人们的生育观念。根据我们的抽样调查，绝大多数家庭都有三四个孩子，唯一的效果是从前很多生育八九个孩子甚至十个以上子女的情况消失了，政策实施之后大部分家庭生出男娃之后就不再偷着超生了，也就是说这一政策控制了过高的生育数量，但没能将数量控制在两个孩子以内。并且受计划生育及其惩罚措施影响大的是村中的经济条件中等人家。

通过调研还发现，尽管在几十年前的农村，人们的生育决策中也存在贝克尔所发现的"数量—质量权衡"。在采访中我们发现，

---

① 那时候只要去城里工作就转为城市户口了，国家干部全是城镇户口，只能生一个。

相对富裕的家庭、父母受教育程度高的家庭生育子女的数量偏少，他们会认为自己的经济实力不足以养育过多的子女，更加重视养育子女的质量，调研中一位妻子念书时间长，自己是党员村干部的家庭条件还不错的大爷说，家中只有两个孩子，一个是妻子前夫的儿子，并不想再生育更多的孩子，怕养不好。相反，特别贫困的家庭生育了过多的子女，根据访谈、观察、反思，我们认为可能存在以下几种原因：首先是如前文所说，家徒四壁所以无所畏惧；其次是那个年代辛庄村养孩子并不怎么需要额外的开销，多一个孩子并不会带来过多的额外开支，相反等孩子稍微大一些就可以帮忙干活，这个村子男孩女孩干的活也类似，因此无论生男生女都可以增加劳动力；再次是看不到优育的好处，不仅由于受教育程度低、见识浅而觉悟低，而且挣扎在饥寒边缘的他们也没有精力考虑这些问题；最后是节育意识也差。

不过有趣的是，1975年之后出生的新一代人成长起来之后超生现象就少了很多。他们大多常年在外面打工，不再守着辛庄村，尽管还有有三个孩子的家庭，但更普遍的是只有一两个孩子，而两个孩子的人有很多本就符合计划生育二胎的规定。根据调研发现，限制他们生育过多子女的原因是养不起。他们出生的时候计划生育政策已经开始实行，可能从小接触政策宣传也潜移默化地改变了他们对子女数量的要求和生育观念。可以肯定的是，这些在城里打工的村里人养育子女的成本相比父辈更高了，同时他们的思想觉悟也超过了父辈，长期奔波于城市间的他们也想给孩子更好的教育和更好的生活，养育子女的质量进入了他们的考虑范围。

3.2 全面二孩政策

2013年11月单独二孩正式开放，2014年3月陕西单独二孩政策正式执行；2015年党的十八届五中全会提出"全面实施一对夫妇可生育两个孩子政策"，2016年陕西省正式执行全面二孩政策。

年轻人不愿意再生育更多的子女，全面二孩对辛庄村来说影响不是很大。从上文计划生育的控制情况可以看出，有部分家庭本来就属于可以生育两个孩子的范畴，而不属于此范畴的只要想生育两三个子女，计划生育的惩罚措施根本不会影响他们的决策，因此70后、80后的二孩意愿根本不存在；90后的生育时间多在2010年以后，2016年之后生育二孩自然合法，2015年以前全面放开二孩的呼声此起彼伏，吴堡县其实对超生也属于"睁一只眼闭一只眼"的状态，因此全面二孩放开后同样不会出现新生儿增多的情况。至于政策变化对生育决策乃至观念的改变，由于部分只生一个孩子的农村年轻人都是因为养育成本过高而放弃二孩，而不是对拥有多个子女没有主观意愿，因此在解决他们沉重的子女养育负担之前，一部分人是不愿意生育二胎的。

3.3 生育观念及其转变

"不孝有三，无后为大"，在传统认知里传宗接代是重要的人生责任，多子多孙、养儿防老是传统的生育观念，辛庄村自不免俗。

20世纪辛庄村普遍的观念还是多子多孙，而且一家中一定要有男孩，财产也只能由男孩继承。不过在有男孩的基础上，很多家庭还是希望可以儿女双全的。并且这种思想并没有因为计划生育政策发生多少改变。

20世纪，计划生育政策在农村推行困难，超生现象严重的原因和这种生育观念息息相关。那个时候家中有男孩还是非常重要的事情，只要没有男孩就会一直生下去，当然也有一些家庭是为了儿女双全而超生。

尽管重男轻女，但是一般情况下他们也不会把女儿溺死或者遗弃，实在养不起才会免费送给人，给想要的人当女儿养。有了B超之后，头两胎也是不会去看男女的。

不过这种多子多孙的生育选择在下一代发生了一些变化，新一代年轻人到城里打工，重男轻女和多子多孙的思想在新一代村民意识里逐渐淡化，多数打工家庭会选择生育两个孩子，一男一女是他们的理想情况，不过也有部分人选择只生育一胎。近十年来的生育理念是比较多元的，有的家庭仍然觉得必须有男孩；有的家庭就比较随意，生两个孩子互相做个伴就挺好；还有的家庭想要女孩，主要出于经济条件上的考虑，生男孩所负担的抚养成本以及之后的婚嫁成本实在太高。

另一个变化是在"数量—质量权衡"中人们更倾向于选择质量，有不少年轻人说孩子多了养不起，抚养成本太高。他们都会让孩子去城里念书上课外班，有位姐姐说："别人家孩子有的也想让自己孩子有，经济条件也只能养好这一个，再多就养不起了。"

一直以来，生育观念和生育选择背后都是为适应经济条件的制约，文化的惯性最初也和经济脱不了干系。进入父系社会以来，男性的生产力高于女性，在争夺、捍卫财产的过程中占据优势，社会经济地位都强于女性，而女性最重要的则是传宗接代、相夫教子，依附于丈夫的家族，在这样的情况下，男孩可以提供新的生产力并且光宗耀祖、延续香火、继承财产，自然形成重男轻女的思想。以前医疗不发达，夭折概率大；粮食自给自足为主，养育子女基本只需要满足其温饱，养育成本低。而现在养育子女不仅要管其温饱，而且还有各方面的教育支出，以及未来婚嫁的巨大开销。再者女性开始与男性进行同等的外出劳动，幼龄儿童看护的机会成本增加，生育意愿便也降低。

第 二 章

亲属关系

◇◇ 1　宗族与祭祖

1.1　宗族观念淡薄

宗族是父系亲属的扩展，往往有明确的内部认同和外部边界。目前，南北之间的宗族差别较大，南方宗族聚居的情况更为常见，而北方村落中则少有宗族的概念，即便有也边界模糊、宗族对成员几乎没有任何约束力。吕思勉先生曾说："聚居之风，古代北盛于南，近世南盛于北。"事实上，在古代北方宗族聚居盛行尤甚于南方，但是历史上，在三国两晋南北朝、五代十国等时期，北方连年遭受战乱，许多北方人为躲避战乱，纷纷举家搬迁至南方，北宋到南宋时期，中国经济中心逐渐南移，宗族聚居的习惯也随之被带到南方；而北方在一些历史时期曾长期受少数民族统治，少数民族的风俗习惯与汉人习俗相融合，也使得宗族观念被淡化；由于以上和其他种种原因，宗族聚居的现象如今与古时完全相反，南盛北衰。①

这个北方村落当然也不例外，与典型的南方村落相比，这个村里的人宗族的观念非常淡薄。当我们问及宗族相关的东西时，得到的回应往往是摇头，也有村里人非常直接地告诉我们，"我们这里不兴宗族这些东西"。这种宗族观念淡薄的状态可以从村里人生活的方方面面体现出来。以婚礼为例，婚礼宴请同族亲属与村里其他人区别不大，同宗族但关系较远的亲属也有可能没有什么往来，无须邀请其参加婚礼。丧事也是一样的道理。宗族的功能之一是为族人提供资源，同时约束族人的行为，很多宗族就是以良好的家风家训出名。但是在这样一个村里，有事并不能寻求宗族帮助，同时人们也无须背负宗族的要求与约束。

宗族非常重要的一个形成原因是同宗族的人往往住在一起，地缘上的相近也容易使得人与人之间的往来更为紧密。因此，当宗族中有人远离其他人所居住的地方时，他与他的家人往往会在别的定居处发展出新的宗族，而与原来的宗族联系渐渐消失。从中可以看出，地缘与血缘二者的相近造就了宗族的诞生。而仅仅是地缘上的相近，也能促成人与人之间的紧密联系，"远亲不如近邻"就是一个好例子，这在村庄中也很明显。邻居之间关系可能非常亲近，除了平时日常生活中常来常往，特殊时期譬如有红白喜事、经济困难时也会伸出援手。我们走访的两户人家刚好是邻居，其中一家的女主人亲切地叫邻居老奶奶婶子，即使她们实际上并无亲戚关系。

---

① 王询：《中国南北方汉族聚居区宗族聚居差异的原因》，《财经问题研究》2007 年第 11 期。

除此之外，最能体现这一点的是村中没有宗祠。村中有三个大姓，"张""王""霍"，几乎所有人都属于这三姓。三百多年前，张姓的祖先来到村庄所在的地方定居，此后两支不同的王姓家族先后来到这个村子，而霍姓是最晚到这个村子定居的。相较"张""王"二姓，"霍"姓的人数较少。这三姓都没有宗祠，村里人对于"宗祠""祠堂"这样的单词都感到比较陌生，有时候往往需要我们重复好几遍他们才理解。对于村庄里的人来说，宗族的观念是模糊的，大多人是听说过，但是在现实生活中并没有相关的经验。既然没有宗祠，那么很显然村中也没有将宗族成员聚集起来的大型祭祖活动。

村中三个大姓中，王姓是没有族谱的。村里人告诉我们，虽然没有族谱，但是他们自己会知道自己来自两支王姓中的哪一支，但也就了解到此为止，没有更多的关于宗族的信息。关于霍姓是否有族谱，我们走访的人家出现了分歧。有一家人告诉我们家中无族谱，另一家的老奶奶告诉我们有族谱，被她在外打工的儿子带走了，因此我们也没有机会看到霍姓族谱；不过，我们有幸接触了一份村民家中藏着的张姓族谱。

张姓族谱修撰的时间比较晚，是近年才完成的，由村里一些人牵头，通过咨询村中老人、查阅书籍记载等方式，将从张姓来到这个村里开始至今的子孙后代全部记录下来。每一个张姓男子的生日、学历、工作，以及其妻子儿女的简单信息，都被记录在族谱中，按照辈分编写在一起。就是在族谱中，我们发现了某一代有一家的两个孩子都姓"孙"而非"张"，经了解，他们的母亲姓孙，而他们的父亲作为上门女婿与他们的母亲结婚,并一起生活在他们母亲的村子里。

对于这个村子里的人来说,稍远一些的同族亲戚与村中其他人区别不大,很有可能没有什么交集;相应地,父系亲属的范围也比较狭窄,基本上只包括了自己的亲兄弟、父亲的亲兄弟以及他们结婚后形成的新家庭。宗族观念淡薄并非这个村独有的现象,它映射出中国北方村落的特点,同时也能反映出村庄里父系亲属关系范围狭窄。

但一个有趣的现象是,即使宗族观念淡薄,我们仍然可以看到宗族相关思想在村民身上的体现——在竞选村干部时,大家往往会投同姓的竞选者一票。这种思维造成的结果就是,以往历任村支书或村主任往往是"张"姓,因为"张"姓人口在村中最多;也有可能是"王"姓,但几乎没有"霍"姓的。这也是传统观念在现代政治制度下的某种体现。不过,最新上任的村主任是"霍"姓,因为他比较有威望,同时上一任村主任没有作为,失去了村民的信任,这说明同姓氏也只是一个参考因素而已,实干与业绩是更重要的考量指标。

宗族观念淡薄是村子的现状,并且从目前来看这种状况不会改变,反而极有可能加深。

1.2 祭祖仪式简单

祭祖事实上也是与亲属关系相关的习俗,同时也与村庄中宗族观念淡薄的现象相印证。祭祖作为中国人传统的追忆先人的习俗，是一代代传承下来、年年轮回的重要仪式，它也一样存在于这个村庄中。在这个村里，祭祖仪式有与其他地方相同之处，当然也有自己独特的地方。村里的祭祖仪式的特点是，流程比较简单，参与人员人数较少，祭祀范围也很窄。我们走访的家庭在这方面给出的答案几乎是完全一致的。

村里人的祭祖仪式一般在清明、春节、中秋、国庆等重大节日举行，其中国庆祭祖是近年来才有的习俗，村里人认为国庆是非常喜庆、重要的节日，因此在这个节日里也会去祭祖。国庆节祭祖是传统习俗与现代社会的融合，也显示了村里人的"与时俱进"。而清明、春节和中秋这三个节日，都是很早之前就流传下来的祭祖的节日，是村里的传统。不过这与其他地方有些不同，很多地方都只在清明节祭祖扫墓，为已逝的亲人、祖先，庄重地送上自己的思念与敬意。虽然如此，但是祭祖时间的规定也并不严格，并非这四个节日都必须去祭祖扫墓。除了清明节一般必须得去，其他节日更多看自己是否有时间。

在这个村里，祭祀的对象往往是两三代以内的直系亲属，村里几乎没有给更远的祖先祭祖的习惯。特殊的情况是，如果家中有刚过世的亲人，那么过世头一年内需要准备多次扫墓，除了烧纸外，也要准备贡品，相对而言仪式会比较隆重。而如果没有过世不久的亲人，都是老坟，那么就只需在上述几个节日去扫墓、烧纸即可。由于祭祀的对象范围很窄，一起祭祀的往往是一家的亲兄弟姐妹，甚至只有某个小家的人。这也与前文提到的宗族观念淡薄、父系亲属范围狭窄相互印证。

◇◇2 收养与干亲

2.1 收养关系

收养关系指的是，一户人家由于没有子女等原因，将他人的子女收作自己的子女。在中国农村，延续香火被认为是一件极为重要的事情，无子的家庭收养子女，正是为了延续香火，同时也是为了老有所依。

在辛庄村，收养的现象很少。走访到的人家都不存在收养的情况，不过数户受访者都告诉我们，村中有一户人家的男主人是收养的。对于收养的情况，另外几个受访者则表示，他们认为村中没有收养的情况，并不知道这一家有过收养的情况。这可能是因为，村中人并不十分关心此类事件。在南方的很多村落，这一类家长里短的消息传播得很快，大部分都是人人皆知。这一区别可以体现辛庄村人际往来不甚密切的特点。

虽然村中收养的情况很少发生，但受访者关于涉及收养的风俗习惯的描述较为一致。一对夫妻如果年龄较大还没有子女，或者没有生育能力，会考虑收养。理想的选择是直接收养一个男孩，抚养他长大后，他娶妻生子，赡养老人，继承家产（当然，他不再继承生父母的家产）；但由于农村人家一般较为重视男孩，即使是家中子女多而生活困难，也不愿意将家中的男孩给别人收养，故无子女的夫妻一般不容易收养到一个男孩。另外一种做法是收养一个女儿，等到她长大成人后，招一个上门女婿，他们的子女随母亲姓。虽然收养的子女与这对夫妻并没有血缘关系，但是在继承关系上等同于亲生的子女，是他们未来唯一的继承人，也是未来养老的依靠，因此养父母会对孩子视如己出。

村民们还指出，如果无子女的人家要收养子女，其兄弟姐妹及其他近亲属一般不会反对。而在费孝通调查的南方的开弦弓村，[①] 无子女的家庭如果要收养一个本无血缘关系的孩子作为未来的继承人，那么他的兄弟们常常会表示反对，甚至会闹得不可开交，这是因为根据开弦弓村的继承关系，如果一个男子去世时没子女，那么他的兄弟们可以继承他的财产，因此在经济角度上说，无子女的家庭收养孩子，对于其兄弟姐妹来说是不利的。辛庄村的情况与此不同，可能是因为村中并没有兄弟继承财产的习俗，也可能是因为村中收养的情况很少发生，并没有固定的风俗。

2.2 干亲关系

干亲关系，指的是一个孩子认没有血缘关系的人作为干爹或干妈；干亲关系并不改变这个孩子与生父母的关系，他对于干父母的义务也很少。村民们说，村中认干父母的，主要是因为迷信思想认

---

① 参见费孝通《江村经济》，上海人民出版社2007年版。

为，给孩子找干父母，是给孩子增加了抵抗邪魔的屏障，有利于他们的健康。认干亲时不涉及特殊的仪式，一般是两家人商量好后，挑一个良辰吉日一起吃一顿饭，互相交换一些小的礼物，小孩叫一声干爹干妈即可。

干亲关系并不意味着赡养义务或者其他的特殊义务，实际上是这两家人之间深化的交情的一种体现。有干亲关系的两家人会在逢年过节时互相问候，交换礼物，这种交往与一般的朋友交往并无太大区别。如果因为某种原因，两家人的关系变得不好了，干亲关系也会在事实上被断绝，这家的父母可能会直接告诉小孩，说他没有这个干爹干妈。这种情况下，基于干亲关系的交往也停止了。

据村民说，辛庄村现在基本上不再有此类的干亲关系。这是因为现在持有认干爹干妈可以在鬼神面前保护小孩这一迷信思想的人越来越少了；在过去，医疗卫生条件差，婴幼儿死亡率高，不少小孩夭折，因此父母会想各种办法来试图让小孩能健康成长，并且往往会诉诸一些迷信手段，故过去基于迷信认干爹干妈的现象发生得较多，而现在医疗卫生条件得到了很大的改善，孩子夭折的概率很低，所以人们也逐渐地不再相信这样的迷信说法。另外，干亲关系的基础是两个家庭之间的密切往来；而近几年村中的年轻人大都外出务工，他们的小孩都在城市中长大，不再处于村中的熟人社会，再加上务工家庭的流动性较大，也就相对来说不容易与另一个家庭产生长期的密切往来，不容易产生干亲关系发生的基础。上面这些原因，都导致干亲关系逐渐减少，这也能在一定程度上体现社会发展对于风俗传统的改变作用。

尚会鹏在调查了中原地区具有代表性的西村的认干亲现象后指出，干亲关系是一种"虚拟的亲属关系"，是一种被赋予亲属关系特征的非亲属关系。他认为缔结干亲关系的目的一般是以下三者之一：一是巫术性质，希望借此保护孩子；二是实现一方儿女双全的愿望；三是加深父母辈的关系。① 在辛庄村，缔结干亲关系的目的是前者与后者的结合，中者并不是认干亲的目的。尚会鹏认为，干亲关系的基础是两家人交好，其维持要靠不断的经济上的往来，如不时地交换礼物；这一点在辛庄村也是一样的。在尚会鹏调查的西村，中华人民共和国成立前认干亲的现象较多，成立后逐渐减少，到"文化大革命"时，"破四旧"运动使得认干亲的现象几乎绝迹，然而进入20世纪八九十年代之后，仅仅是为了加深父辈两家人关系的认干亲现象开始大量出现，甚至要多于中华人民共和国成立前；在辛庄村也有中华人民共和国成立后至"文革"时期认干亲现象逐渐消失的情况，但却没有像西村一样出现反弹，这可能是因为辛庄村的人际关系网延伸的广度不如西村，也可能是因为现在年轻人外出打工，不再以这种传统的方式建立新的人际关系网。在西村，认干亲一般还会涉及一种叫挂锁的仪式，干爹干妈会给干儿子或干女儿挂上一把锁，并在他成年时将锁打开，根据巫术的说法，这把锁有利于驱赶邪魔（20世纪90年代后人们不信巫术，取消了这一做法）；而在辛庄村，认干亲同样是为了驱赶邪魔，但却没有类似于挂锁的习俗，这可能与两地的经济差距有关，辛庄村的经济状况比西村差一些，在大多数仪式上都是从简

---

① 尚会鹏：《中原地区的干亲关系研究——以西村为例》，《社会学研究》1997年第6期。

的，在认干亲这一做法上，可能也不例外。

◇◇3 亲属间往来

3.1 亲属间往来密切程度的影响因素

亲属关系是一种重要的人际关系，亲属间往来也往往是众多人际往来中最为密切的。一个地区的亲属间往来密切程度，可以反映整体上的人际连接的密切程度。在上文中曾经提到，辛庄村村民的宗族观念较为淡漠，虽然霍、王、张三姓分别成为一个大的宗族，但这只是名义上的，三个宗族内部都不会有统一的宗族活动，也都没有宗祠。在我国的很多农村地区，亲属间的往来是基于宗族关系的，而宗族制度的特征是族长为大、尊卑分明、家法严格，辛庄村并没有这样的宗族，亲属间往来也并不是基于宗族关系。

在辛庄村，亲属关系延伸的范围并不大，一般不超过三代。通常来说，三代以外的旁系亲属，就不以亲属相称了，也不再有亲属关系式的密切往来。这几个往来较为密切的家庭并不构成一个宗族，没有一言九鼎的族长，没有家法，也没有固定的统一活动，总而言之组织较为松散。在南方的一些村落，宗族的影响力较强，对于一个家庭生活的方方面面都有着很强的影响力，宗族中的成员也会有互相帮助的义务；在辛庄村就没有这样的现象，宗族对于家庭的影响力只限于很少的方面，例如村中有习俗同姓一般不通婚，相应地，宗族能够提供的社会资源也较少。

在亲属之中，一般是血缘关系越近的，来往越密切，例如与亲兄弟的来往，就要比与表兄弟的来往更为经常，联系程度也更深。不过这也不是绝对，还要受到其他因素的影响，比如，对于一个外出务工的村民来说，他的表兄弟和他在同一城市打工，那么他和表兄弟之间的往来，就会比和在村中的亲兄弟的往来更为密切。

空间关系也影响亲属间往来的密切程度。辛庄村的通婚风俗是女子出嫁后到丈夫家居住，而且以与外村通婚为主；从我们访问的情况来看，村中家庭的男主人都是在本村出生的，而女主人则大部分来自邻近的几个村落，也有的来自佳县甚至更远的地方，村内通婚的情况很少；因此，对于在村中居住的家庭来说，从空间距离上来看，一个小家庭离男方的兄弟姐妹等亲属更近，离女方的兄弟姐妹等亲属更远。对于村中的男子来说，他的父母、叔叔、兄弟大都在本村，离他一般不过半个小时的步行路程，他的姐妹等则嫁到村外；而对于从村外嫁到本村的女子来说，她的父母、兄弟姐妹等血亲都不在本村，最近的也需要步行数个小时才能到达。

空间上的距离远，保持联系就困难，进而影响了与这些亲属往来的密切程度。总体来看，这里的家庭与父系亲属的往来，要比与母系亲属更为密切。嫁到村中来的女子，仍然会与娘家的亲戚保持联系，不过很多时候，这种联系仅仅限于不固定的回家探亲、逢年过节时的问候、红白喜事的往来，并不是十分密切，甚至会有因为忘记了电话号码而十余年没有和娘家亲属联系的情况；

村中的男子，则由于往来较为便利，与他的兄弟、堂兄弟等都有更为密切的往来，在需要时常常会互相帮忙，在经济上的联系也更为密切。

以上所说的空间关系对亲属间往来关系密切程度的影响不仅是在现在居住在村中的老一辈人（五六十岁及以上）身上体现。现在村中的年轻人大都外出务工，而务工的目的地集中在吴堡县城、榆林市等地，经常可以看到一个人的许多亲属都在同一地区务工，尤其是兄弟姐妹都在同一地区务工的情况；在外地务工的同乡人，一般都会有特殊的情谊，甚至形成同乡会等团体，在同一地区务工的亲属，往来也会较为密切，常常会互相扶持，信息上也会互通有无。这些外出务工的村民，与留在村中的亲戚，或者是在其他地区务工的亲戚，往来就不如与在同一地区的亲戚那么密切。他们在外务工时，经常会和在同一地区务工的亲戚互相走动，而一般只会在回家时与留在村中的亲戚有一些往来。这就导致了外出务工的村民渐渐与村中的亲戚变得疏远，而与同样在城市的亲戚变得亲密。

亲属间往来密切程度的另一个影响因素是经济状况。在走访中我们看到，经济状况较差的家庭，与其亲属的往来较少，而较为富裕的家庭，与他们的亲属常常保持较为密切的联系。维持亲属间的往来是有成本的，到亲戚家走动，很多时候会带上一些礼物，招待亲戚外出吃饭，也会有一定的开支，维持往来所需的时间，也是一种成本。辛庄村整体的经济水平较低，很多家庭刚刚脱贫，经济能力仅仅能够维持日常的生活开支，对于这些家庭来说，维持密切的亲属间往来所需的成本就是一笔很大的负担（参加红白喜事所需的礼金支出已经是难以避免的一笔不小的支出了），因此和亲属，尤其是在外地的亲属之间，就没有维持密切的联系，联系方式一般就只是偶尔的电话问候。贫穷的家庭往往都是为了省钱，一切从简，在人际关系的维持上自然也是从简。村中也有一些经济状况较好的家庭，其年收入可达十万元，对于这样的家庭，亲戚之间吃饭送礼的支出就不成为很重的负担，不时出一趟远门，访问在外县甚至外省的亲戚，在经济上也是可负担的；这些家庭就常常会与其亲属保持密切的往来。经济状况还以另一个方式影响亲属间往来：亲属关系是经济合作的一个重要渠道，人们常常与亲属合资购买大件物品，需要的时候也会向亲属借钱，富裕的亲属对于一个家庭能够提供的经济支持，自然是比贫穷的亲属更为丰富；在辛庄村，可以观察到如果一个家庭贫穷，他们的亲属也一般都不富裕，而如果一个家庭富裕，则其亲属的经济状况一般也比较好，因此，经济状况不好的家庭，与他们的亲属交往可能获得的经济利益就相对较少，有经济状况较困难的受访者说，他的兄弟姐妹们经济状况也不好，互相都没有经济上帮忙的能力，因此他与兄弟姐妹们的往来就较少。上面这两个因素都导致经济状况更好的家庭会更多地与其亲属进行往来。

3.2 亲属间往来与社会支持网

在社会网络理论中，社会支持网是一个重要的概念，指的是社会中个人用来获得各种有价值的资源以得到支持的社会网络；社会支持网主要提供感情支持、物质支持、信息支持、陪伴支持。[①] 亲属关系是一种重要的社会关系，也往往是最紧密的社会关系，在个人的社会支持网中有重要意义。

亲属关系能够为一个家庭提供物质支持。相关研究发现，对于我国的农村居民来说，亲属关系是物质支持网的最重要组成，约2/3农民的物质支持网都由亲属构成。[②] 在辛庄村，我们了解到，村民们在农忙需要帮忙时，常常会求助于住在附近的亲戚，亲戚一般都会无偿地前来帮忙，而当亲戚需要他帮忙干活的时候，相应地，他也会无偿地前去帮忙；在辛庄村，农活忙不过来时有偿雇工帮忙的情况较少，亲戚间的互相帮忙是应对不时的劳力不足的主要方式。在经济困难需要帮助时，亲戚也往往是较为可靠的求助对象。一位受访者说，她之前得过一次大病，需要十几万元的费用，当时一个儿子在上大学，另一个儿子要娶媳妇，经济状况困难，她的兄弟姐妹听说后，主动地给她经济上的帮助，让她渡过难关。在农村，亲属是重要的借款渠道。有受访者提到，家里需要购置大件农具时，首先会考虑向亲属借钱。按照传统习俗，给亲戚借钱并不是为了谋求经济上的回报，而是出于亲戚之间互相关爱、互相扶持的家庭义务，这类借款常常没有正式借据，也很少收利息。一般来说，往来越密切的亲属，能够提供的物质支持就越多，长期不往来的亲戚，提供物质支持的可能性就小。村

---

① 贺寨平：《国外社会支持网研究综述》，《国外社会科学》2001年第1期。
② 张文宏、阮丹青：《城乡居民的社会支持网》，《社会学研究》1999年第3期。

民们在亲属中寻求物质支持的对象一般只限于父母、子女、兄弟姐妹，有时还包括来往较密切的叔叔、侄子；对于不常来往的兄弟姐妹，或是隔得较远的亲戚，一般不会向其寻求物质支持。亲戚所能提供的物质支持的大小，要取决于他家的经济状况，如上文提到的，较富裕的家庭，其亲属也是相对富裕的，为其提供物质支持的能力就相对较大；也就是说，这些较富裕的家庭有更丰富的信贷渠道，在创业时或是需要扩大生产时，就更容易找到资金支持。这是一个让富裕者变得更富裕的循环，我们在村中观察到的富裕家庭的亲属也富裕的情况，可能就是一种"先富带后富"的效应：一家人由于某种原因致富，进而能够为其亲属提供更多的物质支持，从而能够带动其亲属致富，他们致富后，就能进一步扩大这几个以亲属关系密切往来的家庭的信贷渠道，这样形成一个循环，最终使得大家都变得较富裕。

亲属关系能够为一个家庭提供信息支持。在传统的农业社会中，生产方式主要是耕种，在这种条件下，生产所需要的信息，如天气状况、种子价格、产品价格等的获取难度都不大，大家对于这些信息的掌握程度大都差不多，亲属关系并不能提供额外的信息支持。如今，村中大部分年轻人外出务工，对于他们来说，获取关于招工的信息就至关重要。作为进城务工的农民工，在尚未能在城市中建立有效的社会关系网时，获取信息很大程度上要依赖于原有的社会关系。一位受访者说，村中有数十位年轻人在外地驾驶重挂车等重型车辆，他们之间会互相分享有关工作的信息，例如，最近哪一条货运线路更有利可图，哪一家运输公司开出的条件更为丰厚；

一开始，村中外出务工驾驶重型车辆的人并不多，由于形成了这样一个信息网络，村中越来越多的年轻人发现这是一份不错的工作，再加上这个信息网络使得进入这一行的难度大大降低，就会依托这个网络，加入这一行业。这一信息网络现在主要是基于村中的弱关系网络，不过，据说在最初，它主要是借助亲属关系发展的，后来知道的人数慢慢多了，也就开始在村中较大范围地传播了。不少村民说，家中的几个儿女现在都在同一地区从事相似的工作，而且据回忆，一般都是某个子女到城里打工，发现某种工作可以赚钱，并且也的确通过这份工作赚了一些钱之后，带动他的兄弟姐妹也到同一个地区从事相似的工作。可以看到，对于辛庄村的外出务工人口来说，亲属关系是获取关于工作的信息的重要来源；他们在城市里打工时，一般都要和在同一地区打工的亲戚保持较为密切的往来，经常互相走动，而这样做的目的就包括了随时互相告知有关工作的信息，如果他听说了一个新的工作，那么也会告诉亲戚，如果他最近换了工作，那么他也会给亲戚说他觉得这份工作是不是一份好的工作，如果亲戚觉得这份工作比较适合的话，那么他就可能会考虑也去应聘这种工作。关于城市劳动力的研究发现，对于城市居民来说，他们获取有关工作信息的主要渠道是弱社会关系（如朋友关系），而强社会关系（如亲戚关系）则主要被用于"走后门"之类的行为；对于进城务工的流动人口来说，他尚未在城市里建立可靠的弱社会关系（建立这种关系对于农民工群体来说一般是较为困难的），无法通过此类关系获取工作信息，而他的强社会关系，由于一般也是进城务工人员，在城市中的社会地位和经济地位都较低，也无法为他在找工作方面提供便利；因此，在寻找有关工作的信息的时候，进城的农民工相较城市居民具有较大的劣势，这也导致了其经济地位长期低于城市人口。① 相关研究指出，流动人口的社会网络资本处于劣势，因此他会努力在城市中发展新的社会网络联系；② 调查发现，流动农民的社会支持网规模要小于城市居民和农村居民，而且其社会网络超过60%都是流动农民，约一半是亲属，这一比例要远远高于城市居民。进城务工的农民主要依赖亲属关系来获取信息这一现象，从长期来看，不利于他们融入城市，阻碍了他们由农村人到城市人的过渡过程。亲属关系能够促进人口从农村流向城市，但是如果农民进入城市后只能依赖亲属关系来获取有关工作的信息的话，那么他们在经济地位上就可能落后于城市居民，阻碍他们融入城市。

此外，一些村民还在进行创业活动，对于他们来说，亲属关系所能提供的支持，包括创业所需的资金以及销路的拓展等，对于他们创业的成功也是至关重要的。

◇◇4　亲属关系与养老

如今，辛庄村中居住的大多是老年人，他们的养老问题是一个

---

① Bian, Yanjie, "Bringing Strong Ties Back in: Indirect Connection, Bridges, and Job Search in China", *American Sociological Review*, Vol. 62, 1997, pp. 266 - 285.

② 王毅杰、童星：《流动农民社会支持网探析》，《社会学研究》2004年第2期。

重要的问题，而根据农村的传统，亲属关系在养老中会发挥最主要的作用。

文献指出，对于农村的老年人来说，亲属是情感支持和物质支持的主要提供者，邻居朋友则主要提供陪伴支持；儿子主要提供经济支持，女儿则主要是在得病时进行照顾，并提供一部分的感情支持，兄弟姐妹也能提供一部分的感情支持。① 在辛庄村，老人们的子女大都不在村内，基本都是在外打工或者嫁到村外，都无法陪伴老人，也无法给予老人很多的感情支持；我们看到，村中的老人常常与邻居聊天，这是在子女不在村中时他们获取陪伴的主要渠道，在访问中得知，他们与住在村中的兄弟姐妹之间的往来也能为他们提供不少的情感支持。

村中老人的养老所需的物质支持还主要是靠子女来提供。目前农村的养老保险体系尚不完善，村中的老年人能获得的养老金（以及七十岁以上老人获得的高龄费）并不多，很多老人需要种地来获取额外的收入。在我们访问到的老人中，一部分表示，他们在外务工的子女每年会给他们寄回来一些养老资金，这对于他们的生活条件有很大的改善作用；而另外也有一些老人说，他们的子女在城市中也是处于底层，只能勉强维持在城市的生活支出，根本无力负担他们的养老支出，这些老人的生活条件相对来说就较为艰苦；还有些老人由于疾病或残疾，已经丧失了劳动能力，在外的子女的经济能力也有限，他们的养老就是一大问题。最近村中设立了一个养老

---

① 贺寨平：《农村老年人社会支持网：何种人提供何种支持》，《河海大学学报》（哲学社会科学版）2006年第3期。

基金，子女每季度交2500元，到了年底，国家补贴5000元，每年一共给老人15000元的养老费，但是在村中的公示栏可以看到，只有二十余人参加了这一计划；由此可以看到，在城市务工的子女们的经济能力大都不是很强。

村中还有的老人，儿女在城市里的经济状况较好，于是便把他们接到城里居住。一位受访者便是一年大多数时候住在城里，每年会在村中住几个月，他平时在城里的生活条件就较好。不过，目前看来，这样的情况属于少数，大部分子女并没有经济能力将父母接到城里居住。

对于现在在城里打工的较年青一代来说，他们能否在城市定居，目前也是个未知数。有一个受访者表示，他在外打工的收入一月一万元，属于相对较高水平，但是城市里生活开支大，几个孩子的教育支出也大，他个人认为自己今后并不容易在城里定居。对于大部分外出打工者来说，如果没能在城市中取得较高的收入，不能在城市中定居的话，那么当他们老了之后，所面临的选择就是回到村中，靠自己的子女养老。到那时，如果他们的子女仍然没有取得较好的经济地位，没能很好地融入城市，那么村中的养老问题将会依然很严峻。

第三章

财产与继承

◇ 1　家产

这里将家产划分为四类,即房屋、土地、家具、生产工具和养殖的动物。

1.1　房屋

同在城市一样,房屋在农村也是很重要的家产。在陕北农村,窑洞是最为普遍的住房形式。陕北人民凿洞而居:他们在黄土壁上掘出洞穴,然后砌以砖石,建起炕和土灶。窑洞冬暖夏凉。冬天时,人们利用柴火灶烧饭,连带把整个窑洞都烤得很暖和。

一般来说,一家的住房包含数个窑洞和一个院子。院子用来饲养动物、存放农具。窑洞间数从两间到十余间不等。如果一个家庭中,兄弟分家,那么一个院子里的窑洞会分成两家的,同时两家中间的院子可能会筑墙。

同现在的城市一样,窑洞也是家庭财力的一个体现。在媳妇上门的时候,娘家会要求"三间扫地窑",即要三间只要扫了地就可以入住的装修好的窑洞。

本节将介绍窑洞建造、维护和废弃的过程(见图3-1)。

图3-1 典型的窑洞

1.1.1 窑洞建造

窑洞的建造是一个较为复杂的过程。成家之后，很多家庭会修建自己的窑洞。建造窑洞首先需要政府批准。窑洞及其附属的小院都是一个家庭的私有财产。窑洞建造过程的费用主要可以分成工时费和原料费。

建筑工人分为大工和小工。大工是手艺较高的技术工，小工更多是做一些辅助性的工作。有时家中的劳动力也会在自家建造窑洞时充当小工。大工的工时费约为小工的1.5倍。同时，村里有一个大工带三个小工的说法。

建造窑洞的原料有木料、砖、石等。由于窑洞是从黄土墙中凿出来的，容易塌陷，所以加固窑洞的石块十分重要。过去，人们都从村边的山沟中炸石料作为加固的石块，而现在石料都需要购买——这增加了原料的成本。

窑洞的建造会耗费大量钱财。人们往往会借钱来建窑洞。也有家庭状况较好的家庭全部自家出钱造窑洞的。随着时间的推移，建造窑洞的钱上涨得非常快。20世纪90年代，一个大工一天的工资为8—9元，小工一天的工资为5—6元。现在，一个大工一天需要300元的工资，而一个小工一天需要150元。原料费也在上涨。以前，石料和木料都可以自己准备；但是现在，较好的石料只能购买，木料的价格也涨了不少。根据村民们的估计，现在建造一个三间窑洞的房屋需要10万—20万元。

新建窑洞对一个家庭来说意义重大，所以窑洞的修建一般发生在旧窑洞不堪修补和结婚的时候。之前说到，新媳妇会要求夫家提供一定数量的窑洞作为嫁过来的条件。有的人家就会另辟土地为儿子结婚新建造窑洞。

1.1.2 窑洞维护

在我们走访的家庭中，窑洞的建造时间跨度很大。甚至有几户的窑洞早在20世纪30年代就已经建成了。年代久远的窑洞不仅居住起来不舒适，而且还存在窑顶漏水、落石等安全隐患。很多家庭都会在居住一段时间以后翻新窑洞。

翻新窑洞也是一笔很大的花费。花费的大小从几百元到上万元不等，随翻新规模和主人的财力而定。有的翻新较为随意，即只用白灰等原料将墙壁和窑顶的裂缝重新粉刷一遍。一般这种小工程都是自家人完成的，所以整个过程只需要花原料钱。有的翻新则较为复杂，例如在窑洞内壁铺设塑料板来加固窑洞，或者更换窑洞门的木料等。这样的翻新需要雇工。

1.1.3 窑洞废弃

在此次调研中，我们发现了不少废弃的窑洞。这种窑洞散发着颓败的气息，它们的木制门朽烂严重，窑洞中也堆放着大量垃圾。

窑洞废弃的原因主要有如下几种。窑洞年代过于久远，无法住人，户主就会带领全家一起建造新的窑洞。有时，一个窑洞的主人因为分家放弃了原来的窑洞。有的窑洞主人在城里打工，或者举家搬迁到城里，村中的窑洞就废弃了。

值得注意的是，现在村中已经很少修建新的窑洞了。这里有几个原因。首先，现在新建窑洞的花费很大，很多村民选择把原来的窑洞修修补补。其次，现在村民都会选择新建楼房而不是窑洞。虽然在我们走访的过程中没有看到作为住房的楼房，但是据村民所说，楼房具有便宜、安全、舒适等窑洞没有的优点。最后，许多村中的年轻人都选择到城里打工，窑洞已经供大于求，如果老人们的窑洞年久失修，他们可以住在子女的空置窑洞里。我们遇到了一户人家，老两口的窑洞已经破败，同时他们的儿子出门打工了，所以他们就住在儿子的窑洞里。

1.2 土地

民以食为天。农民的生老病死都与土地息息相关。在交通不便、贸易不发达的辛庄村，自己种的土地是很多人的生活来源。辛庄村的土地不仅种植了常见的粮食作物，也有枣树、花椒树、枇杷树等果树。土地承包权和经营权的历史变迁在之后的章节中会详细讨论。本节将叙述土地承包权和经营权的分离，以及财产的另一部分——坟地。

1.2.1 承包权和经营权分离

像许许多多的农村一样，辛庄村的青壮年劳动力大多流出了村子，涌向附近的省市。村里的居民多在五十岁以上。他们多是因为年老或重病，不能继续打工，才留在村子里以务农为生。

这样的人口结构导致了富余的土地资源和低下的耕种能力。当年土地的划分是根据家庭的人口和劳动力数量。许多家庭当时分得十余亩地，现在只有老夫妻留在农村。老年人体弱多病，很多动过手术或者有残疾，难以进行繁重的体力劳动，只能种自家的一部分地。这样，一家分到的部分土地就无人耕种了。还有的家庭，举家迁居城里，或者留在村中的老人已经去世，全家的土地都无人耕种。

此时，如果村里有人需要耕种多余的土地，那么这些因为人口结构问题导致无人耕种的土地就可以投入生产。事实上，村里的很多土地的经营权和承包权都是分离的。而且这个分离是非常随意的。如果我有土地，但是我不想种，而你正好想种我这块土地，我的土地就给你种了。不需要任何合同，也不需要任何实物或货币的交易：经营者劳动所得全部归自己，也不需要向承包者支付租金。

这两种权利的分离也体现在补贴的分离上。国家各级政府会给农民发放补贴，这些补贴有的是针对耕地或林地的，有的是针对土地上种植的作物的。这时，土地承包者获得针对土地的补贴，而经营者获得针对作物的补贴。

1.2.2 坟地与葬仪

中国人非常崇敬祖先，认为已经过世的祖先可以保佑后人。辛庄村的村民们相信祖先埋葬的方式可以影响后人的命运。

辛庄村的历史不长，仅有二三百年。虽然辛庄村仅有张、王、霍三姓，但与中国其他农村不同，辛庄村的宗族观念极为淡薄，不存在一族的祠堂，这可能和陕北的传统和贫乏的物质条件有关。辛庄村的村民一般在清明节、国庆节去自家坟地扫墓、祭祀。祭扫的对象一般为前三代或五代（最多七代）的祖坟，再之前的祖坟一概不管。

坟地是一种特殊的土地资源。辛庄村的村民们习惯于将三代、五代或七代祖先葬在一起。当家中有老人去世时，如果家族已有的坟地已经葬满了三代、五代或七代祖先，家庭就会请风水先生在自家的耕地中寻出一块风水合适的地。这块地的风水将决定这片坟地会埋葬三代、五代还是七代祖先。然后，家人就会在地下开挖出一些小窑洞，一间地下窑洞安葬一对夫妇。换言之，当一片土地被确定为风水宝地之后，这片土地就成为这一家未来几代的墓地了，别人不可染指。

在中华人民共和国成立以前，土地权利较为混乱，这时墓地的分配采取先到先得，即风水先生根据一家的风水找到一块无主的宝地后，这片宝地就归属于这家人了。后来，村中的地几次收归集体，但是坟地是从来不会收走的。现在，村民们开发新的墓地时还是会请风水先生。风水先生优先在这个家庭承包的土地中寻找风水适宜的坟地，如果别人家有更适合的坟地，那么这一家会和别家提出"以地换地"，即用自家的良田或风水适宜的土地换取一片墓地。因为各家情况不同，风水也不同，所以这样的交换往往可以进行。提出交换的家庭要给出风水更好或耕种质量更高的土地。

村民物质贫穷，所以很少会有陪葬品。逢年过节，村民会祭祀先祖。但是村中并没有宗祠等集体祭祀的地方，这与南方农村的习俗很不相同。村民们只祭祀三代以内的祖宗。如果一片坟地埋葬了五代或七代的祖先，那么也会连带着一起祭祀。

村中不少老人也和我们讲起了张维迎老师家坟地的故事，在此作一趣谈。相传张老师的祖先去世后，风水先生选定了一块葫芦形的"杨柳坟"。杨柳坟在这里是风水极佳的坟地，一片杨柳坟可以埋葬七代人。当时，张家的祖先可以决定是埋在偏上的位置还是偏下的位置。据风水先生说，偏上者得财，偏下者得人；即葬在上面，子孙会财源广进，葬在下面，子孙会有杰出的人才。张家的祖先认为，无才者得财，钱财也不能被很好地利用，所以就选择了葬在下面。当时即有预言，张家后人，第六代和第七代都会出一个人才。张老师便是第六代。虽然说张老师的成功与自身的努力和历史的进程有关，但是这个故事还是体现出了村民们对祖先和祖先力量的敬畏。

1.3　家具

村民们日常生活起居离不开家具。我们把家具简单地分为两个部分，即电器和非电器。本节从家具的来处和去处来介绍家具。

1.3.1　来处

柜子是村民家里重要的家具。每一户村民家里都会有这样一个木制的柜子。这些柜子往往是老一辈的村民或再老一辈的村民结婚时打造的。有的就算作了彩礼或嫁妆。这些柜子普遍用料结实、工艺精湛，不少还有精美的雕花。自然，当年打造这些柜子的时候，村民们也付出了不菲的价格。我们在村民家中见到了从20世纪30年代往后的各个年代的柜子。这些柜子的预计使用寿命都超过了五十年。20世纪30年代的柜子仍然可以继续使用。

柜子可以作为家庭中非电器家具的一个代表。普遍地，村民都认为年代越近的大型家具越不耐用。之前的不少家具还是父辈或祖辈自己打造的。

村中家用电器普及度较高。不少家庭有电冰箱、彩电、洗衣机等。我们访问到的家庭很少有电脑和音响，没有家庭有空调。相比于冰箱、彩电和洗衣机，电脑和空调在日常生活中没有那么必要。窑洞冬暖夏凉，夏天正午都非常凉爽，冬天只要在柴火灶里生火做饭就可以把整个窑洞烤暖，所以没有装空调的必要。村中大部分村民年纪都很大，不太能接受电脑这种较新奇的工具。

村民家中的不少电器是子女提供的。有的电器是子女新买的；有的是父母把钱给子女，让子女买来安装的；有的是子女换新后淘汰下来的。子女一般在县城或榆林、西安工作，年龄都不大，正在打拼，自己也没有闲钱，所以子女一般不会给父母赡养费。甚至有的宽裕的父母会给有经济困难的儿女定期接济。有趣的是，女儿提供家用电器的比例较大。因为很多家庭的女儿在城里找到了经济条件较好的丈夫，所以对父母有较多的经济上的照顾，但是她们对家产是没有继承权的。这一点在后文中还会详细阐述。

关于家电，还有一点要说的是政府补助。很多村民都提到了政府会赠送或补贴电器。这些补贴部分和家电下乡的政策有关，各级政府都会补贴。例如村中几乎家家有的用于净水的过滤器。这个净水器是榆林市水利局提供了十万元经费，让上一任村主任采购的。村民们反映这个净水器不好用。

1.3.2 去处

在农村，家电的使用寿命是很长的。一般家电，如洗衣机、电冰箱、彩电等，都可以用上接近二十年。很多时候，坏掉的电器修理一下就能继续用很长时间。村民只有在电器完全不能用的时候才会购买新的。

村中也没有二手电器的交易，因为二手的电器往往已经被维修多次，没有任何使用价值了。电器报废后，只能卖给收破烂的，按照废铁的价格称重计价。有的东西，如钟表之类的小型电器，连收破烂的也不要。所以，我们在村民家中看到了早就不走的钟仍然挂在墙上。

值得一提的是，村里的一些电器可以以旧换新。村民家中做饭，除了柴火灶外，还可以使用电锅。村民们冬天烧柴火灶，顺便暖房；夏天就用电锅做饭。电锅不是电磁炉，其加热部分和锅可以分开。加热部分容易坏，一般寿命在三年以内。如果加热部分坏了，村民们就可以带上已经坏的部分，再贴50元钱，换到一个新的加热部分。

1.4 生产工具和养殖的动物

村民们过着自给自足的生活。他们的食物主要来源于土地，所以用于耕作的农具就显得很重要。同时，很多村民家中都饲养母鸡，有的村民养羊，所以这一部分还会介绍农户家的养殖情况。

1.4.1 生产工具

辛庄村的大部分村民都会使用手持农具进行劳动。各家各户的农具状况不同。有的农具是请铁匠打造的，有的农具是市场买的。农具的使用寿命也各不相同，从一年到十年不等。村民们告诉我们，手持农具的使用寿命是由使用的强度决定的。如果使用强度高，那么手持寿命就短。同时，使用寿命还和使用者的爱惜程度有关系。

畜力农具几乎没有。我们也没有见到耕牛或者驴、马等用于耕作的牲畜。很多农机都有国家的补贴。很多村民都向我们提到了耕地机。这是一种小型的类似手推车的耕地机器。这种机器在购买的时候国家会提供补贴。不少农户家里也有粉碎机。粉碎机是用来把谷物打碎制造饲料的机器，也是国家补贴的农具。

1.4.2 养殖的动物

村民们一般会养母鸡。各家买来小鸡崽，自己喂养。几年之后，待母鸡不下蛋了，村民对老母鸡的处理方式各不相同。有的家庭会把老母鸡杀了吃肉，还有的村民提到了老母鸡可以换到小鸡崽。村中和城市不一样，并不认为老母鸡在炖汤上有特别的营养价值，相反，因为老母鸡肉质的问题，吃老母鸡的人很少，所以也不存在出售老母鸡的市场。因为相同的原因，富裕一些的村民会将不下蛋的老母鸡掩埋（见图3-2）。

图3-2 村民们饲养的母鸡

也有村民家中养羊。和老母鸡没有市场不同，村里有专门收养羊的人。这使得售卖羊的成本降低了，村民们也就乐意养羊赚钱。此外，政府对养羊有补贴。有时，村民们也会把自家的羊杀掉吃肉。

还有村民会养一些其他动物,如狗、蜜蜂等。村中养狗看家护院是非常常见的,但是这里养狗与生产无关。我们访问到了一家饲养蜜蜂的农户,他们取蜂蜜售卖,也会留一部分自己吃。

1.5 总结:家产的两个特点

以上,我们总结了四类家产各自的故事。从上面的描述中,我们可以看出两个关于家产的特点,即使用权(经营权)和所有权(承包权)分离;土地与房屋日渐贬值。

1.5.1 使用权(经营权)和所有权(承包权)分离

出乎我们的意料,村民们对财产的所有权(承包权)划分得十分清晰,父母和孩子之间、亲兄弟之间都会厘清财产的所属。与此相对,使用权(经营权)的划分就不是那么严格。

我们见到了很多案例:哥哥用着弟弟存放在家里的彩电;父母住在儿子的窑洞里;邻居耕种着隔壁家无人耕种的土地。在以上的例子中,哥哥很明确彩电是弟弟的,但是这并不影响哥哥日常看电视;父母也很清楚自己住的几间窑洞是儿子的,但这也不影响父母对窑洞的使用。

在这里,所有权(承包权)更像是一种优先获得使用权(经营权)的权利。比如,哥哥虽然现在正用着弟弟的彩电,可是如果哪一天弟弟要把这个彩电拿走,那么哥哥必须交出彩电的使用权;一家举家迁居城市,土地交给邻居耕种,一旦这一家回来愿意耕种这片土地，那么邻居必须把这片土地交还。

1.5.2 土地与房屋日渐贬值

之前提到过，随着青壮年劳动力的流失，土地出现了供大于求的局面。年老体弱的村民们无力耕种这么多的土地。同时，土地能带来的经济回报相比于在城里打工少很多，对于城里的年轻人来说，家乡的土地不是很有吸引力。

村民定居城市后，家乡的窑洞也显得多余。随着时间的推移，窑洞逐渐破败，而居住在城市的村民们也不愿意花钱去修缮窑洞。这时候村里的窑洞更多地成了人们的精神寄托，其实际作为住房的价值在降低。

综上，随着青壮年人口流向城市，村中土地和房屋的价值在降低。同时，由于土地和房屋是村中老人们的主要家产，也是主要遗产，继承权对于孩子们来说也越来越不重要。有的老人坦言，现在孩子对其的抚养并不是贪图未来能继承到房屋和土地，而是更多出于社会责任感。

◇◇2 土地的权利界定以及相关历史沿革

2.1 权利界定

由于地处黄土高原的山区，辛庄村的田地大多小而分散；另外，梯田是辛庄村田地重要的组成部分。因此，一家的土地（一般为十余亩）一般不会集中在一处，因此也就不存在《江村经济》中那样针对大块田地的复杂的划分规则。① 偶尔遇到一块完整土地不属于一家时，双方一般会用几块"界石"进行划分。梯田一般以阶梯为单位分属不同农户，但也偶尔有一阶分属几户的现象，这个时候也会使用"界石法"（见图3-3）。

图3-3 界石：以石头为分界点，南北的田地分属于不同人所有

---

① 参见费孝通《江村经济》，商务印书馆2001年版，第3页。

在涉及继承问题时，父亲一般会将各块土地整块整块地分给几个儿子，免去了对一块土地具体划分的麻烦。

村中的林地承包权属于集体或个人，个人不能使用集体林地上树木的经济产品，如桑叶、果实等，但可以捡一些掉落在地上的树枝作柴火用。

另外需要特别说明的是，退耕还林并不会改变土地的三种权利（所有权、承包权和经营权）的分配。即对土地而言，改变的仅仅是其上的植物而已，农户可以从自家土地的树上获取一切可能存在的经济产品。

2.2 历史沿革

在近现代历史上，辛庄村与中华人民共和国的其他村子一样，经历过四次重要的土地改革。这里介绍这四次权利的变革，并对辛庄村相关的历史做一些回顾。

2.2.1 土地改革（20世纪40年代）

由于地处革命老区陕北，辛庄村的"土改"的时间早在20世纪40年代初就已经推行，但具体年份已难以考证。受制于其相对恶劣的自然条件，土地改革之前，该村几乎所有农户都属少地（1—2亩）乃至无地的贫农范畴（调查组调查的九户人家当年均被划为贫农），地主阶级则完全不存在。有极个别农户虽被定性为富农，实则也属于除了地一无所有的"穷富农"。

2.2.2 合作社和人民公社化运动（20世纪50—70年代）

辛庄村在20世纪50年代初出现了"互助组"，组内的农民合作种地，但收获的粮食分归个人所有，这是合作社的前身。自20世纪50年代开始席卷全国的集体化运动也波及了辛庄村，"互助组"出现一年之后就过渡到了高级社，人数由原来的几个变成了二三十个，1958年又成立了人民公社。合作社经历的时间较短，其主要内容为将各户土地收归集体。下面重点介绍人民公社化运动。

辛庄村的人民公社化运动发起于20世纪60年代，当地的人民公社由3名主要负责干部和附近的24个村庄组成，其名称已经难以考证（调查组采访的农户给出了完全不同的答案且无重复，相对可靠的说法为张家山人民公社）。另外，吴堡和绥德两县曾一度合并，但后来因为关系不好又分开来。

据调查情况来看，农具等非土地生产资料的所有权变动在各户之间不同：大多数农户反映自己的农具仍是自己的，不会有其他人来拿，也不会放到集体统一的农具库中，每家农户早晨会自带农具出门，到集体的土地上耕作。

村中的牲口被全部划归给了集体，集体对于征收的私人牲口做出了补偿。机械化农具在人民公社化运动前后都是集体共有。

村中耕作的粮食收获后，以小组为单位分配：小组内的粮食分给个人，多了的粮食会被收上去，运往广东等地。但农户一般的情况是交完集体的定粮之后，自己的粮食就不够吃了，只有高粱、红薯皮等糟糠，以至于还要去城里领取粗粮糊。

至于锅碗瓢盆等生活资料，其所有权和使用权从未发生变动，自始至终一直属于各家各户。

村中也曾一度出现集体食堂，不可避免地沾染了"大锅饭"的通病：集体食堂在开办之初为了吸引群众，一度伙食颇佳，甚至有大鱼大肉；但"风头"过去，菜品质量便急剧下降，最后仅剩下高粱等粗粮熬成的稀粥，难以果腹，更不要提满足什么营养要求，不少村民的身体出现了浮肿。

"大跃进"运动中，辛庄村也不可避免地受到了波及。随之而来的1959—1961年的"三年自然灾害"给辛庄村带来了冲击，但相比于安徽、河南等地灾情之严重，灾害对地处陕北的辛庄村影响并不很大，村民的基本温饱勉强可以保障。其间，从南方等地涌入少量逃荒者，20世纪60年代，逃荒者逐渐消失。"上山下乡"运动中，有少量知青来到此县，这些知青做出了不小的贡献，如帮助村民修筑了水坝。和全国大多数地区的情况一样，这些知青后来全部返城。

"三年自然灾害"是一个分水岭，在此之前，中央的政策在农村基本都能得到贯彻落实；而在这之后，由于当时政治环境，基层政府在听取中央政策的同时，也会权衡地制定一些因地制宜的措施，最终结果很可能是中央的政策在基层完全"走了样"。

不同寻常的是，根据部分年长村民的回忆，集体劳动中"磨洋工"的通病似乎在此村并未盛行。原因有二，一是工分制度带来的约束：劳动力需以切实劳动赚工分，以工分换取自己必需的生活资料；二是严厉的惩罚机制：滥竽充数者一旦被抓，不仅要扣工分,还要遭到公开批评。

需要额外提及的是,20世纪50—70年代二十余年的全国性政治运动中,"农业学大寨"运动对于辛庄村的影响尤为深远。与辛庄村一省之隔的山西昔阳大寨村以其梯田和较"左"的管理制度闻名,辛庄村现存的大量梯田从该次运动方始修建(之前村中无梯田,这样来看,之前所述之村中农户无一地主而几乎全为少地无地贫农的现象也就在情理之中了),客观上对辛庄村的农业起到了巨大的积极影响,下文还会提到。辛庄村的梯田十分出名,一度被评为模范,甚至还有人慕名来参观。与全国其他农村在学大寨运动的过程中的问题频出相比,与大寨村自然条件相似、有大量无法耕种的坡地的辛庄村得到了更多的益处。

当提及这段曲折的历史时,村民们并未表现出十分鲜明的感情。村民大多反映,集体化后虽然物质条件依然艰苦,但人与人之间地位更加平等,总体情况也就有所改善,他们并未过多强调彼时不甚合理的政策对他们生活造成的不利影响,而是做着更加冷静、客观的评价。可见,历史叙事在个人中、在小集体中、在各阶层中和在全民族中的反映,或许是截然不同的。

2.2.3 包产到户(20世纪80年代)

1981年,辛庄村推行了包产到户。土地重新分配到各户,但这种分配并不是以集体化运动之前的土地划分情况为准的,而是以人数为准——准确地说,辛庄村采取了一套以劳力数和人头数为基础的双轨分配制度,即先按劳力数给各家分配相应数量的土地,再以家庭总人口数给各家增补相应数量的土地，两种分配的人均土地相同。

当提到包产到户的好处时，虽然村民们也提到了多劳多得带来的积极性提高的重要作用——这是当今对包产到户优势的普遍认识，但他们更加强调的是包产到户带来的自由性，即自由耕种各种农作物的可能，这是几乎所有调查农户提及包产到户后的第一反应。

这种自由还包括放弃务农，进城务工的自由：众所周知，20世纪80年代之前，农民没有介绍信是不能随便进城的，更不要提打工了。这一种新的自由也完全改变了辛庄村的人口结构。

村中公务员的工资以土地面积为准筹集。

2.2.4 后续调整（20世纪90年代至今）

20世纪90年代，辛庄村进行了包产到户后第一次也是唯一一次土地变更：村中对各家各户的人口重新进行了统计，并基于其数据进行了相应调整。此后，辛庄村再未进行过土地调整，直至今日。进入21世纪，中央提出了土地权利"30年不变"的政策，近年又在原来期限的基础上追加了一个30年，达到了事实上的"长期不变"，这正式宣告土地权利改革告一段落。

尽管如此，民间基于私人协商的土地权利交换是被允许的。提出交换意见的一方一般需要付出更多的土地以换取心仪的他户土地。

在调查过程中，我们还了解了辛庄村最新的土地动向：鉴于辛庄村的劳力结构已经完全老龄化（我们调查的九户人家中，除一家属于放假回家的特殊情况以外，其余均没有青壮年在家），老一代逐渐丧失耕作能力，新的年青一代又常年在城市里生活，对于务农早已生疏并敬而远之，因此尽管法理上土地的承包权将过继给下一代，但显然下一代不会也不能控制经营权（见图3-4）。

图3-4 在建的村广场：由收归村集体经营的土地平整而建成

针对这一问题，村中最近兴起了某种类似20世纪50年代初级合作社的现象：当土地的所有者不再耕作，且子孙都在城里，没有合适的人来继承时，土地的经营权就逐渐开始由集体控制，田地交给可耕作的专人料理，种得的东西归集体分配。但土地的承包权依旧归原来的农户所有,因此,这些农户每年可以得到43元/亩的补贴。这似乎可以在一段时期内解决田地大片荒芜的问题,但也只是权宜之计:在集体整体老龄化的大趋势下,这一措施可奏效多久,尚存疑问。

近来,在村主任霍东征的带领下,辛庄村计划新种面积总计达300亩的花椒林和桑树林,原因是花椒生长周期短,成熟快,而桑树可以用来养蚕。现在,花椒地已经出苗,村里还翻新了13孔旧窑洞,准备做未来养蚕的基地。新时代背景下的黄土地,在勤劳上进的辛庄村村民的汗水浇灌中,正勃发出新的生机。

2.3 部分村中物品的权利界定

2.3.1 道路

辛庄村中的道路分为三种,第一种是可供汽车通行,质量较好的大路。这种大路一般由集体出资修建,由石板铺成,部分山路路段有金属护栏。这种道路的所有权和使用权均归集体所有,任何人都可以无偿使用大路。

第二种是村民各家各户门前的小路。这种路由相应的家户出资修建,一般由石块砖头铺就,也有不使用材料者。小路质量一般,一部分勉强可走汽车。小路的所有权归属各家各户。至于使用权,一般而言所有人均可使用,但户主保留限制他人使用自家小路的权利,这种限制一般与不良的社会关系有关。

第三种是山间"走的人多了,也便成了路"的土路。这种路一般崎岖陡峭，险象环生，质量极差（部分土路中间甚至有带刺植物），大多数仅容一人通过，部分土路甚至不足半米宽。鉴于这种路不存在所谓修建的问题，其所有权和使用权也就顺理成章地归属所有人（见图 3-5）。

图 3-5 私人修建的小路（左）和土路（右）

2.3.2 水井

直到几年之前，辛庄村还存在两种水井：公共井与私人井。

公共井顾名思义，由集体出资挖成，其所有权理所当然地归属集体，而其使用权则归所有人所有。但由于这种井一般远离各家各户（前边已经提到，辛庄村的各家各户无论在水平层面还是垂直层面，距离都相对较远，道路也相对难走），加之当时还没有相关的机械，村民一般不倾向于去公共井挑水（见图 3-6）。

图 3-6　旱井

私人井填补了公共井的功能空缺。这种井一般由一家或几家联合出资出力挖成，其所有权统归参与挖井的各家各户所有，且这种所有权不受当初出资出力的"股份"大小限制。至于使用权，井主们自然有权使用井，而其他村民能否使用，要视其与井主的关系如何而定：如果与井主关系较好，则该村民就可以无偿使用井水；若与井主关系较差，则该村民就需向井主支付一定数额的使用费，该种使用费的数额要依关系差的程度而定，关系越差，使用费越昂贵；若与井主关系极差，则该村民压根无法获得井的使用权——无论付出多大代价。以上可见，在朴实的农村，社会关系在使用权的划分中具有重要地位。

现在，辛庄村的村民们普遍采用蓄水池和旱井结合的方式来解决用水问题。一般地，他们会在院子里挖一口旱井，同时在家中（往往是屋顶上）建一口蓄水池。旱井负责接雨水。接到的雨水可以用来浇灌和洗衣服。蓄水池和村中的几处水源相连通，负责储存饮用水。各家通过水泵将水源的水引入自家的蓄水池中。在有水泵之前，大家要担着铁桶去水源处打水。

七八年前，村政府将所有井的所有权、使用权均收归集体所有，故现在不再存在所谓使用费问题。另外，榆林市水利局还为每户村民配发了水泵和滤水器，从而免去了村民的挑水之劳。现在也有一些条件较好的村民用上了自来水。

2.3.3 野生动植物

除去村民专门养殖的经济动物和农作物之外，辛庄村还存在大量"无主"的野生动植物。

辛庄村的野生动物分为以下四种。

第一，由国家放养，且受到国家保护的动物。这在此村主要是指野鸡。据村民反映，村中本无野鸡，数年前由国家载来数车野鸡随机散放于村中，本调查组推测该行为应该是出于保护生态多样性之目的。自然地，野鸡的所有权与使用权也统统划归国家所有。据村民反映，这些野鸡对玉米、土豆等作物造成了巨大危害，村民对其极其厌恶，但又因保护政策而无可奈何。然而，尽管有针对偷猎野鸡的惩罚措施，仍然偶有捕猎现象发生，且由于并无专人监督，村民一般互相之间关系较好且对野鸡同仇敌忾，即便有捕猎也一般无人发现，被发现了也一般不会受到检举揭发，故惩罚机制能起到的实际效果极为有限。

另外，野鸡十分"聪明"，一般会在人迹罕至之处下蛋孵化，野鸡得以大量繁殖。野鸡蛋偶遭发现时多半已经孵化许久，无经济价值，也就无人索取。

本调查组在从农户返回的路上曾亲见一只野鸡因受到惊吓从树丛中跃出，烟尘乍起，野鸡飞至数米高，足见其壮硕。目测村民即使有胆量捉捕野鸡，也是有心无力（经询问，村中无违法猎枪存在）。另外，村民曾半开玩笑地调侃道，若我们调查组真的希望做一些事情造福乡里，不妨替他们捉一些野鸡除害，可见村民对野鸡厌恶之深。由此可见，在国家整体层面看似百利而无一害的政策，在基层也许就会遇到严重的现实问题。

第二，单纯受到国家保护的动物，主要指野兔。其所有权与使用权也均归集体所有。由于惩罚措施的存在和经济价值的缺乏，野兔一般能受到较好的保护，尽管其对庄稼同样存在一定危害。

第三，不受国家保护且有经济价值的动物，主要指蝎子。蝎子可以入药，每年国家都有专员会来村中大批收购蝎子。村中除专门的蝎子养殖户外，还存在专业的蝎子捕手。该村的蝎子一般毒性有限，被其蜇伤除了会导致遍及全身的剧烈疼痛外，一般无严重后果；即便如此，捕蝎子依然是十分危险的工作：曾有许多捕蝎者在工作过程中坠崖身亡。加之蝎子数量有限，捕蝎者实际上很少。

原则上，蝎子的所有权归属集体，使用权归属所有人，且使用权不受土地的权利界定限制：任何人都可在任何地块上随时捕捉蝎子。

第四，其他动物，如麻雀、鸽子、蛇等。其所有权和使用权原则上与蝎子一致，但由于缺乏经济价值，一般没有人染指此类野生动物。南方部分地区食用鸽子、蛇等的习惯在此村不存在。

另外，村中常备针对蛇、蝎子的解毒药。

2.4 其他一些有关财产和权利的问题

关于村中的电线权利界定情况如下：在各户间架设的电线所有权归集体所有，而具体架设到每家的支路所有权则归个人所有，但由于电线连续不可分割的物理属性，这种划分似乎意义并不大。因为相同的原因，讨论使用权似乎更加没有意义，此处不表。

这里还要再提一下村中的枣树和杏树。这些树本是早年间村民为经济目的种下，但如今，其现状并不令人乐观：据村民反映，早年间，村里的枣尚能卖出比较好的价钱，最好的时候能达到3元一斤，但实事求是地讲，由于水土的原因，这些枣的质量其实一般。随着近年来新疆等地区高质量枣进入全国市场，辛庄村枣的价格一落千丈，现在价格仅仅是1毛钱一斤，入不敷出导致了大量枣树实际上被闲置，无人修剪枝条，也无人去收枣。本调查组曾遇到一家农户，其户主曾制作了大量的大型竹筐用以收枣，现在均闲置在院子中（见图3-7）。

图 3-7 曾经用来装枣的竹筐和手持农具

杏树的情况稍好一些，还有人在照料，但本地杏的质量也是平平。本调查组在走访各家农户的过程中，在道路两旁见到了大量的烂枣烂杏，这一情境颇令人感叹谷贱伤农。

另外，令人有些遗憾的是，本村的太阳能资源十分充足，可以看作一种潜在的"财产"，调查组在村中的几天都是阳光明媚，农民也反映阳光十分强烈，"即便在窑洞里，紫外线也能穿进来"，但这一丰富的资源没有得到充分利用：太阳炉、太阳能热水器等在此村完全是陌生物件，村民们加热食物和水还大多使用着原始的风箱和火炉。先进技术由于较高的初始成本而得不到利用，这就需要政府来进行补贴和干预。

最后还要说一件值得一提的事情：本调查组在延安发现了售卖的脆枣，这些脆枣原始的品种和质量均与辛庄村的枣相同，而它们是由本地的枣运去其他省加工，又运回延安售卖的。而这些脆枣的受欢迎程度就明显高于未经加工的枣。可见，如果能在张家山镇或吴堡县设立一个制作脆枣的食品厂，不仅可以大大削减因省际运输而增加的运输费用，还能拯救辛庄村那些已经被"打入冷宫"的大片枣林。同理，辛庄村的杏也可以考虑在当地或附近加工成杏罐头等带附加值的加工食品，从而进一步开发本地杏林的潜在价值。

辛庄村财产的经济潜力，还远未得到充分的释放。

◇◇3 赡养与继承

3.1 基本原则

辛庄村村民在赡养与继承方面遵循了三条朴素、直观的基本原则：女性不继承房产或田地、异姓不继承财产、成家即分家。

3.1.1 女性不继承房产或田地

在一个典型的辛庄村家庭中，女孩与男孩并没有什么不同。但一旦女孩出嫁，女方与娘家的关系，尤其是经济关系，便彻底断裂了。除了在节假日女儿会回到娘家探亲，并且为父母送上礼物（作为一种心意，而非义务存在）之外，女儿在平时不会、也不应该时常回到娘家。

就赡养而言，女孩不能干预亲生父母养老的问题。如果女方"无缘无故"地想要给父母添置家具、房产或保持稳定长期的经济来往，哪怕不花费儿子一分钱或精力，都必须经过儿子的首肯；哪怕不使用夫家的任何财产，婆家对于儿媳妇补贴娘家的行为也会颇有微词。对于老人来说，他们也认为女儿不赡养自己是合情合理的，个人的养老应该全权由儿子负责。

与此相照应的是，当一个女孩的地位从女儿转变为媳妇后，她理所当然地同自己的丈夫一起对公婆的养老负责。公婆的女儿如果想要尽一番孝心，也必须得到儿媳妇的首肯。

既然没有赡养的义务，女儿自然而然地也没有继承房产或田地的权利。即便和女儿保持亲密联系，甚至在儿子的认同下接受女儿部分赡养的老人，也不会考虑分田分房给女儿，认为这是"不可能的事情"。女儿也将此事作为合情合理的规范并坦然接受，并不认为这是父母对自己的某种"偏见"。女儿和娘家这样一种财产上井水不犯河水的观念很大程度上与婚嫁的习俗有关，即所谓的"嫁出去的女儿，泼出去的水"。

3.1.2 异姓不继承财产

辛庄村村民主要分为三大姓氏：霍、王、张。在财产关系上，由某一姓氏的老人将财产留给另一姓氏的人进行继承是"不可思议"的。更确切地说，不同姓氏间，可以赠送、转让金钱、家具等形式的财产，但作为继承关系的核心财产——田地、房产——是不能留给异姓的，只有在极少数情况下容许特例的存在，调查组在受访过程中只找到一例，将在后文中详细介绍。此外，由于村内的王姓存在大小王的分别，一般而言，大小王之间也是不会进行财产继承的。辛庄村薄弱的宗族关系，或许只有在此处略有体现了。

3.1.3 成家即分家

在一桩传统、典型的辛庄村婚嫁中，女方会向男方索要"三间窑洞"作为新婚夫妇的住所，条件稍差的家庭也至少要匀出"一间窑洞"来。如果男方家庭有多个孩子，女方会要求自己将嫁的儿子不能在新婚窑洞的分配上差于其他儿子，故而逐渐形成了在儿子成家时平均分配房产的传统，之后逐渐演变为儿子成家即分家的习俗。此处，分家是指成家的儿子的小家庭得到一部分房产和田地，但在生活上往往还和父母、兄弟姐妹联系在一起，也就是分财产不分关系。

3.2 普遍情况下的赡养与继承

首先定义普遍情况。辛庄村的青年人（1980年后出生的人）如无重大疾病、家庭变故，都已进入城市打拼。鉴于这类青年人在本组受访对象中，占90%以上的比例，我们将这类青年人与父母之间的赡养、继承关系作为普遍情况。此外，这类青年人的父母往往在辛庄村的文化氛围熏陶下长大，对于赡养、继承的理解反映了辛庄村的传统继承习俗；而青年人纷纷进城的情况，也反映了城市化对乡村生活的一种冲击，是具有某种典型性的。

在下文中，为了简化赡养、继承间的关系说明，暂且将范围限定在有子有女的老人的赡养问题上。

3.2.1 普遍情况下的赡养

辛庄村的老人普遍维持着自给自足的经济生活：在财产上，若无特殊情况，不与成家的儿子产生紧密、稳定的经济来往——儿子不给父母寄钱以尽养老义务、父母也不给儿子寄钱以支持他们在城市立足。其原因在于照看好自己已是很不容易，照看彼此则是有心无力。而与城市中的儿子生活境遇不同，女儿如果在城市中成家，往往能嫁入一个条件更优越的家庭，从而获得更多的财产支配权以补贴父母。

因此，以财产为中心，探讨赡养义务时，城市中的女儿往往比城市中的儿子承担了更多的赡养义务。

但是在第一条基本原则中已经阐释过，无论财产赡养情况如何，辛庄村居民仍然认为儿子负担着赡养责任。这一看法或许在以劳务为中心的赡养义务中有所体现：儿子有义务帮助不能自理的老人维持基本生活。比如一户老人中男性由于脑膜炎手术并发症残疾、女性由于年迈无法负担重体力活，儿子尽管没有多余的存款，但通过自己劳动为父母修建了一口旱井，免去父母下山挑水之劳。还有儿子为了父母选择搬回农村，方便在生活起居上照料老人的例子出现。而远在他乡的女儿（辛庄村通常不村内通婚），很难在生活上细致地照料父母，可谓"远水救不了近火"。这也就导致了赡养关系中财产赡养和劳务赡养的部分错位。

3.2.2 普遍情况下的继承

辛庄村继承关系中的核心财产是房产和田地，少有存款或珠宝等传家宝。由于第一条基本原则，此处只考虑儿子的继承问题。如果将继承关系划分为几个阶段，可以标注出三个重要节点：儿子成家、老人不能自理、老人过世。

一般而言，老人会在预留自身耕种的田地和窑洞后，根据儿子的数量平均分配田产和房产，并在儿子成婚之际将田地和窑洞分给新家庭，让他们在经济上实现独立。在20世纪80—90年代，由于存在按人口增减重新调整田地数量的情况，也有过几年后按照孙子人头重新分地的情况。田地分为良田、劣田，标准为根据近远、平坡、肥沃贫瘠依次递减。正常情况下，各个儿子们会均量分有良田、劣田。但根据村民的陈述，如果有个儿子很勤快，另一个很懒散，也有给勤快儿子更多良田、懒汉更多劣田的情况，原因是"给了他也不会种，不如都留给另一个"。尽管如此，一般不会在田地数量上额外补贴勤快汉。

此外，有村民表示出现过长子一家略微多分一点地的情况，但只有一家有这类情况存在，无法确保是普遍情况。

鉴于女性对原生家庭财产的继承权自出嫁以后就完全丧失，我们只能就其嫁妆权进行探讨。辛庄村对于彩礼、嫁妆、贴己钱有着详细、明晰的划分：彩礼是婆家在成婚前赠送给女方父母的钱款，嫁妆是娘家在女儿成婚时赠送给女儿的钱款或实物，贴己钱是婆家在成婚前单独赠送给女方的钱款。辛庄村没有给女儿"额外"补贴嫁妆的习俗，一般都是用彩礼钱，或者彩礼钱的一部分购置被褥或柜子、架子，给女儿带去，如果想让自己的婚礼体面一些，女儿必须自己打工挣钱，为自己攒下一套嫁妆。至于补贴给"小两口"，即新婚家庭的财产，一般被认为是男性的所有品，女方只享有使用权。故而在所有财产中，女方仅对嫁妆和贴己钱享有所有权，但这种所有权是脆弱的，它只将女方作为一个过渡，实质上并不跟着女性流转，而是为她将来诞下的子嗣预备保障。故而女性的嫁妆权很容易受到丧偶、离婚等情况的迫害，这将在后文详细论述。

3.2.3 其他补充情况

在上文中只涉及了老人有儿子的情况，对于老人无子或女性离异丧偶等情形并未多做阐释，此处进行补充。

夫妻无子无女

辛庄村一般默认有三种解决方案。

第一种，认父系家族的子辈作"侄儿子""干儿子"，按照亲疏关系由近及远依次推进，一般优先选择兄弟的儿子。侄儿子会负责进行养老，并在老人死后继承他的财产。

第二种，领养一个孩子，如果孩子是异姓子可以改姓，领养子与生父母再无瓜葛。由于家族财产旁落，父系家族会对此感到不开心，但根据当地习俗无权直接干涉。尽管如此，父系家族可以通过"挑刺儿"，即指控领养子对该人的照顾不当，将领养子赶出家族，并重新接过赡养的义务和继承的权利。

第三种,是十年内才新出现的。政府会给予孤寡老人一定的补贴,保证他仍然有基本生活的保障和照顾的人。村里一般默认这个集体安排下来负责照顾老人的人有继承权,但也有财产收归集体的情况。

夫妻无子有女

该情况下的首要解决方案,是讨一个上门女婿;如果没有讨成或是女儿正常出嫁了,则按照无子无女的情况处理。

对于上门女婿而言,他本人需要改姓,且孩子跟女方姓。财产上,上门女婿同原生家庭断绝继承关系,继承女方家产。在当地,上门女婿是一种相当不光彩的事情,男方家庭会视之为一种羞耻,因此他与自身家庭的关系甚至没有普通出嫁的女儿同娘家的关系亲密稳定。

女性离婚

第一,有子离婚与无子离婚的共同点。

女性仍然无权继承自身财产,但娘家父母一般而言会在生前接济女儿,使之不至于饿死。身后事他们不管。

第二,有子离婚与无子离婚的差异。

有子离婚时,周围人都会希望该女子回到原来的婆家复婚,实在不成,才进行改嫁;无子离婚后,一般不会劝回到原配偶身边。

有子离婚后,婆家原来赠送的彩礼如三金一银全部会收回,留作给孩子的财产;无子离婚后,嫁妆可以自行取回,作为自身的财产。

女性丧偶

无子丧偶：同无子离婚的情况。

有子丧偶：如果孩子留在婆家，则情况同有子离婚，孩子自然继承其母亲的嫁妆和属于亲生父亲的一部分财产。

如果孩子跟随母亲，他对于亲生父亲财产的继承权不变。如果他跟随母亲改嫁进入新家庭，可以自由选择是否改姓；如果新家庭无子，一般会改姓。哪怕在改姓后，他仍然可以同时继承两份家产。这也是走访过程中了解到的唯一一例异姓继承。

3.3 新一代的继承观念

由于受访对象的局限性，上文主要阐述了1940—1980年出生的老人的继承观念，对于新一代青年人，也即1980年至今出生的年轻人的继承观念并未提及，此处进行补充阐释。

首先，这一代青年人中，也存在观念断层。1980—1995年出生的人往往在辛庄村内出生，并在外打拼，现在部分人回归乡村、部分人留在了城市。1995年及以后出生的群体一般都是在城镇中出生和长大，只有节假日会回到农村探亲。

其次，让我们来看一下1980—1995年出生的群体的普遍继承观念。他们作为在村内出生和长大的一代人，对于村子的习俗传统仍抱有很深的感情；但他们作为在外打拼或打拼过的一代人，对于时代的新风向也并非一无所感。可以认为，他们是处在夹缝中的一代人，思想在经济现实和传统习俗间受到撕扯和捶打。他们仍然认为儿子是继承中的唯一选择，但是又不得不承认自己也想给女儿留点东西，"毕竟是自家的孩子，哪能说泼出去就泼出去了"。受访者中的一位，在听说组内一位女性采访者有亲生弟弟后，脱口而出："那你将来也拿不到什么东西。"但在片刻后，又补充道："但你爸妈肯定也会给你留点钱吧。"就反映出这种矛盾、纠结的心理状态。他们仍然想延续香火，生个儿子，但是养儿子、替儿子讨媳妇或者二胎的昂贵代价使他们望而却步，难以下定决心。他们看重土地和农村的房产，但是这种看重往往来源于情感的寄托而非经济价值，只有少部分人承认自己如果在城市里打拼不成功或是年老后，还想回到乡村，这少部分人的出生时间集中在 1985 年以前。

而对于 1995 年及以后出生的群体而言，辛庄村对于他们只是一个"印象"，是父母会在茶余饭后提及、会在节假日来小住、会打电话问候的一个剪影，辛庄村对于他们的影响是间接的，他们更多的想法来源于城镇中的学校、媒体和网络。一个现在还在上初中的男生向采访者表示，只有男性可以继承的这种观念是老套陈旧的，他可以理解自己的外公外婆还有这种想法，但他自己肯定不会这么想了。此外，他们的父母的某些观念甚至会对他们造成困扰。一位 2003 年出生的女孩就向我们抱怨，她觉得重男轻女的情况让她"很受伤"，但是父母的刻板印象不会改变。她很迷惑为什么父母认为自己将来无法为他们养老，并表示这是对她的一种伤害。当然，这批年轻人中也有接受辛庄村继承观念的个例，但在受访过程中，我们只接触到一位年轻女性如此。

对这种风尚的流变，老人们大多怀有一种不支持也不反对的中立思想。有一位奶奶的说法精准地描绘了大多数老人的心思："我们都老了，哪管得了这么多。"他们固然不会改变自身的遗产分配，但也不愿意干涉子辈乃至孙辈的赡养、继承问题，将他们留给子孙自己去解决。

简而言之，随着农村的教育水平、城镇化水平的不断提高，各种新想法在乡村的影响力不断扩大。虽然老一辈人依旧认为赡养和继承的对象只能是儿子或是父系亲属，但是这样一种观念却在年青一代的心中逐渐淡化，甚至土崩瓦解。而老一辈人也以宽容、中立的态度，默许着年青一代人自由支配财产的分配权。

3.4 辛庄村的赡养与继承之间的关系及其隐患

在这一节的最后，我们来谈一谈赡养与继承之间的关系。普遍而言，赡养和继承都是以财产为核心的亲、子代间的互动关系。而这两种行为本身也是有内在关联的。俗话道"养儿防老"，父母或许将"儿子"作为了一种投资品，来为自己的晚年生活购买一份"保险"。而为了防范儿子作为一个独立个体所造成的风险，如儿子不孝等，老人们会采取道德舆论、亲情感召等手段对儿子的赡养义务的履行进行约束。传统中，遗产分配作为一种物质激励而产生：谁好好赡养我，我就把遗产留给谁；如果你们不好好赡养我，那么分遗产的时候就没有你的份，以迫使儿子们能够恪守孝道，赡养老人。但是在辛庄村，由于大量年轻人才的外流，田地、房产步步贬值，老人们又缺乏足够有价值的存款、珠宝等其他继承财产，遗产分配作为物质激励的效果也逐步削弱。根据当地居民的说法，"谁在乎你那点儿地呢，还不都是亲戚"成为了养老的主动力。客观有效的约束逐渐失效，道德舆论、亲情感召的主观约束在辛庄村的赡养与继承关系中成为了至关重要、不可或缺的纽带。

但主观约束的效力总是值得怀疑的，如果亲情的感召和道德舆论的约束也失效了，那么老年人的晚年生活该如何得到保障呢？

辛庄村的居民现在找到了两种解决方案：政府扶持、女儿赡养义务的比重加大。政府的扶持在上文中已经提及，而对于女儿的赡养义务，老人往往也不，且是理所应当地不给予遗产继承权利的激励，甚至缺乏道德舆论的约束，女儿们也单单凭着亲情的力量，对自己的亲生父母进行赡养。笔者认为想要加强约束力量，还须引入法律的手段，儿子（或者也包括女儿）对老人的赡养不应仅仅成为道德层面上的义务，还必须成为法律法规层面的义务。此外，由于老人在纠纷处理中无疑属于弱势群体，即便有法律条款的支持，老人们也缺乏维权的精力和途径。因此，还需要相关人员的配合，共同帮助维护老人的权益。

3.5 辛庄村继承传统与法律比较

我们主要针对《中华人民共和国继承法》（1985年4月10日通过，以下简称《继承法》）的内容与辛庄村约定俗成的继承规则进行对比分析，考察辛庄村继承规则的合法性与可能的改进措施。

《继承法》第一章第五条规定："继承开始后，按照法定继承办理；有遗嘱的，按照遗嘱继承或者遗赠办理；有遗赠扶养协议的，按照协议办理。"而法定继承相关规定如下：

第二章第九条规定："继承权男女平等。"

第十条规定："遗产按照下列顺序继承：第一顺序：配偶、子女、父母……"

第十二条规定："丧偶儿媳对公、婆，丧偶女婿对岳父、岳母，尽了主要赡养义务的，作为第一顺序继承人。"

根据前文总结归纳的辛庄村"传男不传女"、丧偶儿媳无继承权甚至嫁妆权等规则，显然，辛庄村的继承规则与法定继承规则之间有巨大的龃龉，故辛庄村的继承须属于遗嘱继承或协议两类方才合法。那么，现实情况是否如此呢？

据调查，辛庄村的村民一般不留书面遗嘱或录音遗嘱，老人会在临终时交代继承事宜。《继承法》第三章第十七条规定："……遗嘱人在危急情况下，可以立口头遗嘱。口头遗嘱应由两个以上见证人在场见证……"可见，虽不严格，但辛庄村的继承规则大体是具有法律效益的。

同时，《继承法》第四章第二十九条规定："遗产分割应当有利于生产和生活需要，不损害遗产的效用。不宜分割的遗产，可以采取折价、适当补偿或者共有等方法处理。"鉴于土地一般由男性耕种，而辛庄村不同村嫁娶的习俗更使得女性难以照料家中的生活和竭尽遗产的效用，单就土地和田产自身的分割，辛庄村的继承规则似乎也有合乎法理之处。但需要强调的是，女性在这一过程中并未得到应有的物质补偿，只是由于潜移默化的思想观念、约定俗成的村俗而接受了这种遗产分割形式。这是一种法律程序上的合法，但不是法律精神上的得当。

本调查组认为，虽然毫无疑问重男轻女观念是旧社会遗留下来的封建糟粕，应当坚决批判，但鉴于现在辛庄村的年青一代基本全部进城，城市中的男女平等观念在这一代中已经基本深入人心；而且即便在老一代村民之中，重男轻女也基本仅仅表现在继承遗产问题上（本组曾发现不少村民有学历较高的女儿，儿子的学历反倒少有本科及以上的，可见至少在文化教育方面，男女不存在严重的不平等现象），而这些财产在进城的潮流中又不断因大幅贬值而越发无人问津，再加之口头遗嘱的法律效力是得到承认的，现有的遗产继承规则似乎不可能也没有太大必要进行更改。综上所述，对辛庄村的继承事宜的最好处理办法恐怕还是维持现状。

经过此次调研，我们发现辛庄村的物质财产极为匮乏，土地权利界定遵循国家制定的规则，其他财产权利界定遵循以创造者为中心的自然而然的原则，继承基本按照父系、同姓优先的原则进行。一定程度上，这样的继承制度和《继承法》有着不一致的地方，例如《继承法》规定继承权男女平等、尽到扶养义务的丧偶儿媳有继承权等；但考虑到进城潮和遗产的实际效用问题，辛庄村的继承事宜还是以维持现状为佳。

一言以蔽之，辛庄村关于财产与继承的规则，如同村中的沙土一般朴素。

第 四 章

治理结构与社会资本

◇◇1 引言：初入辛庄

离开吴堡县城，小路在千沟万壑中蜿蜒，一眼望不到尽头。七月的太阳毫不掩饰它的毒辣，晒得大巴车上的我们昏昏欲睡。裸露的黄土、干瘪的秧苗、废弃的窑洞，无不显示着沿路一带的贫瘠与萧条。在三个半小时的颠簸之后，我们来到了吴堡县最偏远的村庄——辛庄村。

1.1 小山村的大工程

与周边村庄的寂静与萧条不同，辛庄村里呈现一派热火朝天的景象。这是因为辛庄村正在进行浩浩荡荡的"填沟工程"。一面近百米高的山坡被彻底挖开，三台挖掘机在山坡上爬上爬下，将山上的土倾倒至两山之间的深沟里。压路机在刚刚填出来的平台上来回开动，夯实地基。山谷中回荡着机器的轰鸣声。一阵大风吹过，山坡的黄沙纷纷扬扬地卷起，村里就刮起了"沙尘暴"。

村民们像是已经习惯了这沙尘，工地边上，村民们三三两两地"拉话"。据村民们说，"填沟工程"是现任村主任——霍主任发起和推行的。按照计划，填沟之后，山顶和山脚下就能多出两块平地。山顶的平地计划种植花椒，而山脚下的平地计划建设村民广场和杂粮加工厂。后来我们得知，霍主任还打算拦住村里的另一条水沟，建一座一百多米深的大水库，"高峡出平湖"，打造旅游基地。

除了辛庄自己的"填沟工程"，"精准扶贫"是村里另一大工作主题。"精准扶贫"是习近平总书记在2013年提出的。按照计划，全国所有地区要在2020年之前全面脱贫。在辛庄村委会办公室的墙上，挂满了"精准扶贫"的宣传画与展板。办公桌后的书架上，整齐地码放着近百辑"精准脱贫"档案和数不胜数的各类统计表格。为了更好地贯彻"精准扶贫"政策，县里派来了"第一书记"，镇上派来了包村干部，专门负责村里的脱贫工作。

1.2　问题的提出

首先，小小的辛庄村，如何能策划、组织与实施削山造地的浩大工程？在自上而下"精准扶贫"热潮的大背景下，作为社会基层单位的辛庄，又会如何利用与应对？通过观察这两项工作，我们得以一窥辛庄村治理结构的现状。

其次，在基层自治制度之下，村民之间存在着大量非正式的人际关系。作为治理结构的基础，辛庄村有着怎样的社会关系？这些社会关系是如何构建的？社会关系在辛庄村的变迁当中，发挥了怎样的作用？这些都属于辛庄村的社会资本所涉及的问题。

最后，辛庄村今天的治理结构是如何形成的？除了当下的社会资本，它是否受到历史传统、国家政策以及市场力量的影响？我们将梳理辛庄村治理结构的变迁来回答上述问题。

◇◇2　辛庄村的社会资本现状

这一部分，我们考察制度之下，辛庄村的社会关系网络与信任，即"社会资本"。我们首先考察辛庄村社会关系的现状，再考察社会资本的生产方式。最后，我们考察这些社会资本在辛庄村的变迁当中，发挥了怎样的作用。

2.1　辛庄村的社会关系

辛庄村村民之间，主要存在两层社交网络：一是村庄村民相互联系的内部封闭网络；二是辛庄村内村民与外部联系形成的社会关系。村内外出打工的村民成为村内外交流的核心力量，不断带动村内村民走出村庄，开拓更广阔的社会关系网络。

辛庄村内部村民的社会关系可以用"点头之交"来形容。在几日的走访中我们发现，由于辛庄村原本的霍家崖、张家湾、王家湾形成了自然屏障，村内的家家户户零散地分散在几座山的各个角

第四章 治理结构与社会资本

落，而并没有形成大规模的集聚现象。在以村委会为中心的辐射圈内，户与户之间的道路可谓"大路绕远、小路艰险"，拜访他人并不容易，对于村内绝大多数的老人来说更是如此。由于地理因素导致的分散现象同样表现在农业上面。村民之间往往没有大规模的农业合作行为，无论耕田是否属于自家，均以独立耕作为主。所以综合来看，辛庄村村民的日常交往并不密切，涉及直接利益相关的交往就更是少见，多数村民表示村内气氛和睦，平时较少产生矛盾纠纷，家家户户皆能和谐共处。

辛庄村村民之间的互动并不深入。除了具有直接血缘关系的村民之外，村民之间的互动模式，主要依赖于一个人在村内的口碑。以借钱为例，村民表示，如果一个人品行端正，那么便可以借钱给他；而一个人如果被大家认为心术不正，则难以在村庄中获得村民的帮助。村民之间并没有过多的深入联系，例如当被问到是否在外出时将房屋交给邻居照看时，村民往往表示不排斥托付给邻居，但由于平时只需要将房门锁上，也并没有交给邻里照看的经历；而在被问到是否可能在村内短时间内借到钱财时，村民也往往表示没有相应的经历，如果自己需要用钱通常不会直接选择向村内的其他人借款。由此我们可以看出，辛庄村内部村民彼此较为信任，但由于并未建立起深入的联系网络，交往通常不会涉及钱财等敏感问题。

辛庄村村民的和睦主要是由于村民之间的联系并不密切，相互产生的摩擦自然也并不多见。然而这种较为淡薄的社会关系，也使得人们难以建立起深入稳固的联系，传统意义上辛庄村王、张、霍三个姓氏之间的分立格局也就难以被打破。在涉及基层选举等政治事务表决时，村民仍习惯于依照三大姓氏的习惯为同姓的候选人投票。所以，村民往往会表示，派姓在辛庄村并不占据主导地位，这是站在利益不相关的视角上观察到的，各个派姓之间并没有较强的排外性和相互对抗；而村委会主任等参与选举的"辛庄村政治家"则会表示村内派姓观点严重，是由于虽然同一派姓内的联系并不紧密，但相对于同样不紧密的其他层面的关系来说，派姓仍可以成为村民向谁投出一票的决定性因素。

辛庄村村民和外部之间的社会关系则形式更为多样，随外出打工的村民个人发展选择的波动较大。对于通过接受更高层次的教育进入城市的村民及其后代来说，往往不需要依赖于村内的社会关系，就可以建立起新的社会关系网络；而对于教育水平较低，从事基础性劳动的打工村民来说，村内的社会关系网络则尤为重要。但无论是依靠教育，还是依靠熟人介绍，只要迈出走出山村的第一步，对于村内社会网络的依赖性就会逐步降低。村民描述，"通过外面熟人介绍""在工作中认识的人""给别人干了一个活之后，如果有活还会继续来找你"等，皆表明外出的村民可以不断依靠自身努力积累社会关系网络，获得他人的信任和帮助。但由于村庄规模有限村庄村民在外出打工之后，往往不会长期保持相互联系，乡村的社会资本更多的只是"敲门砖"，而并非"长期合约"。

2.2 辛庄村社会关系的构建

如果观察一户辛庄村村民家门前的种植情况，可以发现本就零碎的土地又被划分成多个区域，用以小规模地种植种类丰富的蔬菜、水果、粮食等作物，来满足自家的饮食需要。基于这种自给自足的现状，村内几乎不存在关于作物的贸易往来，村民之间并没有这类可以构建起社会关系网络的天然纽带。因此，辛庄村的村民主要通过参与特定的社会活动，与其他无亲缘关系的村民进行长期的交往，实现信息的交流和社交网络的建立。

辛庄村主要存在以下几种主要的社会集体活动，发挥着构建起村内外社交网络的作用。

"星云山祖师庙"庙会

村内有两座庙，一座是山下的龙王庙，一座是山上的祖师庙。每年三月初三，星云山上就会举行精彩纷呈的庙会，辛庄村和高家塝村的几乎全体村民会聚集到祖师庙前的广场上，看外面请来的戏班子唱戏，举行盛大的供奉和祈求仪式。随着村庄整体经济水平的发展和外界资金的注入，祖师庙和戏台子广场不断地得到了修缮和扩建，庙会也从单纯的祭神活动演化为有组织的社会集体行为。庙会存在着一个管理机构，会长由高家塝村和辛庄村两村的村民选举产生。村民可以到庙中祈求金榜题名、身体健康、生意兴隆等，如果愿望成真，便被认为是天神显灵，来年会回到庙里根据自身情况捐赠出一笔钱财，如果愿望没能得到实现，也就不必捐钱。村民捐献的钱财是庙会的主要收入来源，除去请戏班子等成本，庙会能积累起数量可观的盈余。这些盈余归庙会管理，依靠神的保证不被私人挪作他用，主要被用来继续修缮祖师庙而不断扩大庙会的影响力。

三月初三的庙会可以说是辛庄村每年传统的盛大集会，庙会逐渐从传统的封建祭祀活动转变为有组织的集体社会活动，为村民提供了村内外的交流平台。庙会同时依靠天神的权威，保证了良好的资金流转和规范化的组织。

扭秧歌

扭秧歌是村内的传统活动，每逢盛大的佳节喜事便会举行全村规模的秧歌活动，为村民单调的乡村生活提供了珍贵的娱乐机会。改革开放以来，扭秧歌活动一度停止。在霍东征主任上任之后，村内的扭秧歌活动得到了正规的组织和资金的投入。一旦有人牵头组织，村民的积极性便得到了调动，几乎所有的受访者都表示自己参与到了村内的扭秧歌活动中。村民自行出钱统一购买了服装和道具，以高涨的热情参与到排练和正式演出之中，也在扭秧歌的过程中拓宽了自己在村内的社交网络，和更多的村民建立起了更深入的联系。扭秧歌被称为村民娱乐的头号选择，是依赖于深厚的群众基础。村内霍姓为扭秧歌的积极参与者，虽然总人数在村内所占比重最小，但是参与秧歌队的人数则最多。大多数村民热衷于扭秧歌活动，而扭秧歌活动也为他们提供了一个走出家门的机会，对于辛庄村村民来说，需要足够的动力翻山越岭到达村委会和其他村民聚会，而扭秧歌多次的彩排和演出则为村民提供了这样的动力。

集市

集市通常在农历逢五逢十的日子举行。早年，辛庄村的村民主要到佳县或吕梁的集市中去。近几年张家山镇也有了集市，成为村民们的主要去处。辛庄村的村民到集市上的主要目的是购买生活必需品，而较少去出售自己家里的产品。张家山镇上的集市为封闭的山村村民提供了一个对外交流的窗口。村民可以在集市中获得市场价格的相关信息，大致了解市场的整体变化情况，从而可能调整自己的经营策略。

微信群

辛庄村有一个微信群，群名叫"辛庄村开心文明唱歌群"。群内 280 多位成员，不仅涵盖了村内全部使用微信的群体，同时也包括村内外出打工的村民。尽管微信是十年之内才有的新兴事物，现在的微信既承担着村内村民日常相互交流的功能，也为村内外的信息交流提供了便捷的渠道。村委会主任在群内发布消息，虽然村内的广播喇叭依然存在，但在这个户与户之间路途翻山越岭的乡村内，微信群俨然是更好的信息传达通道；村民在群内会用语音发送自己的歌唱作品，其中既有红歌也有流行歌曲，这种线上的山歌形式，让原本对着大山唱歌的村民的声音被更广泛地听到。

和很多城市中的微信群一样，群里只有几个频频说话的活跃成员，剩下大多都是默默观察的潜水员。但是，这一平台将地理上分散的村民紧紧地在网络上联系在了一起，无论是横向的村民社交网络的扩展，还是纵向村庄治理的推进，都产生了翻天覆地的变化。

同时，群内时常会传达招工信息。当一位村民进入外界的劳动力市场之后，他的信息便会被劳动力雇主获得。当雇主需要招工时，通过相应的信息渠道即可联系到这位村民，这位村民可能选择自己接受工作，也可能在自己无法接受工作的时候向村内的村民传递工作的信息。他会在群内发布招聘的信息，其中既包括了工作的时长、地点、报酬等信息，也包括工作岗位需要的年龄、技能、工作经验等信息。通过微信群这一平台，信息在辛庄村内外的流动甚至可以翻越熟人网络，劳动力搜寻避免了经人介绍的低效而得以直接进行匹配。

2.3 社会资本的作用

辛庄村内的社会关系网络在劳动力流动中发挥了重要的作用。在村民外出打工的过程中，信息渠道大致有三方面：亲戚介绍、村内熟人介绍和村外熟人介绍。前两种信息渠道往往会产生就业选择类似等情况，例如家中的子女选择在同一城市打工，从事同一类型的工作，这一方面降低了信息搜寻与获取的成本，另一方面也限制了选择的范围。而通过离开村庄之后，认识的熟人则为工作的选择提供了更大的可能。以榆林市一带利润较高的煤炭运输货车司机为例。从事煤炭运输往往需要社会资本的投入，需要认识熟人获得煤炭，即"运输权"，同样需要认识熟人保证自己的煤炭在买家出钱后可以优先得到卸货。不认识熟人的货车司机往往无法优先卸货，需要经过漫长的排队等待才能完成一笔运输生意，这无异增加了成本导致运输无利可图。而我们了解到，在辛庄村内从事煤炭运输行业的年轻人，往往通过已有的村内熟人介绍，选择合适的运输线路和买家，开启自己的运输事业。而一旦踏入行业，由于运煤生意并不稳定，司机常常不能长期得到村内熟人的帮助，在不断拓展自己的事业的过程中，司机主要通过自身前期积累的社会资本进行发展，而不再拘泥于村庄已有的社会网络。由此可见，由于村庄内人口数量的限制，社会关系随着时间的推移和范围的扩大，对于个体在找工作方面的帮助逐渐减小，但仍然为走出第一步提供了充分的可能性。

2.4 社会资本的发展趋势展望

辛庄村作为一个缩影，从中我们可以看到，随着经济的发展和市场化进程的深入，村庄原有的社会关系网络往往受到冲击，人们越来越少地依赖于社会关系进行资源的配置，而在生活的各个方面更多地依赖于市场配置和自己的能力。对于辛庄村这样一个靠天吃饭的村庄来说，面对红枣价格暴跌这样的冲击时，村民往往也不会联合起来采取相应的措施，而只是被动地接受市场的价格。除此之外，村庄年龄结构的不断老化也导致了村民之间社会关系网络的逐渐消退。由于村庄内部的老年人往往已进入较为稳定的生活阶段，并无迫切的自我发展和转型的需要，而村庄内的年轻人大多选择在外拓展独立于村庄之外的社会交往体系，零散的村庄并没有被社会网络紧密地联结在一起。当下村里正在开展的大型工程、集体种植的项目对于村庄内的社会关系网络建设有着不可忽视的正向意义，但对于仍在村内的村民来说，这些更强的社会关系，似乎也并不能带来显著的经济上的正向帮助。

◇◇3　辛庄村治理结构与社会资本的历史变迁

前文中我们介绍了辛庄村现有的社会资本和治理结构，我们发现，如今的辛庄村常住人口以老人为主，平常生活的往来也仅限于拉家常，类似于打牌、唱戏之类的社交活动十分稀少；辛庄村的年轻人则大多外出打工甚至定居，仅有两人在外闯荡后选择回村定居。至于治理结构，上文已经介绍得十分详细，此处不再赘述。我们的疑惑是，辛庄村中人们的往来是自古以来就是这样的吗？村干部与村民以及上级政府之间的交际在不同的历史时期有没有发生变化？为此，我们调查了村里一户比较了解村中历史的人家，结合之前的几户调查报告和村干部的交谈，得到了辛庄村发展的一个脉络。[①]

3.1　动荡的内战时期

和现在一样，辛庄村的村民自古以来都由"张""王""霍"三大姓构成，零零散散地分布在几条黄土梁上。因地理原因，三姓人家分别在毗邻但不直接接触的地方聚居，形成了今天的"张家湾""王家湾""霍家崖"。当然，由于黄土高原的贫瘠，村民们都

[①] 以下内容如无特殊说明，均来自调查组的田野调查。

被束缚在身下的黄土地上，日出而作，日落而息，重复着"面朝黄土背朝天"的小农生活。

这种平常而单调的生活在土地革命时期发生了改变。辛庄村所在的吴堡县由于其贫困，在土地革命时期一直都是国共两党交锋的地界。1935 年 3 月，当时活跃于吴堡县区域的陕北红军红五团在红湾村被国民党军包围，突围后弹药消耗殆尽，部分红军战士将枪支就地掩埋于辛庄村，并假装辛庄村的村民在辛庄村生活。从红五团的"化整为零"中我们可以看出，辛庄村在当时已经成为了红军可以信赖的一个村子，是根正苗红的革命老区，也正因为如此，国民党当局对于辛庄村隔三岔五就会进行"红匪"的"清剿"。为了搜查工作的方便，当时的政府在辛庄村实行了类似于古代的保甲制度，意欲将辛庄村的村民束缚在原有的辛庄村地界上，但"上有政策，下有对策"，大量的辛庄村村民用外出逃亡表达了自己对于这种政策的抗议。抗日战争期间，尽管日本人没有攻占辛庄村，但位于前线的吴堡县可谓是"炮火纷飞"，因此辛庄村仍然是流离失所一片凋敝之象，解放战争则是土地革命时期的复现，直到中华人民共和国成立以后，辛庄村村民才逐渐回流，恢复到以前的安定生活。

我们可以看出，在民国后期的十几年内，辛庄村可以说是一直处于一种有名无实的状态，名义上的保甲制度并没有起到约束和管制村民的作用，反而在某种程度上形成了对于村民的恐吓，进一步加剧了村民的流失，这种流失因为辛庄村是革命老区的缘故，在中华人民共和国时期得到了遏制，村民数量的增加伴随着大量荒地的开垦，村民们因为农活的需要，开始了农作而不是逃亡经验的交流，基于农业生活的社会资本得到了一定的积累。与此同时，驻村干部领导制度取代了原有的保甲制度，传统宗族体系在土地改革中遭到沉重打击；党的思想领导代替了传统儒家思想的教化；土地得到了重新分配，加上新开垦的荒地和合作社的推行，辛庄村的人民过上了一段恢复生产的短暂平稳生活。

3.2 国家的全面管控：合作化与人民公社时期

革命老区的身份不仅帮助辛庄村在恢复生产的"新民主主义"时期占得先机，也为当时国家的政策推行提供了必要条件。众所周知，中国共产党在民国时期经过艰苦卓绝的军事斗争，取得了最终的胜利，并在中华人民共和国成立前后以摧枯拉朽之势夺取政权、平定时局。这种"平天下"的有效性和气势成功塑造了当时的国家权威，从而有力地推动了各种社会工程的进行，我们以人民公社的建立来进行简要的讨论。

合作化时期的辛庄村作为一个生产大队出现，建立人民公社之后，辛庄村和张家山镇的几个村子一起成立了人民公社，辛庄村在其中仍然作为一个生产大队而存在。在辛庄村内，一个生产大队被分为四个生产小组。一方面，村民向小组长负责，小组长向大队长负责，大队长则向公社主任负责。各级领导的选举过程更像是一种"任人唯贤"的原始民主，或者说是一种推举过程：无论是公社主任还是大队长，抑或是小队长，都是上级政府直接委派任命的，委派的人一般都具有一定的能力，所以说是"任人唯贤"；另一方面，任命的人一般都是张家山镇或是辛庄村的当地人，这就使得当地的村民有了一定的建议权，当时的公社会考虑村民们的意见，因此在实质上具有了一定的原始民主色彩。支书的推举过程是类似的，只是具有推举资格的人从全体村民缩小为党员了。我们可以看出，当时的辛庄村无论是生产还是政治领导，都受到了来自上级的较强力影响，村民所具有的仅仅是建议权而不是选举权。

以上是当时的治理结构，而当时执行严格的户籍管理制度则有效地将村民留在了辛庄村中，当时数以百计的陕北汉子在"剪刀差"政策下为村子外面的大城市源源不断地输送着小米、苞谷等粮食，这就要谈到公社时期的一部分治理机制，也就是产品分配机制。和同时期的其他人民公社类似，当时的辛庄村实行的也是公粮制和工分制，每个村民在每年交够280斤未去壳的粮食后，剩余的粮食收归集体，再根据工分进行分配。尽管每年国家摊派的公粮任务和国家其他地区的任务相比并不是太繁重，但从我们的采访中，还是时常有"吃不饱饭"的回忆出现，这种饿肚子的现象相当程度上是由黄土地的贫瘠导致的。有限的土地承载力无法养活辛庄村更多的人，于是外出闯荡就成了辛庄村村民的一种希冀，这种希冀直到改革开放才逐渐成为现实。

3.3 脆弱的基层力量：改革开放初期

辛庄村的村民自然不会知道这些，他们看到的，就是人民公社不见了，代之以传统的生产大队，进而是进一步细分的生产队，直到最后进入承包制的时代；而原本严格的城乡户籍制度此时也出现了一丝松动——辛庄村的村民发现自己可以外出打工了。

于是，堪称辛庄村历史上前无古人的"走西口"开始了——大量的农民转变为城里的打工者，他们或是通过张家山镇乃至黄河边上的集市获取外界的劳务信息，实现了身份转变的"最惊险的跳跃"；或是承载着前一种人的荫蔽，靠着同龄朋友的关系找到外出的门路；或是依靠父辈，利用劳动力市场信息的代际传递来进行平稳的过渡。至此，辛庄村的村民已经由整齐划一的农民转变为农民与打工者并存的群体。可惜的是，部分外出打工的青壮年劳动力在外劳有所成后并没有做到"乌鸟反哺"，返回辛庄村进行建设，而是定居在吴堡、绥德甚至西安。对于他们来说，向自己的老乡提供一些劳务信息已经是仁至义尽了。然而，这种基于劳动力信息传递的人际关系好比系于两块巨石之间的蛛丝，坚韧但微弱，① 辛庄村开始出现了较为严重的人口流失，而基于这种人口流失展开的基层选举，是缺乏代表性的。

3.4 村民自治的恢复与完善

村民自治的第一个关键点在于 1998 年的法定无记名投票，自此村民不必在意自己的想法被别人知道，选票上更有可能反映村子内

---

① 农民向打工者的转变往往是不可逆的，打工者也不太愿意回到农村，因此尽管农民通过打工的方式可以获得外界的信息，但这种信息不会百分之百地传递回村子，乡村此时存在信息和劳动力实体的双重流失。

部对于选举人的倾向；第二个关键点则是 2004 年的基层改革，核心思想在于减少对于农村的干预；伴随着基层改革的是同年农业税的取消，因此地方乡镇政府和乡村的交集进一步减少，交集的减少意味着乡村需要自己应对村子内部的各项事务，这就为乡村走回自治创造了条件。

经历了数十年的国家政策与地方政府治理的阶段，辛庄村终于回到了和古代类似的自治制度，我们以村主任的选举作为一个例子，来窥探辛庄村在 21 世纪的治理结构。类似于古代乡贤自治，辛庄村过去几年的治理结构是基于三大姓的姓氏本位的，同姓人往往会选举自己家的人，因为总有一种"莫名的亲切感"，至于能力，则是次要甚至不重要的了。此时的乡镇政府由以往的参与方变成了监督方，根据我们对于村第一书记的采访，乡镇政府在选举中，"……不会存在什么操纵选举的事情，我们都十分尊重村民自己的选择，唯一能做的就是维持选举现场的稳定……"

事实上，乡镇政府此时也无力表达自己对于村领导的诉求。由此，辛庄村的基层选举完全变成了三大姓氏之间的角力，霍家人由于人丁相对稀少在竞争中率先出局，过去的选举基本上就是张家人和王家人的对台戏——今日张家人丁兴旺则张家在选举中大获全胜；明日王家"万众一心"则王家人重新上台。一旦某一家人上台，村主任就会大量安排自己家的人在村子的治理结构中担任"要职"，或是治安领导，或是机要秘书，等等，可谓是"一人得道，鸡犬升天"。这很好地体现了辛庄村自 2004 年基层改革以来村主任长期连任的事实。

以上便是辛庄村现存社会资本与治理结构以前的历史。可以看出，主宰辛庄村发展的力量从乡村力量到国家力量，再到地方力量，最后复归乡村力量。不论在哪个阶段，国家都在正式制度上规定了村民自治的组织方式，但不同阶段村民对于正式制度的执行程度有所不同：在国家力量盛行的时代即合作化与人民公社时代，村民对于上面的政策是无条件地执行；随着国家力量的退出和地方力量的进场，不仅存在地方力量和国家力量的博弈，也存在地方力量和乡村力量的博弈——地方政府一方面接受着来自上级政府的各项任务，另一方面也要和乡村里面的各个利益集团进行斡旋，由于面临多重目标激励，其行为会对乡村治理产生不同影响；进入21世纪，乡村力量的复兴标志着乡村自治的回归，传统的姓氏本位再次抬头，但霍主任的上台则第一次昭示了市场力量和乡村力量的结合。长远来看，市场力量可能会超越乡村力量，成为辛庄村社会资本流转和治理结构变迁的决定性力量。

第 五 章

乡村生活方式

◇1　生产消费生活

辛庄村，一个只有一百多户人家，平日里只有一百多人居住的小小村落。在这里，每个人似乎都日复一日地过着相似的、昼耕夜息的乡野生活，然而，每家每户又都有着自己独特的生活方式与各异的生活水平，这些相似与不同，构成了整个辛庄村的生活图景——在一座座山头静悄悄地上演着。

生活的方方面面里，生产消费处于需求层次的最底层。人们从事各方面的生产活动，获取以货币形式或非货币形式的各项收入，以满足日常的消费需求。基本消费的满足既是后续追求健康、娱乐、宗教信仰、社会尊重等需求的基石，也是村庄中各项生产制度改革的根本动力。

1.1 收入来源

黄土高原的土地贫瘠、天气干旱,不似江南气候温润、适宜耕种。可即便如此,辛庄村的农户还依旧耕种着大片的土地,且由于村子里呈现的老龄化、空巢化现象,耕种的农作物成为大部分农户的唯一收入来源。从主食中的小米、玉米、土豆、高粱,到平日里吃的青椒、白菜、西红柿等蔬菜,再到枣、杏、苹果等水果,除个别老人身体不太好以外,辛庄村的农户一般都耕作着十几亩土地,这些土地分散在村庄的各处,有的农户从家中走到地里要走上一两个小时。

纯靠耕作的人家大多过着清贫的日子,虽然家里种着亩产几百斤的作物,可一年到头,这些收成只能成为他们的非货币收入。匮乏的禀赋、较低的价格,导致这些作物根本不可能拿到市场上出售:一来,农户家里所吃的粮食纯粹依赖于自产的作物,且也只能刚好满足需求,并不能有所盈余;二来,由于外地高质量同类产品(如山东大枣、和田枣)的冲击,类似枣、杏之类的作物并不能在集市上卖出好价格,甚至不能与将其运往集市的交通运输成本相抵。也正因如此,大量的土地,尤其是那些离农户家较远的土地被荒废了,成片成片的枣树没有人去照看,任由其自由生长——村民只需要每年去摘上一点,便已经够茶余饭后的消遣了。针对这一情况,村子里也在谋划着发展一些经济作物的种植。我们走进辛庄村时,已经有大片的枣树被砍伐,规划成了一片一片的花椒林。然而,该计划尚处筹措阶段,花椒幼苗种下去又将结出怎样的果,还需要三年、五年甚至数十年的检验。通过耕作所得的非货币收入满足日常饮食之余，为了解决生活中的种种开支，这类纯靠务农的家庭大多只能依赖每年1500元左右的养老补贴，或是在外打工儿女的接济。更有甚者，只能依靠在信合社的贷款维持生活，"一辈子都在拆东墙补西墙贷款生活"。贫瘠的收入来源使他们的生活捉襟见肘，更无须谈什么储蓄。每每问到收入够不够用的问题，农户们都只是笑着摆摆手："哪里有什么够不够用的，不管多少钱，日子还得过，都也只能这么用啰！"

辛庄村并没有大规模的集体产业，除去纯靠务农获取收入的家庭，还有小部分家庭在耕作之外，从事着养羊与做挂面的产业，作为主要收入来源。养羊的农户收入视所饲养的羊数量多寡而不一，有的人家能够喂养上百只羊、年收入十多万元；而有的只喂养了十余只，一年下来也只能挣一两万元。但养羊不像耕种那样，国家会对各项作物的种子以及耕地进行补贴，除去最开始一次性一两万元的补贴后，养羊户每年都要花费一定的成本（羊羔、饲料），同时还承担着羊群感染疾病的风险。以去年为例：村子里的羊群许多都感染上了羊天花，有的养羊户是"赔了诊疗费又折羊"，一年辛苦之后，反倒亏损了四五万元。相较之下，做挂面的家庭通过统一供货给经销商或是自家网店销售等不同渠道，一年勤勤恳恳也还能够收入四五万元。这也建立在能够做出有市场竞争力挂面的基础上：村子里最初申请做挂面5000元补贴的有60多户人家，可到现在，只余5户人家仍在坚持做挂面。养羊与做挂面，都曾是受到辛庄村政府补贴鼓励的产业，但时至今日坚持下来的人家也不多，这不禁也让我们思考起政策激励作用的可持续性——专业技术的指导与一次性的现金补贴，该如何去权衡？无论如何，在调研中，我们可以发现不管是养羊还是做挂面，这些农户家庭的生活水平都显著高于纯粹靠养老补贴作为非货币收入的家庭。一年忙活下来，如果没有出现什么意外或是大笔的开销，养羊与做挂面的农户往往每年能够盈余一两万元作为储蓄。

在走访的10户人家中，有5户家庭纯粹靠国家的养老补贴以及自己的几亩田地维生，有3户家庭在养羊，做挂面的有1家。除此之外，我们还采访到一位老人，年轻时在其他市的林业管理局工作，退休后每个月有3000元左右的退休工资，平日里种几亩田地，一年下来能有一两万元的盈余。但这样的人家在辛庄村里是极少数，现在还留在村子里的老人们绝大部分一辈子都过着"面朝黄土背朝天"的生活（见表5-1）。

表5-1　　　　　　走访农户收支情况①　　　　　（单位：元）

编号	主要收入来源	货币收入	非货币性收入	生活性开支（包括消费中自己生产的部分）	年盈余
1	养老保险+高龄补贴	2800	缺失	缺失	0
2	养老保险+高龄补贴	2800	2590	6735	0
3	养老保险+高龄补贴	1800	3335	7832	0
4	养老保险+高龄补贴	2800	3960	10380	0

---

① 资料来源：陈潇爽、张想、周润人赴陕西省榆林市吴堡县辛庄村调查记录。

续表

编号	主要收入来源	货币收入	非货币性收入	生活性开支（包括消费中自己生产的部分）	年盈余
5	养老保险+高龄补贴 向城里人卖小米	3000	10610	12520	0
6	养羊	10000~20000	6080	18769	10000+
7	养羊	10000	15842	26328.9	0
8	养羊	30000	缺失	缺失	15000
9	做挂面	50000~60000	12930	22340	0
10	林场退休工资	36000	5760	10520	10000+

1.2 生活作息

无论收入几何，辛庄村村民都有着相近的生活作息方式。为了趁天气凉快多干干活，他们大多早上四五点钟起床，并没有吃早饭的习惯，多是喝一大杯白开水就向田地里出发了，养羊的农户家也会一大清早就准备起喂羊、放羊的工作，做挂面的农户也不例外。村民们在地里干活时一般会直接干到十点到十一点，之后便回到阴凉的家中做午饭吃，顺便睡上一两个小时的午觉，以免受到太阳直射之苦。午休之后，他们会再次回到土地里、羊圈旁、挂面作坊中，继续一天的辛勤劳动，直至傍晚天黑，大概在七点钟回家做晚饭吃。不同的生产方式也会影响着村民的作息时间：养羊的农户可能会一直忙到晚上九十点，回家做饭吃后直接睡觉。这即是辛庄村村民的一天，他们日复一日地重复着农活、劳作，丈量着四季的长度（见图 5-1）。

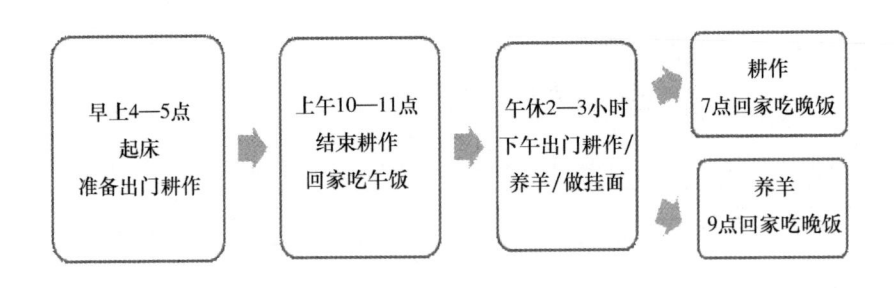

```
早上4—5点        上午10—11点       午休2—3小时        耕作
起床       →    结束耕作      →   下午出门耕作/  →  7点回家吃晚饭
准备出门耕作      回家吃午饭         养羊/做挂面
                                                  养羊
                                                  9点回家吃晚饭
```

图 5-1　辛庄村村民日常生活作息①

1.3　日常消费

在费孝通老先生笔下的开弦弓村里，尽管生产方式各异、村中财产分配也并不均匀，但由于节俭的传统为家庭生活水平规定了上限，以及村民之间的慷慨相助和尽亲属义务的思想，村民在生活消费水平上并未出现根本性的差异。但在几十年后的辛庄村，我们观察到，生产活动即收入来源的差异也带来了居民在消费水平上的较大差异；对于没有其他货币收入来源的家庭来说，他们消费的种类、质量与数量，与养羊户、挂面户均有较大的差异，甚至在消费观念上也有了很大的不同。但在某些消费品方面，传统的勤俭节约思想仍占据着主导的地位，村民们的消费也都维持在最基本的层

---

① 资料来源：陈潇爽、张想、周润人赴陕西省榆林市吴堡县辛庄村调查记录。

面，并无太大差别。在这里，将从衣食住行等方面，更深入地走进辛庄村村民的日常生活。

1.3.1 衣着

收入水平的差异并未在衣着上有着明显的体现，辛庄村村民都衣着简朴，由于常年在田野间穿行干着农活，大多也不会身着较好、较金贵的面料，同时在辛庄村也没有任何衣着上的规矩。在我们调研的过程中，遇上的男性大多身着背心、汗衫，白色的布料大多被汗渍染得发黄，裸露出的脖颈、臂膀处的皮肤也被陕北毒辣的太阳晒得发红；女性也都衣着朴素，一件宽松的T恤套在身上也便于下地干活与家务劳动。在衣服的质量上，村民的衣服大多是在镇子上的集市里购买的，一套夏装可能只花费几十元，谈及服饰的消费时，辛庄村村民表示自己每年都买不了什么新衣裳，顶多在过年的时候能穿上一两件。即使有新衣服，也都是儿女在外面带回来的。在服饰的消费上，辛庄村村民的年花费几乎为0，最多也没有超过500元。在村子里，即使有的家庭能够年入几万元，但有的家庭只能依靠微薄的养老补贴过日子，他们在衣着上的差别都不明显。这不光源于在乡村中农户对高质量衣物较低的需求，也源自辛庄村人民勤俭朴素的传统思想，这一点，从我们了解到的孩童衣服"老大穿完老二穿"的规矩中也可见一斑。

1.3.2 饮食

与衣着上家家户户并无太大差别相比，在饮食营养方面，收入的差距就切实地体现在了每餐每顿的饮食结构上。辛庄村村民每日只吃两餐，早上四五点起床后一般不吃饭或只喝一大杯水，老年人与孩子可能会煮一碗鸡蛋吃，午餐、晚餐则以自家耕种的小米、高粱、玉米、土豆等作为主食。除去个别人家男性劳动力缺失或是残疾，家家户户所耕种的基本都能够满足一年所需，在我们调查的一户人家中，只有一位老爷爷在家。他所耕种的小米、玉米甚至能够供应专程来农村购买原生态粮食的城里人，每年可以赚到两三千元的收入。陕北当地土地不适宜种植水稻，于是辛庄人对大米的消费量也很小，每年不会超过 100 斤；由于当地爱吃面食，对面粉的消费较大，一般每户每年 600 斤左右——大米与面粉均在邻近的张家山镇集市上购买：农历每逢五、逢十，村子里的人会走上 1 公里路，只需要花费 20 分钟就到达了张家山镇集市。前面所提到的主食消费在村民之间倒也差距不大，但提到肉食消费时，村子中收入的差距带来的生活水平高低就立即显现出来了。辛庄村居民基本不养猪，喂鸡也都是蛋鸡而并非食用，于是吃肉也成了一笔不小的花销。当提及对肉类的摄取，我们发现：在走访的纯靠养老补贴生活的家庭里，几乎没有人吃肉，除去某些特殊疾病不能食用肉类外，无法吃肉的主要原因仍是收入过低不足以支撑吃肉的花销，甚至过年也不会吃肉。反观部分养羊或做挂面的家庭中，除去少部分因为疾病不能吃肉的老人，大多数人家都会吃肉，虽然频率不及城市，但也能达到两三天一次。同时，除去村子里几乎每家每户都种植的枣树、杏树，部分生活较宽裕的家庭还会自己在集市上买水果吃，买的也不会太多，一年花销几百元。尽管一年吃肉、水果的花销也不过在

1000—2000元，但这对于辛庄村部分仅凭1500元养老补贴维生的家庭已是很大的开销。饮食结构上的差异体现出了辛庄村各家各户间消费水平的差距，而这样的差异，在住房上也未能避免。

1.3.3 住房

在陕北农村，家家户户都有自己的窑洞，有的窑洞已经有接近百年的历史，但会每隔一定的年头便会翻修一次。窑洞在外形上看上去家家户户别无二致，但走进其内部之后，也能从其家具购置、整洁程度等方面看出窑洞主人家庭的生活水平。窑洞里冬暖夏凉，我们在辛庄村几乎是看不见空调的。在我们走访的比较贫困的人家中，家中除了一个炕、灶台以及老旧的柜子，唯一的电器便是一台电视机。有的人家里，电视机甚至已经没有了画面，只余下吱吱啦啦的杂音，屋子里的地面一般是凹凸不平的土或者是水泥，卫生状况也较差。而在我们走访的另外几户人家中，家中会有洗衣机、冰箱等电器，以及为年轻人准备的比较现代化的家具：沙发、茶几、衣柜等，这样的较现代化的窑洞里，一般都铺设有地砖，相对更为整洁，如果儿女在外面也会将家具用布料罩住防灰。在一家养羊大户家里，我们甚至看见儿子的婚房里还有用彩色气球粘贴出的英文字样，表达对喜事的祝福，我们都惊讶于这窑洞里涌现出的新兴都市感。

1.3.4 出行

在出行方面，最近的张家山镇离辛庄村只有几里路，能够通过步行抵达，一般的生活所需也都能在镇上买到；辛庄村村民很少去吴堡县城或是榆林市里，一般一年去四五次，村子里每天有两班往返吴堡县的大巴车，往返 40 元，需要花费 2 小时左右，到榆林市则需要花费 100 元左右，并且需要先到吴堡县城再乘坐大巴。但对于村子里那些腿脚不便的老人来说，仅仅是走出家门口的那条崎岖山路，都需要花费很大的力气，又何谈到县城或是市里呢？

总的来说，80 年前开弦弓村中的那股勤俭节省的风气在今天的辛庄村仍得以体现，村民在衣着等方面的消费观念仍处于较简朴的阶段。但同时，部分收入较高的家庭也会在饮食、住房等方面提高自身的生活水平，从而在村中形成了消费生活水平上的差异。这样的差异，让我们不禁反思起当代乡村脱贫政策的可持续性与成效，也对村中即将开办起来的桑树、花椒林等集体产业有所期盼。

◇◇2　娱乐生活

辛庄村里的娱乐方式较为匮乏，大多数时候农户们也都忙碌在乡野间，一般 3—10 月，农忙时一天下来歇不住脚，而等到了农闲时，村民们也并无太多消遣，大多数只是在家里歇息着。

妇女们有时会在闲暇时去亲戚邻居家串串门、聊聊天，借此解闷。某种意义上来说，这也是村民们维持彼此间社会关系纽带的一种方式。但由于近年来村子里的人越来越少：年轻人外出打工，老年人有的也随着在外定居的儿女出门照顾孙辈了。村子里一扇扇紧闭的大门，壅塞了串门唠嗑这一最后的消磨时间的途径。

过去辛庄村民也会凑在一起打牌，通常打的是"升级"这一扑克类游戏，也有的人会打麻将。张家山镇上有专设的麻将馆、棋牌室之类的场所，但输赢的钱数通常较大，而辛庄村村民自己在村子里聚起来打牌一般都打得很小。但不论钱数多少，近几年涉及钱的牌类活动通通都被政府明令禁止了，发现后会被视为赌博而被拘留。于是村民们也渐渐不再聚在一起打牌了——打牌这一娱乐方式，也渐趋消亡。

提起村子里的集体性活动，现在辛庄村仅存的集体活动也只有一年一度的晋剧演出以及每月一次的电影放映。晋剧演出在每年农历的三月初三，年轻人、孩子对这类传统艺术一般不太感兴趣，纷纷表示听不懂；村里的老人大多喜欢听晋剧，但随着年龄的增长，腿脚也越发不便，很多老人也不会再走出家门去看这场一年一度的晋剧演出了。电影放映本是吴堡县文化局举办的一项文化下乡活动，但近几年本应该每月一次的放映活动频率也越来越低。村民们在村子里为数不多的几项集体活动也都日渐式微了。

值得庆幸的是，我们看到，在新的村主任霍东征上任后，村子里又逐渐开始热闹起来，村领导们在各个节日会将村民们聚在一起，举办大大小小的集体活动："端午节包粽子比赛""民风建设表彰大会"等。不论活动的由头是什么，形式又是怎样，村民们能够有一个场所、有一个时机聚在一起，扭扭秧歌、吹吹唢呐，不光是对整个村落社会纽带的维系，对每一个仍留在村庄里的人来说也是一种慰藉。

此外，现代科技进步也在这个较偏远的小村庄里发挥了一定作用，为村民们带来了另一种休闲娱乐方式以供消遣时光。在我们走访的 10 户人家中，几乎每家人都有手机，家里也相应地安装了无线网络，网络大多是儿女张罗着安装的、也由儿女负责网络费用的缴纳。村庄里的人大多有自己的微信号，老人们与在外打工、求学的儿女们会在闲暇时视频通话以寄关切；大伙儿也建立起了整个村子的微信群，村主任可以直接在微信群里发消息以通知村民各项事宜。更重要的是，智能手机给村民们带来了更多的娱乐选择——老人们拿着智能手机，手指在大大的屏幕上滑过来滑过去，在微信、抖音等软件中切换着，也滑过了一段又一段无聊的农闲时光。手机上频频更新的 APP、电视机里永远也播不完的剧集，在一定程度上也弥补了村庄里其他娱乐方式衰落的遗憾。

◇◇3 健康及医疗卫生情况

本节主要介绍辛庄村村民的健康和医疗相关情况，其中医疗部分即包括了村民自己的就医（体检）行为和意愿，又讨论了当地的整体医卫水平及政府在这方面的相关政策扶持。

3.1 健康情况：村民的常见病及其可能诱因

目前辛庄村常住村民以 50 岁以上的中老年人为主，本组调查的

9户中有4户的户主年龄在50—60岁,其余5户均在60岁以上,大体上与村庄总体的年龄结构相仿,因此我们认为这9户的健康状况在一定程度上能反映村庄的总体情况。

在本组调查的村民中,患脑梗和高血压者最为常见,而调查了其他家户的小组也普遍反映受访家庭往往有人罹患这两种疾病。究其原因,一方面高血压是常见的老年病,另一方面这两种疾病的高发可能与当地居民的膳食结构有关。本组调查的9户都非常一致地以小米、面食和马铃薯作为主要食物,个别家庭会食用鸡蛋。蔬菜类在春夏秋三季能自给自足,种类也相对丰富,但冬季一般单一地食用囤积的大白菜。而且即便如此,蔬菜在日常膳食中的比重还是相当小,在调查过程中看到的几个家庭的午餐主要都是小米和土豆粉制成的粉条,绿色蔬菜很少甚至没有。除了食材种类单一,居民过量的油、盐摄入可能也是以上疾病的重要诱因。调查第一户时,我们计算出的人均日食用油摄入量高达正常值的3—4倍,非常令人吃惊;之后的调查中虽然数值没有那么夸张,但总体上当地村民人均每日油盐的摄入量都超过了正常值的2倍。① 高油高盐的饮食习惯和巨量的碳水摄入很容易造成高血压和高血脂,而这二者又极有可能成为血管硬化堵塞,成为最后脑梗的元凶。

胃病也是调查过程中的常见病之一,其诱因可能是务农的村民不规律的饮食。不少村民有不吃早饭的习惯,而农活繁忙(尤其是要养羊)时可能晚上9点以后才能吃晚饭。

---

① 该数值由调查到的村民年均油、盐消费量和户内常住人口数计算得出。

村民中吸烟的男性很多，且当地风沙很大，但呼吸道疾病并没有成为普遍性的疾病。调查中有一位爷爷和一位大婶分别患有肺气肿和支气管炎，而大婶本人并不吸烟，其他组的调查过程中也鲜有患有呼吸道疾病的例子。

调查中还发现了村民患有的其他疾病，如中耳炎、白内障、前列腺炎、血液过稠、糖尿病、脊髓空洞和其他慢性病等。由于这些疾病都是个例，在此并不探究其原因。

3.2 医疗开支：几种常见的医疗开支结构

村民的医疗开支占其总支出的比重主要与其经济实力和所患疾病的严重程度有关，大体可分为以下三种情况。

一是医疗开支占总支出的绝大部分，这种情况下的村民一般罹患了较严重的疾病且积极接受治疗。但由于村民总体上收入非常有限，受访老人的经济来源更是限于政府补贴和少量自产农产品的出售，因此其收入往往不能覆盖昂贵的诊疗费用。自然地，我们发现这时老人们会因子女的经济支持而面临预算软约束。我们的受访者中有2户有这样的情况，其中一户的奶奶患有不知名的慢性病，其与老伴的收入基本只能满足生活必需，于是每年8000—9000元的医药费用则由其当干部的儿子承担；另一户的奶奶因脊髓空洞，去年一年去西安数十次复诊加上手术的费用扣除报销后合计有数万元，由几个儿女分摊。

二是医疗开支占总开支的相当部分，但不至于影响生活。这种情况的特点一般是村民的收入较为可观,而疾病本身没有那么严重。例如有一户养羊的伯伯患有脑梗和一些小病,一年的医药费需要4000元左右,但其养羊的收入每年可达2万—3万元,因此生活在村子里仍可算富足;另一位从西安林业部门退休的爷爷因为每月有3000余元的退休工资(在当地算得上收入很高),在支出糖尿病的治疗费用后还有相当的结余可供日常花销。

三是医疗开支在总支出中的比重极小。这并不是因为村民没有患病,而是因为其真实收入相对诊疗费用过低,于是干脆拖延甚至放弃治疗。这种情况我们将在之后关于就医态度的讨论中详细描述。

3.3 医疗水平:不同等级医院的诊疗水平和报销比例

在调查村民患病情况的同时,我们也询问了其进行治疗的过程和情况。令人有些惊讶的是,大多数受访的村民都能一致地认为不同等级医院的诊疗水平有明显的区别。村民们反映,辛庄村所属的张家山镇的卫生所诊疗水平很差,甚至连针都扎不进,只能看一些非常简单的小病小痛,且他们如果察觉有就医的必要,一般也不会选择在镇上看;吴堡县医院情况好一些,但村民们依然认为"那里看不了病"。而之所以会得出这样的结论,可能除了由于村民的亲身经历和风评,还因为县医院缺乏令人信服的"硬件"设施——如一位村民坦言,他认为县医院的很多医生都是三本的医学院来的,令他感到很不放心。人才向大城市集中对欠发达小地方人民基本生活质量的冲击，从此中或可窥见一斑。

当村民们认为不得不就医时，他们往往以榆林市内的医院为首选，且这往往也是大多数村民接触的最高等级的医院。我们推测有这样三个原因，其一是榆林市级医院的诊疗水平已经能满足大多数村民的需求。其二是前往省会西安甚至北京上海等医院就诊的成本较之前是成倍增加的，一些受访的村民们认为即使是去西安往返300多元交通费都显得相当高昂，更不用说就诊。我们曾追问说多几百元的交通费而换取更好的医疗服务也不见得不划算，但从村民口中得知他们的医药费报销比例在镇、县、市和省级的医院是不同的。具体比例大致是镇上90%，县里能报销70%—80%，市里是60%，省里则只有50%或更低（也有说榆林市50%，西安40%以下，但总之是呈阶梯状下降）。[①] 在村民自己的测算中，报销比例的降低足以成为阻止他们前往更好医院的经济理由。其三是许多村民自己的足迹范围也只限于榆林和邻省山西的吕梁，到一个完全陌生的环境中看病对不少老人们来说是不小的挑战和负担。

我们为后两个原因的猜想找到了一些事实的依据，因为我们发现村民选择就医的最远距离和子女居住地之间存在着高度相关。倘若子女在某个城市常住，他们就更有可能熟悉当地的情况且在该城市获得更高的报销比例，这对于老人的看诊是非常有利的，以我们

[①] 资料来源：陈潇爽、张想、周润人赴陕西省榆林市吴堡县辛庄村调查记录。

走访的两家人为例,在西安、北京常住的儿女会将父母接去当地的大医院就医。

受访户中明确表示曾在榆林市以上的医院看过病的有三户,其中一户是因为户主爷爷自己曾在西安长期工作。另外两户中,一户的奶奶长期原因不明地头痛,最严重时甚至要往墙上撞来缓解,在西安也没有治愈,因为三儿子在北京打工便去了一趟。她的老伴,一位学历很高的老教师,向我们盛赞了北京医生的医术,他形容说北京的医生确诊说是头部血管堵塞,让奶奶吃了药后说可以"把以前的药都扔掉了"。二老一开始将信将疑,但药效确实立竿见影,而且头痛也从未再犯。谈及700多元的医药费时,爷爷表示是用别人的医疗卡报的,自己承担的金额非常小。另一户的奶奶患有脊髓空洞,手不能握拳,走路也有很大障碍,在第一次看诊后曾不幸摔倒,病情恶化,医生警告说如果再跌倒可能将面临瘫痪。二老有子女在西安,因此奶奶2018年多次去西安看诊,最后怕再出闪失,干脆留在西安照顾孙辈,一年回村里的时间屈指可数。而原本总额达11万元的医药费最后自己承担的只有2万—3万元,这显然高于我们之前了解的在西安一般的报销比例,因此我们猜测在看诊过程中可能利用了子女在当地的关系等手段,使得这场大病对家庭的经济冲击大大减轻了。

3.4　就医态度:村民们对治疗和体检的选择

对于治疗,按病的严重程度划分,村民们大致遵从"小病有钱就治,大病没钱就拖"的朴素原则。按急性病和慢性病划分的结果是，村民们对严重的急性病的治疗比较积极，即使花费高昂也少有直接放弃的。究其原因，我们猜测有以下四点。

一是急性病来势汹汹，不抓紧治疗很快就会夺走人的生命，这对亲人情感造成的冲击是巨大的，一般人很难在此情形中做出放弃治疗的决定。

二是村民们似乎有这样一种认识，觉得急性病能治好，而慢性病治不好，所以没什么治的必要。受访的一位爷爷，他老伴前几年因为肝和肺的疾病去世。当初老伴因昏倒而查出来患病时已是病情汹汹，治疗花费的数万元几乎耗尽了这个普通农村家庭的积蓄。但这位爷爷在自己的糖尿病上的花销却非常少，他对此的解释是自认为这个病治不好，所以干脆等实在不行了再说。另一位伯伯罹患前列腺炎，他同样表示自己判断治不好，当我们劝说他这个病就算不能根治也能有效控制时他也一直半信半疑。

三是慢性病发作时间长，带来的影响又没有那么剧烈，因此不少村民觉得忍一忍也能过去。例如我们曾调查到一位患有高血压的大婶在稍有好转后就拒绝服用降压药，而是托女儿采购更廉价的中草药土法降压（现在她连中药也不吃了），而她的支气管炎则完全没有开药。更有好几位患有胃病的老人长期以来都是在发作时吃一些止疼片（而非针对性的药物），认为自己能够控制住病情。

四是在村里，子女尽可能地支持父母的治疗是尽孝的一种方式，会影响在村里人眼中的形象。调查中多名老人表示自己清楚治疗给整个家庭带来的负担，但子女不论怎样也会为父母看病，"这是良心的问题"，受访的老人们如是说。

出于对疾病预防的关注，我们也调查了关于村医和体检的相关内容。村里没有常驻的村医，流动村医天气好时偶尔会来为村民进行自愿报名的体检，且体检事项基本是量血压一类，村民的参与度也较低。镇上也能体检，但体检内容大同小异，有时甚至没有验血环节。由于体检的意识非常淡薄，村民们的疾病基本都是病情发作后才确诊发现的。但在发现病情后，受访者中有2户开始隔1—2年进行一次花费1000—2000元的全面体检，自然地，他们的收入是这9户中最高的。在我们告诉村民，定期体检能在早期发现疾病，省下的治疗费完全能抵得上体检费用时，村民们给出的反馈基本有如下几种。一是固执地认为体检花费过高，自己没钱，经济上不划算；二是觉得没有必要，坚信自己没有病，下地干活就能保证身体健康；三是畏惧查出大病，所以干脆掩耳盗铃。

综合地看待村民们的治疗和体检行为，我们认为有两个因素在其中有显著的影响。其一便是家庭的经济实力，家底雄厚必然在看病和体检上体现得更为积极。然而也有部分家庭经济条件不错，借贷没有或很少，子女也有可观的收入，却十分抗拒治疗和检查，这便涉及第二个因素，眼界和观念问题。村民们大多缺少基本的医学常识，更多地凭主观判断哪些病可以治、值得治，哪些病则相反，这主要表现为对慢性病治疗的轻慢和抗拒。村民们或许还存在侥幸心理和一定的短视，他们常常算不清预防胜于治疗这笔账，认为大病不会落到自己头上，对于已经确诊的疾病也试图用拖延和土办法对抗，甚至觉得这样效果也不错。而但凡对医学和疾病多一点点认知的人，他们有的是因为更有钱，有的是因为曾在省会工作拓宽了眼界，有的是因为更高的学历，都会表现出更强的积极治疗和检查的意愿。在同一个村里，这样一点微弱的差别已经能使某些行为截然不同，由此我们或许可以想象我国处于不同发展阶段的地区之间的差别究竟大到什么样的地步。

3.5 医疗扶贫：医疗方面的扶贫政策让村民更健康了吗

观察辛庄村扶贫政策针对医疗领域的改善，最主要的可以说是提供了高于一般水平的报销比例。而且毋庸置疑，这样的报销比例的确大大减轻了农民们在看病上的经济负担，提升了其健康水平。然而在其他方面，包括疾病预防机制和改造农民观念，扶贫政策似乎既没有，也缺乏好的方式去进行改善。以报销补贴为核心的扶贫政策非常有力，但显然不够完整，而且当这个村庄集体脱贫在即，优惠的报销比例将被取消，我们很难认为刚刚越过贫困县的村民收入能应付这一医疗费用的上涨而不影响其他方面的生活水平。

事实上，政府在其他领域也做出过努力，包括组织体检、家庭医生签约服务等。但体检手段和效果都非常有限，且未能引起村民的积极参与，基本上是流于形式了。而家庭医生签约服务，据村民反映更是应付检查，有病还是得自己去镇上看。翻看村民信息的档案，村中竟还未有一户人家使用有现代排水设施的厕所，这无疑是健康的巨大隐患。① 这些配套服务较之真金白银的补贴看上去似乎

---

① 资料来源：村委会档案。

意义小得多，未能成为工作重点也是理所当然。但这些基础医疗服务的完善对防止村民由不自知的小病拖成治不好的大病非常有益，这既有利于村民健康水平的提升，又能为国家财政节省补贴用的资金。

◇◇4 社会关系

4.1 "小猛虎"：如影随形的份子钱

辛庄村素有"猛虎就如债，把锅肩上卖"的习语。"小猛虎"，这是辛庄人对礼金、彩礼等一系列礼仪性支出的统称。古有孔夫子言"苛政猛于虎"，可辛庄村的"猛虎"却并非严苛的法度，而是人情往来时花出去的份子钱。

礼节性支出和医疗支出同为农民资产负债表上的两个举足轻重的花销大项，前者虽然不像后者一样足以瞬间压垮一个农户家庭，但在总支出中的占比却也不可小觑。

辛庄村只有三个大姓，是一个较为成熟的熟人社会，其内部具有盘根错节的亲缘关系。每逢家里孩子结婚或是有家庭成员去世，农户都要举办婚宴或丧礼，并至少摆一次酒席宴请亲戚朋友。农民讲求排场，摆席的规模大、时间长，一般一天摆八桌到十桌，连摆数日。婚礼时宴客的责任不仅要由婆家承担，娘家同样也要大办酒席。

摆席的花销是巨大的。以前，村里人办婚礼还只是以娘家和婆家为据点；现如今，只有县里的饭店才算撑得了排面，几顿数十桌酒水羹食少则三万元，动辄翻倍亦不止："条件不好就是三顿饭，条件好就是五顿饭。五顿饭要花六七万元，三顿饭就是三四万元。"① 这对任何农户来说都是一笔巨款。

从表面上看，办酒席似乎并不会对农户造成额外的经济压力。辛庄村的份子钱额度相对于其他地区来说比较高昂②：受邀人所赠与的红包、白包金额在二百元到一千元不等，即便他们拖家带口来吃饭，主办人也往往能收支相抵，甚至有所盈余。也就是说，酒席主办人能够通过分摊成本的方式，将经济压力转嫁到受邀人身上。这意味着最终呈现在我们眼前的是这样一幅图景：农民为了参加大大小小的红白喜事，每年都要支出数额可观的份子钱——当然，即便他们不到场，按"人不到礼到"的原则，家里的账簿还是难免用朱笔多添一条。

由此观之，递份子钱似乎是农民生活水平迟迟无法得到提高的重要原因之一。但是，也有农户告诉我们，虽然上千元的份子钱会让手头暂时吃紧，可长远看来，"红包"和"白包"来来往往，收支实际上是相抵的。因为村民们有这样心照不宣的默契，一旦村民间产生"随礼"，那么收礼者在下一次送礼者摆席时几乎必然会

---

① 资料来源：陈潇爽、张想、周润人赴陕西省榆林市吴堡县辛庄村调查记录。
② 尚惠鹏：《豫东地区婚礼中的"随礼"现象分析》，《社会学研究》1996年第6期；陈建功：《礼帐与林区居民的社会网络》，硕士学位论文，哈尔滨工业大学，2002年。

"回一道礼",而不顾其关系的亲疏。回礼的额度取决于回礼者的家境状况,也取决于上一次送礼者的赠予额度。理论上看,随礼与回礼基本能够使农户在世期间保持收支平衡;只要信贷系统的融通成本不高,"小猛虎"仿佛就吃不掉农民血汗辛劳。

然而,善于算账的读者一定很快就能发现,此处存在进账被重复计算两次的现象。已有文献表明,农户在回礼时会选择"走平",即用礼账记录送礼时各户赠予的额度,在回礼时悉数返还,因此送礼有时也被称为"存钱",其利息率由村子的文化传统所决定。显然,请客实际上是独立于送礼—回礼体系的。

所以,我们不妨假设回过来的礼、随出去的礼和办酒席的钱三者额度相等,则礼节性支出总额等于随礼与办酒席花销之和,而回过来的礼便是全部的礼节性收入了。也就是说,礼节性部类内部是收支不相等的,其支出两倍于收入,二者之间的"差价"实际上流进了餐馆的腰包。从本质上看,请客的次数越多,村庄的总财富就会有越多的流失。但是,由于宴席主办方大多数时候都可以盈利,而不请客就永远得不到回礼,且此时送出去的礼金已经成为了沉没成本,故理论上农户会更倾向于巧立各种名目来"大宴全村"——办得越多、规模越大,就越能赚钱。[①] 但由于近年辛庄村经济形势并未向好向上发展,且村户大多已成为空巢户,故近年村里的宴请频率达到了低谷。

[①] 陈云等:《礼金成重负:农村人情礼往行为的经济学分析》,《消费经济》2015 年第 6 期。

4.2 份子钱，维系社会关系的关键凝结剂

研究农村礼金行为的文献或多或少地都记载有礼金来来回回越叠越多、终成重负的现象。我们采访到的所有农户都提及，如今送礼最少也要包200元，近亲近邻甚至只有送500元、1000元才能表达诚意。不过，我们已经看到，份子钱最终并未构成礼节性净支出的一部分，摆席的花销才是真正的"罪魁祸首"。对于城里人来说，结婚开支尚且不容小觑；在农村，这笔包含了宴请费用和彩礼费用的庞大花销更是让农民本就困苦的生活雪上加霜。然而，婚事丧事实乃人生大事，不得不办。虽然村中也有"换亲"的习俗，即考虑到双方家庭都不富裕，彩礼、婚宴便一应取消，但这种情况毕竟是少数，其"仪式感"的缺失对于婚姻契约的强度也存在不利的影响。

在采访了多家农户后，我们发现份子钱是维系村中社会网络的重要凝结剂。

首先，随礼行为参与了道德评价。农户霍某某谈到，如果拒绝他人的邀约，则会被东道主从关系网中除名，"不去的话就没有往来了，就掰了。如果不去的话，对方会觉得你是看不上他"[1]。而且，如果将所有邀约悉数拒之门外，拒绝者在村中也会受到非议，会被村里人揣测为"认为全村人都坏"。经济上的分析也并不困难，

---

[1] 资料来源：陈潇爽、张想、周润人赴陕西省榆林市吴堡县辛庄村调查记录。

份子钱是主办者唯一可能的礼节性收入。从最大化自身利益的角度来看，无怪乎人人都想得到他人的随礼。的确，在当前的农村融资条件下，这不失为大型宴会筹资的上策。由此看来，谴责不随礼者、奖励随礼者——农村正是以这种附加道德评价的方式，巩固并强化了农民的社会关系。

其次，礼金量化了关系的亲疏程度。陈建功通过随礼账簿调查了由礼金构建起来的社会关系网，最终发现关系的亲近程度同礼金数量呈正相关。[①] 一般的朋友给200元，亲近一些的亲戚给1000元，似乎已经成为辛庄村村民的一个共识。礼金实际上成为了双方关系的确认，强化了关系的名分，今后不论是相处还是帮忙办事，都更加方便。

4.3 社会关系对于农民生活的重要意义

生活在农村，保持社会关系的通畅对农民效用水平的提升非常重要。其重要性主要体现在以下三点。

4.3.1 贷款周转为社会关系的维护提供必要性

辛庄村农户在贷款时所能选择的途径主要有四种。其一，向银行贷款，分期贷款一月一还，利息较高；其二，向农村信用社贷款，其中一种利息较低的贷款形式为一个季度归还全部贷款，月息

---

① 陈建功：《礼账与林区居民的社会网络》，硕士学位论文，哈尔滨工业大学，2002年。

四厘，未还款前不得借款；其三，从扶贫基金资金池借款，利息低，月息三厘七五，贫困评分高的农户可以优先借款；其四，向亲朋好友借钱。①

其中，由于银行还款周期短，审批手续烦琐，许多农户偏好向信用社借钱。但无论是银行还是信用社，都要求按期还款，否则不良征信记录将会影响后续借款。由于信用社允许在还款后连续借款，因此农民可以选择在季度末向亲戚朋友筹措资金，清偿信用社贷款，并在下个季度初再次从信用社借款，并把钱还给亲朋，周而复始，直到钱款全部还完为止。毋庸置疑，社会关系网络在此起到了重要的资金募集作用，而缺少它的后果也不难想象——农民将丧失两条筹资渠道：不能直接向亲友借钱，向信用社借钱时也无法动用"拆东墙补西墙"的方式长期使用，可谓捉襟见肘却别无他法。

因此，又鉴于农民在面临生活中的重要关卡时往往都需要依靠贷款，农民维系能提供借贷之便的社会关系的必要性便不言自明。

4.3.2 互相帮助

除了贷款以外，农民的日常生活中有许多事情需要协作完成。例如，由于近年开凿窑洞时工人的工资越来越高，凿窑的开销越发高涨，农民更倾向于烦劳亲戚朋友做一些非技术性的活，以节省高昂的工人工资。此外，不消说一些燃眉之急可以拜托他人帮助，在平日的耕作、看小孩等事宜上相互搭把手也算得上稀松平常。

---

① 具体可参见本书有关农村信贷的相关部分。

4.3.3 维护声誉

正如前文所述,随礼—回礼的行为体系已经被纳入了农村的道德评价系统。作为熟人社会,声誉系统就好像不成文的法律体系,利用道德约束规训着人们的行为。为了维护自己的声誉,农户往往会遵守凡请必随、有礼必还的原则。

◇◇5 前路何方

随着非农就业的逐渐普遍,辛庄村全村已遍布空巢化现象。据统计,辛庄村2018年青年留村率仅为6.64%,绝大多数青壮年劳动力都选择了出村谋出路。① 老妪老翁卧榻不起、妇女照顾一家老小辛劳不已,这是我们在采访过程中所看到的典型图景。

5.1 老一辈村民对于辛庄村前途的态度

对于这样一个严重老龄化、空巢化的村庄来说,随着老一辈人的不断逝去,村庄的消亡将只会是一个时间问题。然而,村里不同的人对于村庄的前途命运却有着不同的预见。悲观与乐观,颓靡与坚定,殊异的意见在我们的调查中一一涌现出来。

---

① 资料来源:村委会档案。

村民王某某认为，辛庄村只要能够完成农业现代化，就可以避免最终的消亡。他认为，村里的农活并不需要如此多的人来完成，足够高的机械化和分工程度能够让本就规模不大的农事由三五个人操手。而村民霍某某则认为，城市生活完全好于农村生活，"即便是在城要饭，也比回乡下好"。村民张某某更是直言，辛庄村最终将无法逃脱并村的命运。[①] 而与之相反，村民王某某虽然为孩子在榆林市区贷款买了婚房，却并不认为孩子能够把根扎在城里，"他们待不下去的，以后还得回来"，或许这种念头能够使他得到宽解。

5.2　村庄年龄结构分析

那么，辛庄村当下的年龄结构究竟如何？我们将通过人口金字塔做出分析。

如图5-2所示，不难发现，辛庄村20—40岁的青壮年男性总数远高于女性，40—50岁的男性数量呈奇异状短少，这可能是中国从1971年开始的计划生育政策要求降低农村出生率，迫使农户放弃女婴、培养男孩作为家中顶梁柱的缘故。实际上，辛庄村和附近的村落目前正经历着"女子荒"，出现了十多个"光棍"。农户霍某某坦言，"以前是没钱结，现在女子都找不到一个了"。村干部表示，多年以前，附近村庄曾有过非法的人口买卖，将新疆、广东的女性

---

① 资料来源：陈潇爽、张想、周润人赴陕西省榆林市吴堡县辛庄村调查记录。

拐来，以高价卖出。近年来，随着法治力度的增强，人口买卖现象得到了很大遏制。但是，性别结构的失衡与畸形已成定局，农民收入低、教育程度相对较差，农村不良的性别结构剥夺了许多人娶妻生子、享受天伦之乐的可能，对村民的终身幸福和养老生活造成了严重的不利影响。

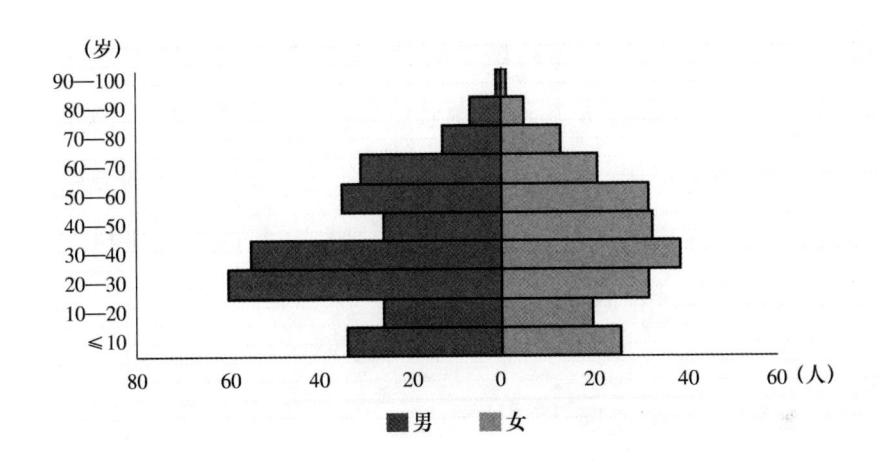

图 5-2　辛庄村人口金字塔①

从整体上看，辛庄村人口金字塔符合健康的"橄榄形"分布。但是，由于绝大多数青壮年都选择了外出打工，真正在村里居住的实际上只有老人、少量妇女儿童、残疾人以及不具备打工能力或不适宜外出工作的少量劳动力。其中，留守村中的妇女主要是为了照顾孩子，或是因为丈夫不能外出打工而选择留在家中服务家庭。少

---

① 资料来源：辛庄村人口花名册。

年儿童大多数不在村中久居，只有寒暑假才回到家里，长大以后很有可能选择外出打工。

我们不妨假设没有在市里或县里购买房屋的打工者在失去劳动力之后都会回到村庄生活，而购买了房屋的打工者则会选择在外定居。以2008年作为节点，在这之后辛庄村准备结婚的年轻人一般会选择在城里购买住房。随着时间的推移，结婚时对房屋的要求也越来越高。[①] 不妨假设2008年结婚的男性约合22周岁，则辛庄村目前30岁及以上的大部分人都不会在城里购房，而30岁以下的年轻人则会选择在城里定居，今后甚至还可能把村里的父母接到城中赡养。假设辛庄村人口的平均寿命为70岁，则40年内，辛庄村人口数量将会大幅度锐减，直至趋近于0。

5.3 村庄消亡的原因

5.3.1 教育资源散逸

辛庄村面临着教育资源散逸的问题。曾经的村小学如今已经撤办，孩子上小学必须去县里。王某某作为大专毕业生，在村中已经算是拥有了相当高的知识水平，因此他非常看重子女的教育。王某某家的媳妇作为陪读母亲，带着两个孩子在榆林市里上学。从采访的过程当中，我们感受到了这位母亲为孩子所付出的良苦用心：早上起来收拾屋子，中午孩子回家吃中午饭，下午洗衣服买菜，晚上

---

① 本次调研中第一组调查的结果发现2008年可以作为是否在城里买房的节点。

给孩子做完饭、判作业，望子成龙、望女成凤的心态可想而知。但是，由于乡村教师的普遍缺失，上小学、幼儿园的孩子们不得不出村以谋学籍，像王家媳妇这样的陪读母亲越来越多，寒暑假成了一家子最长久的团圆时刻。

5.3.2 青壮年劳动力外流

由于务农收入远远低于在外务工的工资，绝大多数青年人选择了非农就业，这造成了村中土地大面积撂荒，村中空巢化现象严重。而外出就业的青壮年人口很大部分在城市中也购买了自己的住房，并为子一代的教育问题谋划着，使得重回辛庄村变成了空想。当然，也存在少部分外出打工的村民，由于房价过高、户口难解决等问题，无法在城市中扎根，最终在年老后重返乡村。但总的来说，青壮年劳动力仍呈大量外流的趋势，进而带来村庄人口的下降。

5.3.3 老年人口的逐渐减少

随着老一辈人的逐渐逝去和年轻人一代一代地离村，村里的人口数量越发减少。"以前能串门的还挺多，现在人越来越少，大家不怎么来往了。认识的人也少了"，村民霍某某如是说。外出打工十余年回到家乡的他已翻似烂柯人，许多村庄旧景已不复可见。老人们带走的不仅是一种记忆，也是一个时代，一场大梦。

第六章

农村产业结构

◇1 辛庄村产业结构发展历程

1.1 农村产业结构

广义上的产业结构是指国民经济各产业部门之间以及各产业部门内部的构成。产业结构与技术结构、劳动力结构等部分共同组成生产力结构,其中产业结构是决定生产力结构性质和状况的基础。生产力结构作为一种硬结构,与生产关系结构相互制约和促进,影响着经济结构的转换与发展。在经济发展初期,经济总量的增长更为快速明显,但到了后期,国民产值增速放缓,经济结构的转换和优化成为国民经济持续发展更为重要的一方面。

农村产业结构指农村经济中,第一、第二、第三产业的比例关系和结合形式,通常用各业的产值和各业占用的劳动力数在农村经济总产值和农村总劳动力中所占的比重来反映。三次产业分类是国际通用的分类法，根据社会生产活动历史发展的顺序对产业结构进行划分。在《国民经济行业分类》的基础上，国家统计局制定《三次产业划分规定》，规定第一产业为农、林、牧、渔业（不含农、林、牧、渔服务业）；第二产业为采矿业（不含开采辅助活动），制造业（不含金属制品、机械和设备修理业），电力、热力、燃气及水生产和供应业，建筑业；第三产业为除第一、第二产业以外的其他各业，即服务业。

1.2 辛庄村产业结构概况

辛庄村从属于陕西省榆林市东南部的吴堡县，位于张家山镇的西北部，地处佳县、绥德、吴堡三县交叉地界。距离镇政府2.5公里，步行20分钟内可达，距离吴堡县有1.5小时的车程。全村共有190户504人，常住人口59户141人，耕地面积达1800亩。

1.2.1 第一产业

第一产业占据了辛庄村产业结构的主导地位。辛庄村呈现典型的黄土高原丘陵沟壑区地貌景观，土壤侵蚀严重且气候干旱，村内没有水库、湖泊等水域，因此无法发展渔业。土地以坡地为主，分布零散。以户为单位，村里的每户人家都承包了一定亩数的耕地和林地，承包期从1998年开始，30年稳定不变。辛庄村主要的农业作物以粮食作物为主，种类有小米、玉米、高粱、土豆、红豆等，生产规模较小，种植成果主要用于村民自己食用，小部分到市场上进行买卖来获取收入，商品经济薄弱。辛庄村的农业生产还停留在较原始较传统的手工劳动方式，基本靠村民人力耕作，在走访过程中我们发现只有极少部分人家拥有机械类农具，且多处于闲置状态，实际运用并不多。购入农具需要投入一大笔成本，这对几乎没有积蓄的村民来说是很大的负担，且农地基本为有坡度的旱地，单户人家的几块土地并非连在一起，使用机械耕作对效率的提升并不明显。在土地灌溉方面，几乎每户人家都有水井，一部分是国家直接出资修建，一部分由村民自己修建，国家再给予一定补贴覆盖其费用，但水井对农地的灌溉作用极其有限，作物产量受自然气候条件影响大。这意味着虽然辛庄村农业生产方式稳定，但抵御自然灾害能力差，若气候过于干旱则可能颗粒无收。

与自给自足的农业生产不同，村庄的林业主要种植价值较高的经济作物。村支书介绍，村里现有花椒地275亩，桑树地230亩，核桃树地70亩以及枣林地300亩。其中花椒树和桑树从去年起才进行大规模种植，尚未成熟。枣树种植历史较长，面积较广，而由于夏季干旱、秋季多雨的气候，枣树收成不如之前，加上市场价格过低，现在村民只会在红枣成熟后采摘一些自己食用，不会大量采摘去市场售卖，平时基本也不投入精力维护枣林地。

畜牧业以养羊为主，除了一户养了一百多只羊的人家，其他几户养羊人家的羊的数量多在20只以内，小规模圈养，放养是不被允许的。喂羊的饲料以自家种植的玉米等粮食为主，不需要额外支出。每年会有人专门来村里收购，村民养的羊就这样零星卖出。

1.2.2 第二产业

辛庄村的第二产业以家庭手工业为主,村民以家庭小作坊的形式制作挂面出售。手工挂面是张家山镇的特产,因为每条挂面的横切面都有针尖大小的孔,又得名空心挂面。《舌尖上的中国》第二季的宣传极大提升了张家山镇手工挂面的知名度,在高家塄村有近百户人家从事挂面加工。在辛庄村,尽管有做挂面的传统,但从事生产挂面的人家并不多。因为制作挂面需要和面机等机器设备,以及防风帘、架子等配套设施,前期投入成本较大,且挂面制作工序烦琐漫长,村民需要早上四点起床,不间断地完成一道道工序,直到下午一两点进行上大架和晾晒,傍晚时分再进行装封。大多数从事挂面生产的农户将挂面出售给邻村来收购的人,只有一户人家通过自己的渠道进行销售。冬天是旺季,无论农户生产多少都会被收购走,到了夏季则需求寥寥。整体来看,辛庄村挂面产业仍然处于一种非常脆弱的状态,生产手工挂面的散户依靠邻村的品牌包装和收购,用自己的品牌和渠道进行销售的一户人家仍然是家庭小作坊形式,规模有限,无法带动其他村民从事生产。

由于人口流动的趋势是向县区、城区外流,辛庄村已经很久没有人家新建窑洞,很多窑洞空置,没有村民专门从事泥匠、瓦匠等工作。在调研的这段时间,村里正在进行一项填沟的大工程,由村主任牵头,计划将张家湾和背户湾之间的一两百米深的沟填平,造出100多亩平地,用工多雇用村里的劳动力,但这项工程再有十几天就将结束,结束之后村里的建筑工程行业仍是一片空白。

1.2.3 第三产业

辛庄村人口外流严重，服务业极不发达。由于走访户数有限，我们未接触到有人从事第三产业的家庭，但据村民所说，村里有一位理发师，以及一位卖猪肉的村民，后者自己不养猪，而是从养猪的人手里买猪然后倒卖猪肉。因为村子距离张家山镇不远，步行十几分钟就可到达，村民缺少什么都会去镇上购买，更大件的物品会选择去县里，村庄里没有商店，只有村委会开办的一个爱心超市，用于村民的日常奖励，不具备商业买卖的性质。

综合三个产业的所占比重来看，辛庄村以农、林、畜牧业等第一产业为主，但囿于自然条件和技术原因多维持在自给自足的水平，第二产业以家庭小作坊式的手工挂面制作为主，目前还未形成具有规模的支撑性产业，薄弱的基础产业无法为第三产业的发展提供支持。村民的整体收入较低，从事手工业或有成员外出打工的家庭收入明显高于只依靠土地和林地收成的家庭。不同产业的发展处于一个极不平衡的阶段，需要进一步的规划和导向，从传统、自给自足的农业生产，努力向第二产业发展转型。

1.3 辛庄村产业发展历程

辛庄村位于吴堡县的西北部，在1950年陕西省人民政府成立后，吴堡县原本属绥德专区管辖，随后改属榆林专区，设立宋佳川中心乡之后又撤销，直至1961年恢复吴堡县，至今归属未变。吴堡县政府作为与辛庄村最近的一级政府机构，其规划和给予的支持在很大程度上影响了辛庄村的产业发展，中央政府的政策支持层层细化落实到地方，最终也需要镇政府结合实际情况来执行。

上文提到辛庄村各户种植的农业作物的种类都很相似，以小米、玉米、高粱等粮食作物为主，辅以少量的红小豆等经济价值较高的经济作物；这几年开始大规模在林地种植桑树和花椒树，大部分是荒废的枣林地。在走访村民的路程中，我们见到村子里还种有极少量的向日葵。根据年纪较大的村民的口述，回溯历史，我们发现在过去的五六十年里，辛庄村的农产品结构并非单一不变，相反，村民做出了许多尝试，但因为各种因素导致最后没有形成稳定的能带来收入的农产品结构。

辛庄村的经济发展历程始于改革开放。20世纪七八十年代，村民主要种植谷子、高粱等杂粮，这些作物的收成决定了村民的口粮，通常来说只能维持自给自足的状态，只有非常勤劳的人家才可能有较多余粮储存。即使出售余粮，买卖价格也比较低廉，成筐的粮食全靠人力运输，拖去临村卖掉换钱。与现在不同的是，那时候的人还种小麦，主要也是用于自己食用。

到20世纪80年代，村里开始大范围种植烟草。烟草种植对环境要求较高，温度太高，烟株的生长会受到抑制，同时高质量的烟叶要求适量的光照和充足的水分供给。辛庄村以旱地为主，缺少自然灌溉水源和灌溉措施，从自然禀赋的角度讲，辛庄村的土地并非那么适合种植烟草。但烟草可用作烟草工业的原料，经济价值较高，这对想要提高收入摆脱贫困的村民有很大吸引力。村民种植烟草后粗略加工制成烤烟卖给县里的烟草公司，再通过稳定的销售渠道转为收入。还有一个重要原因是县领导的鼓励，一位受访老人称当时的副县长说种植烟草会有补贴，鼓励他们放手去做，但遗憾的是最后补贴之事不了了之。种植烟草两三年后烟草公司经营不善倒闭，烤烟没有了销路，村民逐渐停止种植烟草以及对其的加工。

在20世纪八九十年代，响应国家号召和鼓励，村里有人开始种植油葵。油葵是"油用向日葵"的简称，是我国五大油料作物之一。油葵的葵花籽可榨取高级食用葵花油，因其胆固醇含量低，具有较高的营养价值。榨油残渣、葵花盘和秸秆也都可进行相应的利用。且油葵适应性较强，抗旱耐盐碱，对土壤的要求不高，适合辛庄村的干旱气候和坡地地貌。但由于交通运输不便，没有销售商到村里收购葵花油，一年后油葵成熟，种植油葵的农户榨取出油也没有渠道销售，只能留着自己消化，吃不完就浪费。这无疑是对村民种植油葵积极性的很大打击，很快辛庄村不再有家庭专门种植油葵。

到20世纪90年代，黄豆的价格升高，村民将目光投向了黄豆种植。黄豆是一种重要的粮食作物，可以用来酿造酱油、制成各种豆制品，且黄豆喜高温，适应辛庄村的气候。随着种植黄豆的人增多，黄豆产量上升，市场价格回落，经过了一个长达十多年的周期，基本已无人大量种植黄豆并靠卖黄豆赚钱。而到2000年以后，因为大量枣树林的荒废，加上缺少管理，山上野鸡的数量快速增长，对种植黄豆也带来很大阻碍。有村民抱怨一种下作物苗，野鸡就会来祸害，严重时一年需要栽好几次苗才能确保到秋天有粮食可收。但即使情况这样严重，村里似乎也没想出什么方法来应对山上泛滥的野鸡，相反，如果村民私自捕猎野鸡还有违反法律的风险。

2000年前后，由于红枣价格较高，村民开始自发的种植红枣树。作为一种温带作物，红枣有"铁杆庄稼"的称号，有耐涝、耐旱的特性，适应性强且种植范围广，极适合发展节水型林业。红枣的大规模种植生产带动了枣类的加工产业，村民将成熟的枣制成烤枣出售，吴堡县城有数十家红枣饮料加工厂。但由于始终没有打开市场、建立稳定的销售渠道，即使坚持加工了十多年，加工厂大多在2015年前后倒闭，红枣的加工产业走向衰落。红枣产量的过剩，加上其他省市的红枣产业在市场上的竞争使吴堡县当地的红枣价格落到极低，现在一斤红枣仅能卖出3—4角钱，连人力成本和运输成本都无法覆盖，更不用说赚取利润。丧失经济价值后，村民不再投入精力到红枣生产，绝大多数枣林地都处于荒废状态，在新任村支书上任前，也无人计划将枣树推倒改种别的树，原因是这需要很大的一笔投入。终于，2018年在村委会的集体规划下，几百亩荒枣地被推平，改种花椒树和桑树。即使如此，现在村里仍有大片无人管理的枣林。

在2010年前后，村里种植了几十亩核桃树。核桃抗病能力强，喜光、耐旱、抗旱，对水肥要求不严，适应多种土壤生长。核桃的经济价值较高，给村民带来了一定收入，但由于辛庄村种植核桃的时间比邻村要晚，利润空间有限。

1.4 辛庄村产业发展的特点与总结

辛庄村种植的农业、林业作物呈明显的周期性特点。当一个作物价格较好、种植面积较小或受到政府鼓励时，村民会自发尝试进行种植。之后由于产量上升市场价格下降或是缺少销售渠道无法卖出，相关产业就会迅速走向衰落。不同原因导致的滞销会影响周期长短，因为缺少向外的销售渠道而只能内部消化的农作物基本在一两年内被村民放弃，例如油葵；而因为产量上升和外部竞争导致价格不断下降的作物持续生产时间往往更长。西方经济学家认为，蛛网模型能够解释某些生产周期较长的商品的产量和价格波动的情况，模型内生产者根据上一期的价格来决定下一期的产量，经验修正使生产者的预期价格接近实际价格，并使实际产量接近市场的实际需要量，最终达到均衡。但辛庄村的实际农业生产与蛛网模型所分析的情况并不吻合，村民无法及时地根据上一年的农产品价格及时调整下一年的产量，农产品的市场价格往往由来村里收购的人传递给村民，渠道单一，市场信息的缺失和延迟使村民的生产决策的变动要远远慢于理想情况，且不利于他们在市场上进行竞争。

在 2015 年前，县政府对辛庄村的产业发展以引导为主，没有具体的产业政策，缺乏长期稳定的规划。村民尝试种植政府鼓励种植的作物时需要自己购买种子投入成本，政府不会给予实物和资金补贴，即使偶然情况下县领导表明有补贴，最后也未能兑现。村民决定种植什么作物，主要受前一年价格信号的引导，一般来说价格高、适宜村庄气候和土壤的作物，村民都有所尝试，但始终没能建立起稳定创收的产业结构。自从2015年11月北京召开中央扶贫开发工作会议后，扶贫工作成为政府工作的重心之一。为推进产业扶贫，培育吴堡特色的扶贫支柱产业，拓宽贫困人口稳定增收渠道，吴堡县政府制定了产业扶贫实施方案，将重点放在建立政府引导、市场运作、主体带动、农户参与的产业扶贫新机制上。文件中对传统种养业、特色种养业、机农具补贴和农产品加工的补助标准都有详细的规定。

结合辛庄村的产业发展历程与现在第一、第二、第三产业的实际发展情况看，辛庄村还未形成具有竞争优势的特色产业。传统粮食作物的产量不足以对外大量销售，且市场价格不占优势，利润微薄。第二产业的手工挂面以家庭作坊式生产为主，前景尚不明确。而第三产业仍处于封闭单一的阶段，需要依靠更好的产业布局来支撑其发展。

◇◇2　竞争优势缺失

前文提到，辛庄村产业结构以第一产业为主，但其第一产业既没有成本优势，又没有产量优势，难以在竞争中取得利润。而以家庭小作坊的形式存在的第二产业还处在发展中，第三产业基本没有发展，均不能给辛庄村带来可观的收入。辛庄村产业整体缺失竞争优势。

2.1 第一产业

根据中国国家统计局对三大产业的划分，辛庄村以农业、林业为主，有部分牧业，基本无渔业。以下着重分析农业缺乏竞争优势的原因。

2.1.1 农业生产率低下，农业机械化程度不足

辛庄村位于榆林市吴堡县张家山镇。吴堡县境呈西北高、东南低，丘陵起伏，沟壑纵横，河谷深切的地貌特征。河流由西向东或由北向南汇入黄河，是典型的黄土高原丘陵沟壑区地貌景观。张家山镇位于其西北部，土壤侵蚀最为剧烈，呈典型的黄土沟壑地貌。

这种地貌导致辛庄村的土地基本都为坡地，且相当零散、大小不一。这就要求适合山地的农机必须是大功率、组装式、轻型化，便于运送到待耕地块。相对于平原使用的农机，山地农机要求科技含量更高，研发生产的成本也会更高，农民购买价格也会高到难以承受。

事实上，在走访的过程中，一位村民告诉我们："过去我年轻时候，能用背篓背三四百斤粮食，一年我能收一万来斤粮食，都是从地里一步一步背来的，那时候路也不好走，辛苦确实辛苦。好在现在（路）都硬化了，拖拉机可以用。"辛庄村的道路都是陡峭的山路，走起来尚且费劲，更不要说身背三四百斤的重物了。老人提及此事，脸上全是自豪的笑容，他觉得苦虽苦点，但每年能收一万

斤粮食，已经足够维持一家人的生活。老人的勤劳质朴打动了我们，但这种落后的劳动方式也着实阻碍了辛庄村农业生产率的提高。我们了解到，多数村民家里往往仅有一台拖拉机，没有其他农具，有的农户甚至根本没有农具，完完全全依靠人力。另一位村民也说辛庄村还在用原始的方法种田，无法与拥有大型机械的南方地方相比。

全面建设小康社会，重点在农村，难点在山区尤其是贫困山区。辛庄村的贫困原因在于劳动生产力低下，其中一个突出的标志就是农业机械化水平不高。近年来，虽然国家高度重视农业机械化的发展，也取得了显著的成效，但是由于山地农机研发、生产、推广的效益比较低，因而发展滞后的瓶颈一直未能突破。从某种意义上来说，没有山地农业的机械化，就没有更大范围的农业现代化，也就难以实现全面建设小康社会的宏伟目标。

2.1.2 生产积极性缺失，农民不主动扩大生产提高收入

辛庄村人口外流相当严重。40岁以下的年轻人基本都出去打工了，眼下村庄内基本没有青壮劳动力，多是五六十岁的中老年人在种地。而土地总是种不完，要么给别人种，要么只能撂荒。种地只为自给自足，地上产的粮食蔬果大多变为口粮和喂养家禽，农民并不指望种地赚钱。如此原因有两点，一方面，五六十岁、子女都已独立的种地村民没有较大经济负担，不需要依靠务农收入生活；另一方面，由于当地粮食作物价格实在太低，无法覆盖人力劳动和交通运输成本，种地也基本赚不到钱。

辛庄村农业以种植杂粮为主，但由于杂粮卖价太低，近年来在村民自发和村委会鼓励下，越来越多地种植像红小豆、黑豆等经济作物。但正如前文所述，村民的劳动生产率没有根本上的提高，依靠更换价格更高的农作物来提高收入，既不可持续，又难以大幅增加收入。

相对于外出务工，农业收入太低导致人口外流，理论上会使得农村地区人均土地面积上升，加之机械化带来的生产力提升和规模效应，农村的劳动生产率会逐渐提升，到与其他产业持平后，人口就不再外流，两个部门达到了平衡。遗憾的是，这种平衡并没有在辛庄村实现。辛庄村虽然有土地流转，但是由于坡地和零散化的土地原因，机械难以大规模使用，无法带来生产率提高和规模效应。生产率的低下，打击了农民的生产积极性，年轻人都不愿意种地，而是更愿意外出务工，造成农村劳动力素质偏低，又进一步降低了生产率。

如今，村民的生活来源基本是农闲时打零工。近几年，国家扶贫工作的力度大幅提高，村民们享受的补贴优惠政策越来越多，种地有补贴，基础设施投资（修路、打井）有补贴，购买农机有补贴，外出务工也有补贴，这些补贴的目的是增加农民的收入，提高他们的积极性。这些政策在扶持农业的同时，也导致了许多人投机取巧，专门从事有补贴的生产活动，补贴结束就转向其他有补贴的生产，减低了补贴扶持产业的有效性。有的家庭只追求固定数量的收入，由于补贴反而减少了农业生产。另一些家庭甚至靠补贴而生，不愿脱贫，成为了"贫困懒汉"。

2.1.3 受自然条件限制，山路运输不便，靠天吃饭

辛庄村为大陆性季风气候，干旱频繁，春旱严重。这种大陆性气候下，土地若无灌溉，农业生产只能靠天吃饭，风调雨顺时收成很好，但遇到极端天气则可能颗粒无收。调研期间（7月初），辛庄村处在干旱最为严重的时间段，村民告诉我们，如果再不下雨，田地里的庄稼将会旱死，一年的辛苦又会白费。气候因素带来的巨大不确定性，严重限制了辛庄村农业的发展。

辛庄村距离吴堡县有2小时左右的车程，山路蜿蜒崎岖，交通相当不便，农产品运输成本很高。农民如果要卖出农产品，基本依靠专门的人来收购，而不会自己运输出去销售，养殖的家禽往往也是专人来收购。这些专门收购的人以低价收购农产品，再以较高的价格卖出，赚取中间的利润。村民提到，村委会曾提议过村集体收购，再集体批量卖出，村民们自己保留这些中间商的差价利润，但由于本村产量低和难找销路的原因，只得无奈作罢。

不利的气候和运输条件让辛庄村的农业生产具有先天性的劣势，并成为脱贫必须攻克的难关。村民说，在榆林市的其他几个区县中，虽然农业也面临类似的困境，但由于储藏有煤炭和油气资源，第二、第三产业的发展弥补了当地人民的收入，也吸引了很多吴堡县的人口向北部流动。

当然，辛庄村的环境也正在改善。调研期间正值村中"填沟"工程进行时，这个深沟曾经将辛庄村隔断了三个部分，村民出行不便，对农产品的运输也带来了麻烦。在新任村主任的带领、县政府

和张维迎等乡贤能人的助力下，开展了这个基建工程：深沟填平后，造出的近百亩平地，将引得村公共活动广场、村集体合作社厂房落地生根。

2.1.4 三因素叠加，进一步阻碍了生产力的提升

根据新古典主义分配理论，真实工资正比于人均生产率。发达地区经济发展，生产率提高真实工资提升，人口从辛庄村向外部流动，流向收入更高的第二产业和第三产业；理论上讲辛庄村人口减少，人均生产率应当提升。然而在辛庄村，我们发现事实并非如此。

首先，由于客观原因——零散化的坡地难以机械化和高昂的运输成本，人均生产率没有办法得到大幅提升。仍然留在辛庄村的人们即使想要把空闲的土地全部利用起来，由于人力劳动的天然限制，产出也十分有限。

其次，农民没有自发扩大产量增加收入的激励。青壮劳动力由于生产率和子女教育的因素而流出，多是五六十岁的中老年人在家种地。自然条件造成的高成本和低生产率，挫伤了农民的生产积极性，同时造成农村的劳动力结构失调，影响农业的可持续发展。

最后，自然禀赋的原因。靠天吃饭的不确定性和交通不便都增加了成本，低生产率和生产积极性的缺失，使得农民缺少加大基础设施投资从而改造生产条件、降低生产成本的眼界和信心。

以上三个因素相互作用，进一步阻碍了生产力的发展，增加了

改善辛庄村农业状况的难度，也导致了世代以农业为本的辛庄村并不能靠土地脱贫。

2.2 小手工业为主的第二产业

2.2.1 手工空心挂面，初具规模的挂面产业难以发展壮大

随着《舌尖上的中国》第二季的热播，吴堡县张家山镇高家塄村张世新老人做空心挂面的精湛技艺，给很多人留下了深刻的印象，也带火了张家山手工挂面。为了发展这一特色产业，县政府给予每户五千元的启动资金以购买基础设备，补贴较有成效，高家塄村的挂面产业初具规模，辛庄村生产的挂面多由隔壁高家塄村收购，售价较高。

我们采访的农户中，一对中年夫妇利用冬天闲暇时间制作一百斤左右的挂面，以六元每斤的价格被收购；另一户挂面制作已经发展得比较成熟，开发了菠菜味、火龙果味、南瓜味、薄荷味等多种口味，各自有不同的保健功能，并且通过快手、抖音、微信等途径自行销售，卖价高于收购水平；而我们采访的另一家，户主是60岁的老人，和二儿子一家一起空闲时做挂面，每年能赚5万—6万元。老人说道，做挂面对天气要求较高，太热、太晒、风太大都不行，温度不够也不行，要做好挂面需要一定的经验和技术。与很多村民不同的是，老人对辛庄村的经济发展也有自己的思考。他认为，随着挂面产业逐渐成熟，卖价会降低，又会需要其他的产业来维持增长，如果找不到新兴的产业，手工业就会陷入停滞，"现在的枣树

就是以后的挂面"。

事实上，现如今辛庄村内做挂面的人家不足十户，村内竞争并不算激烈，所以辛庄村的挂面产业发展的约束主要是前期投入和劳动积极性。制作挂面需要一套价值上万元的设备，对村民来讲还是一笔较大的投入，同时挂面的制作工序较复杂，大大小小的工序有十几道，学习成本也很高，这两大因素导致挂面产业进入壁垒较高，阻碍挂面产业的发展。

更重要的，村内制作挂面的劳动积极性严重不足，如前文所讲，国家对辛庄村的挂面产业有过扶持，县政府给予每户五千元的启动资金以购买基础设备，然而到现在全村仅有不到十户人家制作挂面，大量的设备闲置，挂面产业并不发达。一方面是后期培训工作不到位，导致很多村民制作的挂面不达标，从而无法获得收入。但更主要的原因还是辛庄村现今的补贴多种多样，金额也较高，很多村民习惯于"低生产低消费"，同时也有"贫困懒汉"现象存在，劳动积极性受到影响。此外，在外务工回报相较制作挂面更为稳定，已经在外务工的村民回村制作挂面有较大的转换成本，并且村内配套设施不足（主要是教育方面），挂面产业吸引力不足，难以持续并发展壮大。

而放眼外部，整个张家山镇的挂面产业的发展瓶颈在于销路不畅，挂面产品客户黏性不高，替代品较多，行业竞争激烈，而处在这个大背景下的辛庄村，作为隔壁高家塄村的代工方，难以把挂面产业发展成本村的特色产业。就算在大力支持下，辛庄村挂面产业发展壮大，很可能会步"吴堡红枣"的后尘——大量且集中的产能导致利润极低，一旦受到外部的不利冲击（新疆大枣的竞争），会对整个产业造成毁灭性的打击。

2.2.2 找寻"新兴"产业，养蚕基地、杂粮加工厂的起步和包装矿泉水的设想

辛庄村几代人的梦想——填补分隔整个村庄的大沟壑，带来的不止有交通的方便和能活动的大广场，更让人激动的是，它能够让养蚕基地和杂粮加工厂的落地成为可能。"填沟"工程还未竣工，但村干部对难得的平地的利用规划早已开始，杂粮加工厂有助于辛庄村产业升级，农户收获的杂粮在村内进行加工再卖出，附加值大幅提高，增加村民收入，提高生产积极性，同时村民不必外出打工，极大地方便了村民的生产生活。养蚕基地也是如此。辛庄村桑树现在有232亩，还在生长阶段，预计三年成熟，第四年就可以给养蚕基地源源不断地提供低价原料。村干部的设想很好，但实际操作会面临诸多困难，如何投资建厂，怎么面对同行的竞争，如何对工厂进行有效管理，最后的所得利润怎么分配，等等。

此外，辛庄村的地下水甘甜清冽，味道奇特可口。据一位村民说，著名经济学家张维迎给予他家乡的地下矿泉水极高的评价，回乡时还会捎带不少回北京。这位村民认为这个自然资源可以利用，就像榆林北部靠煤矿资源致富一样，辛庄村可以尝试用甜美的地下水来致富，而如果要发展这个产业，最大的挑战在于打造品牌和销售。

2.3 产业的改进

2.3.1 农业的改进，推进农业机械化

随着"打工潮"的出现与持续，目前农村大部分农户不同程度都遇上耕地难的问题，农民从思想感情上是欢迎使用农机的，但是面临高成本的约束。要想使山地农业真正机械化起来，在推广初期，国家应有适当的补助，让农民用得起，帮助农民逐步养成使用农机的习惯。同时，继续施行现行土地流转的政策，提高山地农业的规模效应，摊薄机械成本，发挥山地农机的更大的效益。

但更重要的是要培养一支可以支撑山地农业机械化产业整体全面发展的人才队伍，特别是专业技术人才队伍，依靠人才来发展适宜山地的农机。专业技术人才短缺是制约山地农业机械化发展的重要因素。要解决这一问题，建议国家加大对山区农机化人才队伍建设的投入。一是扶持农机相关院校与高校相关专业的发展，优化现有专业结构，打造特色专业，为培养大量包括科研、制造、维修、推广培训、农机作业、农机具产业管理等适用型专业人才创造条件；二是完善校地合作机制，推动高校、科研院所和农业主管部门之间的交流与合作，高校提供人才培养平台，科研院所提供技术支持、农业主管部门加强人才引进力度，可采取订单式培养人才方式，使人才培养更具目标性，人才更具适用性；三是提高农机化从业人员特别是专业技术人员待遇，提高收入水平、改善生活条件、创造更好的发展空间，稳定现有人才队伍；四是大力开展继续教

育，提升现有农机从业人员的学历层次、技术水平和业务素质；五是扶持农机公司社会化服务队伍的发展，抓好技能培训，立足当地，服务当地，更好地发挥示范、推广、辐射和带动作用。

从某种意义上来说，没有山地农业的机械化，就没有全国范围的农业现代化，也就难以实现全面建设小康社会的宏伟目标。

2.3.2 林业、牧业和第二产业的改进，集体经济和不断创新

农村集体经济是指主要生产资料归农村社区成员共同所有，实行共同劳动，共同享有劳动果实的经济组织形式。在当前我国农村经济体制下，全体村民作为村集体经济组织成员，农村社区集体经济组织的发展与村民生活水平的提高存在水涨船高的对应关系。一般来说，集体富，村民富；集体穷，村民穷；集体空，民心散。这一点无论是从集体经济实力雄厚的村，还是集体经济脆弱的村，都能得到印证。集体经济的发展，不仅意味着村民负担的减轻、收入的增加，在更大程度上意味着村民福利的改善。

辛庄村面临人口流出、老龄化、自然条件约束大、机械化不足等问题，采取集体经济的方式可以较好地面对上述问题。当前政府对农村补贴力度相当大，但普遍存在小规模、零散补贴、效率不高等问题，集体经济利用补贴进行长期的大规模的投资，可以提高补贴利用效率。村干部认为，现在的辛庄村更适合进行集体经济。

现今，政府也出台了一系列鼓励创新和扶持产业的政策，鼓励创新，鼓励因地制宜发展特色产业，鼓励脱贫致富的带头人。关于这些政策和引导，在下一节会进行更深入的讨论。

◇◇ 3　产业政策分析

3.1　政策背景：精准扶贫

贫困问题是我国面临的重大挑战。1978年末我国农村贫困率高达97.5%，以乡村户籍人口作为总体推算，农村贫困人口规模达7.7亿人。始于20世纪80年代中期的扶贫工程，虽然取得了显著成就，但长期来看，依然存在贫困居民底数不足、情况不明、扶贫资金和项目指向不准等问题。针对以上状况，2011年国务院印发了《中国农村扶贫开发纲要（2011—2020年）》，提出2020年全面建成小康社会、实现"两不愁、三保障"的目标，成为新时期我国扶贫开发的纲领性文件。2013年习近平总书记在湖南湘西考察时，做出"精准扶贫"的指示。

"精准扶贫"是指针对不同贫困区域环境、不同贫困农户状况，运用科学有效程序对扶贫对象实施帮扶和管理的治贫方式。落实在具体工程上，"精准扶贫"体现为产业扶贫、就业扶贫、生态补偿扶贫、易地搬迁扶贫等。以2018年为例，政府支持贫困地区发展特色种养业、光伏产业（产业扶贫），帮助新增劳动力转移就业259万人（就业扶贫），并且进一步改善了义务教育薄弱学校基本办学条件（教育扶贫），新农合专项救治病种扩大到21个，累积救治一千多万贫困人口（健康扶贫）（见图6-1）。

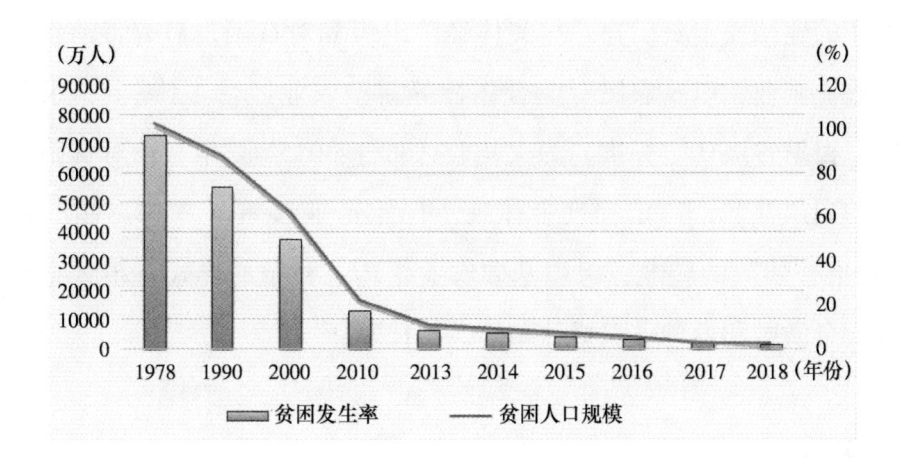

图6-1 改革开放以来中国脱贫成就示意图

资料来源：国家统计局。

其中，产业扶贫是核心，是农村发展的活水之源。产业扶贫工程要求精准对接市场，顺应规律发展特色产业，同时发挥龙头企业、合作社等新型经营主体的带动作用。在这个背景下，经实践调查记录，从2015年开始，辛庄村中常见的产业扶贫有两种主要模式——针对贫困户的一系列"滴灌式"的到户补贴和村集体组织实施的产业建设项目。

3.2 到户补贴

到户补贴即"农业直接补贴"，特点是政府将财政补贴资金直接发放到农民手中。在辛庄村，根据《吴堡县2018年农业产业扶贫实施方案》，扶贫补贴的享受范围是"全县有意愿、有能力发展产业的建档立卡贫困户、村集体经济组织和对贫困户口有带动作用的农业企业，以及农民专业合作社等新型农业经营主体"。其中贫困户根据省级认定标准，为人均收入低于3015元/年。针对贫困人口的到户补贴，一定程度上体现了国家产业政策从"普惠制"向"精准补贴"的转变，保障基础农业生产，补贴的形式有粮食直补等资金激励和良种、农机补贴等实物补贴。

3.2.1 具体情况

传统种植业

前文提到，辛庄村当前主要农作物为杂粮、玉米、土豆和精细蔬菜。根据补贴政策，种植小杂粮（谷子、绿豆、高粱、红小豆等）和精细蔬菜（西红柿等）的土地，只要种植规范、效益良好，每亩地补助200元。山上由于前些年的发展而过剩的枣林地，被列入"低产红枣"类，每亩地补助也为200元。访谈中发现，村中绝大多数家户都享受了这两项补贴。

传统养殖业

辛庄村的养殖业发展较少，只有鸡、羊两类。政策规定圈舍饲养的母羊每只补助500元，养鸡每户新发展20只以上，每只脱温鸡补助25元。然而访谈中发现，村中养羊的几户人家，无论养殖规模，只在2016年和2017年分别得到过5000元的补贴，从2018年起补贴就取消了。养鸡的人家比较多，每家规模在十几只，访谈中未提及补贴。

特色种养业

特色种养业多为地方经济的有意设计和发展。截至目前，辛庄村正在种植核桃和花椒树，虽然还没有显著的收成，但每亩地有补贴500—1000元。种植区域由村里统一规划决定，将在村集体产业建设项目一节中着重介绍。

除了定额补贴，辛庄村还实行过不挂钩的差价补贴。据村民回忆，政府曾经高价收购小米，在市场价为1.5元/斤时，收购价格达到3.5元/斤，但这项政策并没有持续。在第二、第三产业方面，2018年以前政府也对于家庭挂面加工给予过扶持，一次性发放5000元的设备补贴。但是调查得知村里目前只有不足十户依然在从事挂面制作，大部分家庭买了设备、领取补贴之后，就因为种种原因搁置生产，这一笔补贴并没有起到应有的作用。

3.2.2 影响与效果

农业补贴目的在于保护农民农业发展积极性，保证农产品产量和价格的稳定。对于辛庄村而言，各类的到户补贴构成了贫困户家庭年收入的50%以上，对于提升农民生活水平起到了显著的作用。与此同时，由于补贴条款范围广、力度大、涉及农产品种类齐全，在政策层面给予了农民很大的自由度，并不存在限制种植的情况。辛庄村目前的农作物种植选择，多半是历史沿袭和自然选择的结果（见表6-1）。

表6-1　　　　　　吴堡县产业扶贫实施方案——补贴部分

贫困户生产发展项目	传统种养业	小杂粮（谷子、绿豆、高粱、小杂豆等）	200元/亩
		精细蔬菜（黄花菜、辣椒、西红柿、茄子等）	200元/亩
		油料作物（向日葵、花生、芝麻）	200元/亩
		地膜西瓜、甜瓜、草莓	300元/亩
		红葱	500元/亩
		红枣、核桃	200元/亩
		能繁殖母羊、肉猪	500元/头
		能繁殖母猪	1000元/头
		大牲畜	2500元/头
		脱温鸡（20只以上）	25元/只
		牧草作物（苜蓿、沙打旺）	300元/亩
	特色种养业	优质水果	1500元/亩
		荒芜桑园改造、新建桑园	1264元、574元/亩
		新建标准日光温室（钢架结构，长度和跨度分别在40m和8m以上）	170元/㎡
		新建塑料大棚（钢架结构，长度和跨度分别在40m和6m以上）	40元/㎡
		核桃	500元/亩
		花椒	1000元/亩
		食用菌菌棒（1000棒以上）	3元/棒
		中药材	500元/亩
		扎蒙	1500元/亩
		獭兔、野鸡、鹅	同蛋肉鸡标准
		梅花鹿	同大家畜标准
	农机具补贴	享受常规"农机补贴"政策后，再给予自费金额50%的财政扶贫资金补贴	
	农产品加工	按实际投资的70%予以补助	
	每户单项产业最高补贴不超1万元，每户累计最高补贴不超2.5万元（设施农业除外）		

续表

村集体组织产业项目	种植业	红枣	800元/亩
		花椒	800元/亩
		中药材	400元/亩
	羊场	标准圈舍1000㎡以上	100元/㎡
		草料库180㎡以上	200元/㎡
		堆粪场24㎡以上	300元/㎡
		草料粉碎加工设备3台	6000元/台
	猪场	标准圈舍500㎡以上	300元/㎡
		自动化圈舍（含设备）750㎡以上	600元/㎡
		种养结合生态型养猪标准化拱棚面积为100m×18m/栋，其中养殖区面积为10m×18m/栋	30万元/栋
		饲料库120㎡以上	200元/㎡
		化粪池60m³以上	300元/m³
		粪污拉运设备	30000元/套
		饲料粉碎加工设备	6000元/台
	家禽养殖场	圈舍400㎡以上	200元/㎡
		散养标准鸡舍	3000元/栋
		饲料库120㎡以上	200元/㎡
		堆粪场24㎡以上	300元/㎡
		饲料粉碎加工设备	6000元/台
	兔场	圈舍400㎡以上	100元/㎡
		草料库120㎡以上	200元/㎡
		堆粪场24㎡以上	300元/㎡
		饲料粉碎加工设备3台	6000元/台
	村集体养殖场生活区	工人宿舍、防疫室、消毒室100㎡以上	600元/㎡
		水、电、路配套	60000元/场
	其他	土地平整	不超过800元/亩

续表

科技扶贫项目	职业农民培育及贫困户实用技术培训	培育经费	4000元/人
	旱作农业示范基地建设	包括马铃薯繁育一亩田工程、谷子统繁统供工程、小杂粮种植示范基地、农机深松试验示范推广基地、中药材种植示范基地、优质水果示范基地、红枣良种引进试验示范和黄河滩地西瓜试验示范等项目，示范面积分别都在100亩以上	10万元/基地

资料来源：2018年吴堡县产业脱贫实施方案。

至此，我们可以大致描绘出辛庄村村民脱贫的图景。首先，由于城市经济的发展，越来越多青壮劳动力外出就业，留在村内的多为老人或因伤病而劳动能力不足的人，这也与我们随机调研所得结果一致。以一户典型的家庭为例，中年人在外打工，小孩在城里上学，家中只剩一对老人。土地是1998年按照一人两亩地划定的，从此少有变动，到如今一户人家平均有十几亩地，分为耕地和林地。儿女不在时，地全靠老人种养。由于行动能力有限，一些位置偏远的土地被抛弃，这种撂荒的行为虽然为法律所禁止，在辛庄村却时有发生。

在离家近的土地上，人们沿着以前的习惯，种植杂粮和蔬菜。杂粮亩产从50斤到300斤不等，除了红小豆可以卖到2.5元/斤以外，其他品种一斤都只能卖几角钱。山上的林地里则是大片的枣树，由于雨水增多和市场过剩的原因，几乎难以获得任何收入，在很久以前就没人打理了，只是近些年开始由村集体组织，陆陆续续推掉枣树，换上花椒树等。

辛庄村农业最大的特点就是"靠天吃饭"，市场很小，绝大多数从地里长出来的作物都不得已摆上了自己家的饭桌。与此同时，人们对土地的依恋也在降低，有时甚至说不清楚家里到底有几块地，似乎种植这一亩三分地的全部意义，就在于领取补贴。

但辛庄村村民获得的补贴也确实是极其可观的。上文提及的传统种植业、养殖业补贴，和每亩地43元的基本农田补贴，每年每户能形成3000—5000元的收入，再加上养老金每年每人1716元、高龄补助1200元，以及低保等转移支付，这户只有两位老人在家的贫困家庭年收入可以达到10000元以上，而他们除了买米买面和冬夏两身衣服以外，几乎没有任何必需支出，所以理论上甚至可以形成储蓄。

3.2.3 补贴导致的问题

以上分析也暴露出补贴带来的问题。辛庄村丰厚的补贴政策，虽然没有导致结构性扭曲，但是造成了整体性的退出激励。首先是补贴的执行问题，新制度经济学告诉我们不同的激励设计会造成人们不同的行为方式，其导向的最终结果可能与目的背离。在辛庄村，这种背离体现在人们越来越倾向于分家，因为把两位老人分出去以后，由于缺乏劳动能力，老人就自然而然成为了"贫困户"，在转移支付外还享受国家给予的各项农业补贴。就这样，本应由子女承担的赡养义务被转移到国家之上，并且占用了扶持产业的资源，产业发展和农村养老问题混杂，其间的错配和效率损失可见一斑。

到户补贴的激励带来的另一问题是"懒汉经济"，仍然留在辛庄村的农民不再试图扩大生产，大部分的家庭都维持在农产品自给自足的规模。比起辛苦种地带来的微薄收入，划入贫困户并领取补贴不失为一个更好的选择。而要想从根本上扭转这种局面，就必须在激烈的农产品市场竞争中建立优势，提高生产性收入所得，减少对于补贴的依赖，这也回到了本章第 2 节中讨论的劳动积极性不足的问题。

更重要的是政策的持续性问题。调研中村民多次提到，大部分的补贴项目都在 2017 年、2018 年集中出现，有一些持续到了现在，另一些执行了一段时间就取消了。询问取消的原因，村委会给出的答复是效果与预期不符。但他们也表示，政策的增减是由更上级的政府机构决定的，位于辛庄村的基层组织更多地承担收集情况、提出建议和普及政策的责任，对于具体的补贴政策的制定影响不大。而这种政策的不确定性干扰了农民的行为，影响了市场信号的调节作用，也加剧了农业生产的不稳定性。以养羊为例，2017 年政策好的时候有十几家都建起了羊圈，但是从补贴突然停止以后，村里养羊数量大幅下降，一些农民卖掉羊、空着羊圈，又回到了补贴以前的生产生活方式。而被问及对于未来（2020 年以后）补贴的预期，大部分村民都持保守态度，认为眼下的补贴不可持续，但是似乎除了外出打工，他们并没有别的方法应对这种风险。

总之，辛庄村产业补贴一系列问题的根源在于其出发点。以"2020年全面小康"为目标的扶贫工程本身有利于社会的公平稳定，但是产业的发展不是一蹴而就的过程，过多、过快的补贴和扶持只能带来资源的浪费和贫困区经济的"虚壮"。看上去家家户户都在利用补贴生产发展，但是改变不了农产品缺乏竞争力、难以取得收入的事实，一旦扶贫补贴的潮水落去，辛庄村的人们很快会回归贫困的状态。此外值得一提的是，访谈中我们了解到，原本各项补贴作为国家转移支付的一种，是不算入辛庄村村民的收入当中的，但是近几年，为了完成脱贫攻坚的目标，补贴计入家户的年收入，村里人当年的收入因此有了一个大幅提升，很多贫困户达标脱贫，但产业发展还是与脱贫前无异，调查时依然在领取针对贫困户的各项补贴。由此来看，辛庄村想要提升农民生产性收入、完善产业结构、建立起自己的支柱和特色产业，只依赖"滴灌式"的到户补贴是远远不够的。

3.3 村集体产业建设项目

村集体产业建设项目是由村委会或其他基层组织带领，围绕本村优势主导产业，按照"村集体经济组织＋农户"的产业化经营模式发展的项目，以有效推进整村农民增收，带动全村贫困户脱贫为目标。集体项目要求土地集中连片、统一规划、大规模种植，所以需要当地村委会有足够的领导和动员能力。在辛庄村，直到2018年换届选举、现任村主任霍东征上台后，辛庄村才开始积极利用优惠条件和政策，切实发展起带有集体性质的产业建设项目。

3.3.1 具体情况

从村主任和第一书记处了解到，辛庄村的产业项目由村委会讨论制定，在林业局立项，是一个自下而上的决策过程。项目的执行则是从平整土地和打井开始。由上文可知，辛庄村位于黄土高原上，多山地，坡度可达40度以上。为了适应机械化和规模化生产的要求，利用每亩地1200元的补贴，村委会组织将荒废的枣树地推平，按照计划种植花椒树和桑树等。截至2019年年初，辛庄村平整出300亩高标准农田和500亩左右的林地。这些土地一部分来自开垦，一部分与村民协商后征用，由于原本产值较低，村民少有异议。打井则是为了解决饮水和灌溉问题，资金来源于县水利局。

在这些土地上，辛庄村进行了花椒树、桑树和小杂粮集体种植的尝试。

花椒树集体种植

截至访谈时，辛庄村已经栽种花椒树面积270亩，计划再种植300—400亩，保证总面积达到600亩。选择种植花椒是出于多方面的考虑，首先是花椒树适应性强，病虫害少，即使秋季突发大量降水也不会受涝——这一点可以与去年辛庄村的枣树颗粒无收形成对比；其次是花椒现在的市场价高，一斤可卖50—100元不等，利润空间大。因此，辛庄村向渭南市富平县学习，引入良种，作为村中的经济作物。政府则对种子进行为期三年的补贴，第一年为400元/

亩，第二年和第三年为 200 元/亩，辛庄村的花椒从 2018 年开始种植，预计 5 年可以形成稳定的产业。

村中曾经有人担心如此大面积的种植，收获时会耗费大量劳力，而辛庄村又饱受人口流失的困扰。对此，村委会计划引进手持式的花椒收割机，由电池驱动，效率是人工采摘的 5—6 倍。收获后，村委会将农产品征集、统一运输到外部市场售卖。除了直接出售以外，据了解，目前我国整体花椒市场处于一个供不应求的阶段，且 95% 都用于食用，花椒的深加工和出口正处于起步阶段。如果未来辛庄村能够再建立起花椒加工基地，就地取材，将花椒制成花椒油和香料等，分摊成本、打造品牌，形成产业链条，也许可以集体带动个人，让辛庄村每个人都享受到经济发展的好处。

桑树集体种植

辛庄村目前种植桑树 230 亩以上，其中包含村里原有桑树林改造的 60 亩，成熟后计划用以发展蚕养殖。这是霍主任上任后提出的想法，村书记原本认为养殖风险高，产业培育成功率低，但相比于其他农产品，桑蚕养殖也具有其独特优势。桑蚕产业周期短、能够快速获得收入。桑树可以用桑苗或者桑枝扦插繁殖，每年 12 月冬伐时种植，耐寒耐旱，几年可以生长成熟，兼具巩固水土和绿化土地的作用；大规模移植则三年就能形成稳定的模式。而利用桑叶养蚕，从小蚕到大蚕为一季，40 天就能养成出售，一斤蚕能卖 80—120 元。事实上，我国桑蚕亩产值平均在 1500—4000 元，只要科学种植和管护，即使是收成差的年景，比较效益也远远高于粮食作物，所以常常被当成农业产业结构调整的首选产业。辛庄村历史上曾有过桑蚕养殖的经营，山上偶尔可见一两株桑树，现在利用政策便利和邻县的帮扶，在村西口翻新了几口窑洞，打算作为未来养蚕的基地。

小杂粮集体种植

在村里的平地上，村委会筹备建设300亩的小杂粮基地，具体的种植品种与传统产业类似，以谷子、高粱、红小豆等为主。但是与其他种植模式不同的是，作为申报的集体产业建设项目，由政府出资、村集体帮助村民共同管理这块土地，集体负责日常的耕地和施肥等工作，当然村民也可以选择个人经营、出售土地上的农产品。但是不管怎样，只要这块土地与集体签了约，地上生产农产品获得的收入，集体有权按照合约抽取相应比例的报酬。如此一来，村民既享受到了政府的帮助，又保留了一定的生产积极性。调研时村主任告诉我们，目前村中300亩的小杂粮地都已经全部播种过，不存在土地荒废的现象。

3.3.2 形式与影响

虽然被冠以"村集体产业建设项目"之名，但是从组织经营形式来说，辛庄村的几大项目更偏向于农民专业合作社的形式。农民专业合作社是以农村家庭承包经营为基础，通过提供农产品的销售、加工、运输、贮藏以及与农业生产经营有关的技术、信息等服务来实现成员互助目的的组织，从成立开始就具有经济互助性。在辛庄村，在以霍主任为核心的村委会班子带领下，村民自愿组织起来，统一规划和利用土地。这个合作社拥有简单的组织架构，参与成员享有国家给予的各项优惠权利，同时也对整个集体负有一定责任。只不过由于其核心领导霍东征威信较高，村民自治比例较少，产生了一定的集权特征。

生产资料的所有权和使用权也被重新界定了。根据家庭联产承包责任制，村中并不存在集体所有的土地，每一块土地都由国家分给了农民承包，农民享有使用、转包和获得收益的权利。而2018年起的集体产业建设项目中，合作社与村民签了15年合同，约定等到农作物成熟后，根据土地总收入按比例分成。这个具体的比例还没有决定，村主任认为，大概60%给村民，剩下的30%—40%留在社内或者经表决同意后全村平分。为合作社土地育苗浇水的人也会相应得到一些报酬。总体而言，尽管很多权利边界还没有界定清晰，这份合作社与村民的合约，本质上还是一个土地使用权流转的过程，村民自愿将自己的部分土地交给合作社统一经营，换取更稳定和规模化的收益。

这种时隔半世纪再度兴起的农村合作化趋势并不是偶然。在我国一些贫困的农村地区，由于环境恶劣、交通不便等天然原因，村民长期在温饱线上挣扎。事实已经证明，仅仅凭借单门独户的种植与经营难以克服各项成本的约束，缺乏分销渠道，受到外部市场价格波动影响剧烈。此次调查中农户们也提到，以前还有河北、山西的厂商来辛庄村收购自种的杂粮，如今也越来越少。挂面制作也大多属于高家塄村的外包，只在近些年才开始发展微信等线上销售渠道，但吸纳产值的能力也十分有限。粮食种了也卖不出去的现象打击了农民的生产积极性，也造成了辛庄村土地利用率低的现状。

在这种条件下，既提供统一服务、也有更大市场话语权的合作社组织形式自然而然被人们重新关注。仅一山之隔，山西省沁县次村乡即是合作社脱贫的成功案例。次村乡是"沁州黄"谷子的原产地之一。但如何集中力量，将其打造为当地的优势产业，带动贫困户增收脱贫？人们想到了合作社。经过几年的发展，常庆种植合作社与贫困户签订农产品种植产销合同，统一品种、统一生产资料、统一加工、统一销售、分户种植，将小生产和大市场联结，不仅提升了"沁州黄"谷子的品质，也让社员的综合收益日渐提高（见图6-2）。

图6-2 辛庄村内正在平整的土地

辛庄村希望能模仿这种模式。临走时村主任告诉我们，等到"填沟"工程结束后，村里可以多出一整块平坦土地。在这块来之不易的土地上，自西向东，将要建立小杂粮加工基地、花椒加工基地、村委会办公室和村民活动的广场。下一次再去拜访时，队员们就可以坐在宽敞明亮的办公室中，了解辛庄村的最新生产加工状况。

3.4 产业政策小结

正如本章最初写的那样，在2019年7月这个时间节点上，辛庄村几乎没有形成任何具有竞争力的产业结构。第一产业作为农村发展的根本，长期以来受到地形破碎、运输成本高和市场饱和的困扰，农民缺乏生产积极性，种养规模维持在自给自足的水平；第二产业缺乏主导和规划，家庭小作坊式的挂面生产难以形成规模优势，任何市场风向的变动都会让其无法持续；而薄弱的基础产业无法为第三产业的发展提供支持。在没有支柱产业和稳定的收入来源的前提下，产业转型和升级更是无从谈起。

出于国家政策和社会公平的要求，从2015年开始，辛庄村开始了产业扶贫的进程。经实践调查，辛庄村中的产业政策主要有到户补贴和村集体产业建设项目两种形式。到户补贴的补贴对象是在档贫困户，覆盖类别广、补助力度大。在过去的几年中，辛庄村的大部分村民都或多或少享受到了这些补贴，并直接地提升了家庭年收入，有些由此摘掉了"贫困户"的帽子。但上文也分析到，如此

"滴灌式"的到户补贴给了村民整体性的退出激励，人们越来越依赖政府的帮扶，真正来自土地的生产性收入日益萎缩。更何况以"2020年全面小康"为出发点的政策导向给了村民对于未来极大的不确定性，扰乱了原本就非常脆弱的农产品市场。

以花椒种植、桑蚕养殖为代表的村集体产业建设项目，虽然正在霍主任的领导下如火如荼地进行，但也面临一些可见的困难。首先，在土地的使用权流转给村集体之后，村民将更难被激励维护与经营土地上的经济作物；其次，即使辛庄村真的实现了平整土地、机械化种植，如何打开外部市场、消化掉如此大规模的产出也要打一个问号。不过，既然长期以来单门独户的生产已证明无法让辛庄村脱贫致富，现在借助国家的政策倾斜，也许这些集结全村力量、打造规模优势的产业建设项目可以在激烈的农产品市场竞争中杀出一条路。

总之，分析至此，调查组对于辛庄村的产业政策也有了一个大致的想法。一方面，产业政策应当顺应人口流动趋势，由于城乡收入、教育、医疗等资源的差异，越来越多的人口从农村流动到城市，很多村庄合并甚至消失了，这都是符合国家工业化进程的现象。如果一味推行针对贫困户、以转移支付为实质的产业补贴，不仅起不到产业扶持的作用，还会人为延缓城乡之间的人口流动，造成不必要的资源浪费。另一方面，政府应当增加能够真正促进产业发展的补贴，不管采用怎样的组织形式，关键在于打造品牌，进行深加工，促进滞销的农副产品向第二产业高附加值靠拢，让产业发展切实转化为农民收入的提升。

第 七 章

非农就业

◇1　个体中心视角的非农就业

农民群体的非农就业，指农业人口从事非农业工作的现象，而在从事的劳动当中以非农就业为主的农民，一般被行政机关和城市居民识别为农民工。以具体例子而言，在国家统计局统计非农就业情况时，往往以一年之中是否有六个月出门在外或在本地从事非农业工作（在外、本地以所在乡镇为界）为标志线，达标者即被识别为农民工。

但是，识别只是识别的事情，识别到的世界不是全部的世界。在讨论非农就业本身之前，让我们先讨论一些拿来指代它的词语。"非农就业"是个学术性较强的词汇，在社会上不太通行，故此处我们以"农民工"这个称谓为例。对于行政机关和城镇居民而言，"农民工"这个名字背后有着确切的对象群体。对被指涉的这群人，中心语"工"意味着这个群体在城镇当中被标记的职业身份，通过这个职业身份的指向，"农民工"们参与到非农业领域的生产和交换当中去；而修饰词"农民"则是关于身份认同的标志，通过称呼这个群体为"农民"，这个群体和另一个非"农民"的群体在语言上被分离，非"农民工"群体通过称呼"农民工"来确认自己不属于农民，而"农民工"群体通过自称"农民工"感受到自己无法成为那个并非农民的群体。

立刻可以发现，"农民工"是一个有着非常大的内在张力的称呼。对于不是"农民工"的人而言，"工"意味着经济上的联系，"农民"则是身份上的区隔，他们往往在前者当中感觉到经济上的获益，在后者当中感觉到身份上的优越，进而可以知道，他们就是这一张力在社会语言中的"发力者"。而对于那些被称为，也在心里暗暗自称自己为"农民工"的人而言，上述张力变成他们自我认知上的麻烦，"工"是对他们所在的那个社会中职业角色的限制，"工"或者雇佣劳动，意味着他们必须与社会中的其他群体发生以劳动组织和商品交换为基础的社会联系，而"农民"身份则使得他们与自己想要去发生联系的另一部分社会之间产生莫大的非经济隔阂，他们经由这样的称呼而被外乡或城镇的群体认同所拒绝。当然，这个关于"农民工"的故事不只是关于这个词语的故事，这种问题是整个非农就业的农民群体与其周围群体之间关系的缩影。简言之，"农民工"，不但象征着非农就业的农民群体自身不稳定的经济关系和社会认识，也象征着与他们发生社会关系的旁观者对他们的偏视和斜视。

作为张力的直接被影响者，有过非农就业经历的农民群体往往在相应的话题上表现出认知失调，这一点的直接表现就是去寻求更偏重一侧的某种称谓去指称自己。对于我们的多数受访者，即五十岁以上的老一代非农就业者而言，在需要自称时，他们在绝大多数场合只自称为"农民"，而在少数绕不开的场合自称为"打工的"；而对受访者所转述的年青一代而言，他们自陈自己是"工人"，是"城里人"，而仅在一些不可避免的场合承认自己是"农民"。然而，农民工的认知失调本身只是问题的一方面。在这里，我们想强调另一个少为人所重视的面向，也就是存在于张力施加者的角度的问题。在以城市群体为主的公共讨论和以经济学为首的一些学术讨论当中，张力施加者的身份犹如一盏巨大的霓虹灯，把所有的观点都打上了非农民工中心的印记。在非农村指向的强势语言下，非农就业问题依据城市的需要被进行了切割。在大多数场合，我们以东中西部不同城市对农民工群体的拉力差异为中心，却将农民工自己选择留村、到乡镇还是到城里的选择机制放在了聚光灯的背后；我们时常谈论农民工应当被配置到哪些需要他们的产业当中去，在讨论农民工自己想要打什么样的工时却考虑不足。一言以蔽之，文献和舆论往往是在"城市"地讨论非农就业的农民，而不是"农村"地讨论非农就业的农民。面向的差异往往带来结果的差异，使得我们对农民的非农就业在他们生活当中的意义与目的模糊不清。

诚然，就非农就业这个问题而言，丰富的数据配合有效的计量实证方法大概能取得更理想的成果。然而，本次调查的性质和我们调查者经验的缺乏导致本次调查的结果是很难结构化的，更不要说数据和回归了。然而，完全量化方法的不可能成了我们的一个契机，我们被迫直面农民的真实生活，并尝试从这样的现实生活当中刻画出一个非农就业与农民生活当中其他部分相互影响、相互联系的图景。也许我们无从找到新的稳健的因果关系，但我们可以尝试将已知的研究同我们观察到的现实进行对比，并从这些现实和研究当中尝试抽象出来或多或少的结构上的规律性。最重要的是，我们希望上述行为是能够以农民自己的选择与生活为中心的，从而尽可能提供一个并不为大家所常见的面向，再配合以一些经济学上的思路，来使现实得到刻画和描摹。

◇◇2　个体决策的依据：非农就业与多元目标

现代社会，在城乡的关系当中体现为城镇社会，存在一种强烈的倾向，就是将前现代社会当中人生活的多元目标理性化，变成一个单一的目标——效用主义的目标。这里并不是说城镇中的住民已经达到了每天抱着自己的效用函数去解最大化问题的程度，而是说这样一种倾向——认为在某种快乐的意义上，之前的多元目标是能够相互替代的。反过来说，对于那些还身处前现代社会，也就是说，城乡关系中的农村社会的个体而言，多元目标就是多元目标，这些目标不构成一套互相替代的得分向，而是构成一套每个环节都必须得完成的花名册。需要被完成的各个环节前后排列有序，成为经典的农民个体生命的必经流程。虽然城市里的分析者往往会自作主张地把农村传统中的个体生活的几个方面也搞成一套效用中心的逻辑，但是，与发明这套逻辑并被这套逻辑所规训的城镇居民们相比，那些典型的农民们离这种思路要远得多。管教就是管教，劳动就是劳动，婚嫁就是婚嫁，生育就是生育，抚养就是抚养，每一个环节都是农民生活中到适当年龄被认为也自认为应当完成的环节，如果有哪个环节无法完成，它就往往成为这个人心中的隐痛，乃至成为他在村中被排斥排挤的理由。而相应的，别的活动也一样能为农民们带来某种满足，但这些活动最终不会被纳入上述经历的各个环节之内，它们往往在某个环节需要被完成时被尽可能地压抑，以服务于那个环节的完成。当然，上述多元目标和效用主义绝非判然二分，绝大多数人分布在两个极端的典型模型当中的广大中间地带，这里只是强调上述不同人群的倾向上的差异。

这样的一套多元目标组合构成的人生安排，是在至少数百年的农村生活经验和方式当中沉淀给农民们的东西。可以相信，这样的一套生活方式是稳定的，一代代的人具体地在这么一套生活方式当中生活，并且在天生而来的生理欲望与在生活中被教会的经验目标中达到一致。然而，这套生活方式未必稳定在某种有效率的状态，抑或是对农民自身有利的状态，就像在有私人信息的博弈下，往往存在众多的被不同信念所维持的不同均衡一样。它们各自在那里，只要有相应的信念就能得以维持，哪怕进行过某些精练，很多博弈还是保持着大量的其他信念均衡组合的状态。但是，后一点对农民而言不重要，因为他自小就被教会了要去那样生活，生活方式通过家庭教育和村内的社会规训被一代代再生产出来，仅仅以完成多元目标的生活经历为目的的人们没有什么离开这套信念的动机，那些往往被城镇住民们纳入效用评价的活动对于农村居民而言是不做他想的。

然而，确认目标函数只是问题的一半，另一半则是约束。对每个个体来说，不论是多元目标的生活经历，还是效用主义的消费方式，有一个基本约束是不变的，就是预算约束。人总是要吃饭的，而且总企盼着能吃上更好的饭，不论是何种目标，在更宽松的收入约束下都能被更理想地完成。没有比这个理由能更根本地解释非农就业是如何进入农民生活的了。不论在时间上还是在目标上，非农就业进入农民生活都是以提高收入为目的的。第一产业与第二产业和第三产业的生产率差距，具体反映到工作收入上，就是外出打工一个月的收入就顶得上在乡务农一年的收入，哪怕是在村内打零工，收入也要比种地高得多。随着农民可以从事的行业逐渐在20世纪七八十年代放开，非农就业就以极快的速度进入了几乎全体农民的生活，持续到今天。

非农就业不但从预算约束的角度改变了农民的生活方式，还将更适应雇佣关系的城市的生活方式引入农民的生活中来。但是，这种生活方式的侵入是循序渐进的。对于如今五十岁以上的老一代务工者而言，非农就业是为自己既有的多元目标提供收入的，是为了让自己得到更好的生活、更好的婚姻、更好的生育的。尽管频繁的务工使农民群体更加频繁地接触到外界的生活方式，但是，这种生活方式所需要的高昂成本和巨大的身份认同隔阂将老一代务工者隔绝在外。对于如今五十岁以上的务工群体而言，他们因为家庭的经济需要进入城镇乃至远走他乡，但他们需要照顾的家庭全都留在农村当中，即构成所谓半工半耕的家庭结构。在这个阶段，除去非农就业这一产业变化以外，以生活、婚姻、生育、抚养多元目标为基础的传统农村生活方式并未产生本质性的变化。

然而，对如今30—50岁的这一代人来说，一方面，从受访者的表述可以看出，更多的城市生活方式成为他们的必需品，城市的灯红酒绿在农民的孩子们身上留下的印象是难以磨灭的，定居或者更进一步地适应到城市的生活方式当中去，已经成为他们生活的一个重要的新目标；另一方面，大规模的城镇化和服务业的迅速扩张为务工者们提供了更多留居镇一级以上的非农村地区的机会。作为相应的代价，在年青一代非农就业农民群体中，相当一部分已经失去了农业技能，其婚姻和生育决策都被后移乃至压抑，从中足以见到城市生活方式对年青一代农民影响的愈加深入。但是，对于30—50岁的这一代农民群体而言，尽管其谋生已经完全依托非农手段，其生活方式也趋近城镇化的生活方式，他们的生活仍然有着强烈的多元目标的特征——如果可能的话，经典的"劳动—婚嫁—生育—抚养"生活框架与附加其上的传统生活方式依然对他们有着强烈的直接吸引力。虽然受城市生活方式的影响，这组多元目标与其他娱乐生活之间的可替代性越来越大，但是在传承观念和家庭所施加的压力影响下，绝大多数30—50岁农民群体的生活路径依然强烈体现出传统农村生活方式的影响。在这种情况下可以认为，取得城市化的生活这种需要本身，也作为一种目标，和那些基本而传统的目标一起，影响着30—50岁一代农民的生活和决策。

◇◇3 描述性统计：非农就业的基本事实

作为一项必要的工作，首先需要简要描述一下辛庄村的个体非农就业概况。由于是单纯的数据，略嫌枯燥者可将这一部分跳过，待有必要时再返回此处查阅细节。

（1）在本村190户504人当中，有59户141人在村，这59户总计被调查87户次，其中，9户次（不重复）的调查以非农就业为中心。以这9户受访人所提供的信息为主，其他零散调查为辅，共得到106个不同个体观察点（包括农民和前农民，前农民被纳入调查的前提在于其在有农业户口时期从事过非农工作）的信息。① 由于调查形式和访员能力的限制，观察点当中有不少信息是缺失值。其中，我们重点关注60岁以下群体，接下来的分析也以这60人的受访资料为基础。60岁以下个体共有88人，其中男性48人，女性40人。所有60岁以下个体平均年龄36.8岁（全体平均年龄40.0岁）。

（2）产业方面，在78个明确了非农就业工作的个体及其配偶当中，29人在第二产业工作，占比37.2%，其中13人被记为打零工，即在村内或者临近村从事非农的一些体力劳动，比如箍窑或者

---

① 因为对于每个观察点个体而言，如果其有配偶的话，受访人总是更熟悉个体本人的信息，而相当不熟悉其配偶的信息，故如果观察个体已经成家，夫妻二人中与受访人关系更远的那个个体的信息不再单独做一个观察点，而是将信息作为配偶信息合并。另外，还在上学的孩子不会是一个观察点。

砌墙，5人在能源产业工作，比如煤矿和天然气的矿工或特种机械驾驶员，5人从事维修或者加工工作，6人从事建筑业或装修工作；同时，49人在第三产业工作，占比62.8%，其中14人从事运输业工作（包括8位司机，2个养车人，2个养路人和2个运输信息中介），7人从事餐饮服务业，3人在医疗护理行业工位，7人在销售行业工位，3人在教育行业工位，4人在管理行业工位，3人在金融或财务行业工位，6位公务员，2位在其他服务业工位；另有1人在第一产业工作（因为属于雇佣工作故被计入），为一护林员。对比全国平均数据（2018年农民工监测报告），第三产业的农民工比重为50.5%，从事第二产业的农民工比重为49.1%，本样本中的第三产业比例偏高，可以认为这种差异主要来自样本的某种有偏性。①

（3）住房方面，在农业户口下非农务工经历的60岁以下90个样本点当中，仅8人如今已经取得了城市户口。此外，这90个个体当中18人现在还居住在某个农村当中（不限于本村），7人居住地在吴堡县城，18人居住地在榆林市区，19人居住地在陕西省其他非农村地区（其中17人在西安），18人居住地在外省城市，8人居住地未知。在47个提供了居住地点状况细节的个体当中，5人住在工作地宿舍，22人租房，20人住房自有。

（4）教育方面，在提供教育信息的74个样本点中，2人没上过学，12人接受了小学教育，21人接受了初中教育，14人接受了高

---

① 详见下文教育方面中的注释。这两种有偏性可能有类似的成因，而利用教育为例说明更为合适。由于高教育导向一些收入较高的第三产业（如公务员、医生和管理人员），产业方面和教育方面产生了类似的偏差。

中教育，6人大专，17人大学，2人研究生。占比依次为，小学及以下18.9%，初中28.4%，高中及中专18.9%，大专及以上33.8%。对比全国平均数据（2018年农民工监测报告），农民工小学文化程度及以下占16.7%，初中文化程度占55.8%，高中文化程度占16.6%，大专及以上占10.9%。显然，全国平均数据和我们的数据有较大的不同。可以认为这种差异主要来自样本同上述分析类似的有偏性。① 后续的讨论考虑到了在产业和教育方面的这种偏差。

除去上述基础信息，还有一点需要明确的是，在讨论时，一些现在已经有城市户口的人和现在已经没有在做非农就业工作的人也被纳入了讨论。因为这里的讨论并不是想刻画一个"关于现在非农就业的人都是个什么状态"的故事，而是一个非农就业本身作为农民生活的一部分的故事。所以，只要有过以农业户口从事非农工作

---

① 我们认为可能的有偏性来源为，由于调查对象过少，调查中会希望受访人尽可能将自己兄弟姐妹家庭的非农就业状况也都汇报出来。如果我们假定对同一代的农村出身子辈而言，以家庭教育和个人能力能够将学业坚持到本科阶段这种情况的发生率是一定的，而对于一出生就在城市当中被培养的子辈而言，其学业能够坚持到本科阶段的发生率高于前一个发生率。那么，全国平均的受教育水平倾向于表达出代表性的一代水平，即各代人前一个发生率的某种平均值，但抽样调查中受访人汇报自己的兄弟姐妹时，兄弟姐妹当中往往存在一部分（哪怕是一小部分）已经有能力在城市居住了（虽然还是农村户口），那么，他们的后代会以一个更高的发生率读本科，从而拉高这个包括了全体后代的样本的本科比例。在样本中，具体体现为几个（在这种小样本下，几个足以破坏样本的代表性）不太典型的生活水平更高（尽管经过了农业户口等筛选）的家庭，且这些家庭往往是受访人兄弟姐妹的家庭。另外，村民留在村里这一点本身也很可能带来偏差。对于五十岁以上一代农民而言，孩子能否接受高教育和自己能否在乡镇中定居之间可能存在预算上的互相替代，从而使得留村这件事和子辈受到高教育产生某种相关性，这样的机制可能是存在的，不过在本次调查取得的样本中不甚明显。显然，大样本的结构化调查可以避免上述形式下的抽样偏差，但是由于很多问题需要小规模的非结构调查，而在后一种情况下，上述抽样偏差可能会带来不少问题，故在此处强调，以供读者参考。

的经历，就在本书所涉及的样本之内。

从全体样本来看，所有本科学历以下个体所从事的非农就业工作都是临时工，仍有相当一部分受访者不知道就业工作应当有合同和保险，当然，同时他们也没有这些东西。在调查中，仅有极少数非农就业经历者了解并确实有合同和保险，这些人往往是能源产业就业者且有较稳定收入。此外，在调查中，110个样本当中仅有一例有被拖欠工资的经历，而且其被拖欠之原因属于经营不善而非恶意亏欠。另外，基本所有本科学历以下的非农就业个体都不知道什么是工会，同时也不了解劳动仲裁之类的东西。

尽管上述描述性统计以全体60岁以下有非农务工经历的农民/前农民群体展开，我们的讨论将重点集中在其中30—50岁的这一代农民群体身上。这是因为，30—50岁一代非农就业农民群体是我们可以得到最详尽信息的一个群体。一方面，他们的父母辈全都健在，且往往是我们的直接访问对象，这一点使得他们的背景信息更加详细；另一方面，他们的父母辈和他们自己都有非农就业经历，两代人在以非农就业为中心的一系列问题的处理方式上的变化构成一个相当重要的线索。

◇◇4 个体的非农就业：生活经历的中心环节

在被调查个体所体现的多元目标当中，只有就业（对农民，即非农就业）这一项是生产性的，其他的主要目标，涵盖城市生活、定居、婚姻、生育、抚养，都是消费型的。所以，非农就业在被调查群体中扮演不可替代的中心环节，所有的其他目标都和这个环节发生交叉联系。研究非农就业在30—50岁一代农民生活当中的作用，就要从非农就业和他们人生中的各个其他目标之间的关系来着手。

在50岁以下有非农就业经历的农民群体当中，其生活经历存在一种基本的规律性。这种规律性首先在于生活经历的规律性。对于处在这个年龄区间的个体而言，他（或她，下不赘述）先是从本村/本县①接受小学教育开始，完成其家庭和个人能力所允许的学业。之后，往往是到17—22岁的时候（只上到初中的个体离村较早，高中生也会在学业停止后迅速离开家，本科生相应的必须得等到至少22岁完成学业时才可能），这些个体正式离开自己的农村家庭到外地，且同时开始从事自己的第一份非农工作，如果是女性的话，也有可能直接出嫁。之后，几乎所有的个体都会在30岁之前结婚，并很快生育自己的第一个孩子。家庭的成立一般是一个节点，在这个节点后，基本所有的个体都会将自己的居住地和工作稳定下来，不再更换。

在这个看起来再平常不过的生活经历的基础上，非农就业是其中心环节。往前追溯的话，个体的亲属关系带来的社会资本，家庭经济条件和个人能力所决定的学力水平，和个人的其他能力综合决

---

① 辛庄村现在已经没有小学了，本村的小学可能在16年前还存在，但在之后的某一时期逐渐停止运转。全村目前只剩下不到五个村内常住儿童，他们未来可能去邻村的小学上学。但是，对所有本村出身的28岁以上的人来说，他们上的是本村曾存在过的那个小学。

定了该个体第一次非农就业的去向和表现,而第一次非农就业的去向和表现实质上是这个个体未来稳定后的非农就业状态的一个重要的预测指标。往后推演的话,当且仅当一个个体进行了第一次非农就业之后,他的非亲属社会关系才可能会得到发展,对于如今30—50岁一代的农民群体而言,这种非亲属社会关系对他们稳定自己的非农工作,和实现自己的婚姻目标有着不可替代的意义。之后,婚姻和首胎生育会对个体的生活产生截断式的影响,维持家庭和进行抚养所带来的骤然增加的经济压力会强迫个体的非农工作稳定下来。非农工作的稳定事实上意味着收入水平、居住地乃至居住方式的稳定。接下来,我们会对上述个体的生活历程的各个阶段做逐个的讨论。

◇◇5 收入和居住条件:非农就业情况的评价依据

想要评价一份非农工作的优劣,最直接的手段当然是收入水平。但是,调研中的具体情况是,我们必须从留守本村的年长者提供的信息里挖掘出他们的子辈的收入水平——这基本上是得不到可靠的数字的。这种情况不只来源于信息在转述过程中的缺失和受访者对外人的三缄其口,还来自一个重要的事实:与现在50岁以上的有非农就业经历的个体会将收入中的相当一部分带回农村补贴家用所不同的是,30—50岁一代的个体和他们的母家庭之间的经济联系相当淡薄。相当多的受访者表示,只要孩子出去打工了,一方面,他理应自己养活自己；另一方面，自己也并不会要求孩子给自己经济支持。甚至有一部分受访者表示，只要自己还有劳动能力，就不希望孩子给自己直接的经济支持，他们认为这种行为是令人羞耻的。在实际情况当中，很多村内家庭甚至需要在孩子刚刚开始自己的第一段非农就业经历时，给予他们一定的经济支持。这个情况一般会在孩子结婚以后有所改善，但在结婚后还继续从家里要钱的例子也是存在的。一部分子辈会在婚后对父母家庭进行一定的经济支持，但往往选择实物的方式，这很可能是为了照顾持有上述观念的父母的面子而做出的选择。此外，比较出乎意料的是，在婚前就能够通过非农就业补贴父母家庭的例子，我们一个都没有发现。

50岁以上非农就业者和30—50岁非农就业者在收入问题上产生的上述区别有一个根本的原因。对50岁以上的非农就业者而言，留在村里的是他们的配偶和孩子；但对于30—50岁的非农就业者而言，留在村里的一般是他们的父母。前者往往被农民自己识别为家庭内的关系，而后者则倾向于家庭外关系。或者说，30—50岁的非农就业者出去务工这一点在一定程度上被识别为一种分家。分家的一个重要特征就在于分家后，一个自负盈亏的经济主体变成了两个，外出务工也有一样的特点。同时，父母一方的家庭出于亲情关系愿意补贴孩子的家庭，但反过来的通路不太顺畅，这一点在分家后也属于时常存在的情形。

在成为自负盈亏的经济主体后，相当多外出务工的非农就业者，在他们的婚前阶段，会体现出一个共同的特点，就是他们会相当彻底地把自己的收入全部花掉。这一特征尤其集中在初中学历水平就出去务工的个体当中，在本科水平的非农就业者群体当中则不显著。这一点的成因有多种可能。当然,首先一个基本的理由在于,他们就是为了这样的在城市中的生活方式而出去的。一种理性化倾向的观点认为,非农就业者预期到,如果现在进行储蓄,那么到了婚后,自己消费这笔储蓄的可能性会降低很多,从而宁愿进行提前消费。当然,这种高消费可能只是单纯的来自有限理性,或者只是来自观念,而婚姻带来的经济压力或是高教育水平可能会促进个体意识到储蓄的必要性,从而降低高消费的可能。

另一个有意思的现象就是,有一些例子,在婚前经济压力较小时不补贴父母甚至是需要父母的补贴,但在婚后生活压力变大后反而开始补贴父母了。一种很可能的猜想是,随着年龄上升,个体在非农工作开始得到更多的熟练工资,从而使预算约束变松。但是,受访个体中的一些年轻人反映,刚刚结婚的几年是最为困难的,也有很多个体从事的工作未必会随着年龄上升而涨薪(在观察中,第二产业工作往往涨薪得更频繁,因为这些工作对熟练度和社会通胀水平都更敏感,但第三产业工作就不一定了)。我们显然不能从预算约束变紧而补贴父母增多这一现象去认定补贴父母是种劣等品(事实上,子辈的收入越高,补贴父母的可能性越大这一点是非常明显的),可以推断婚姻对储蓄率也可能存在一些非理性的促进作用。

不论婚前还是婚后,子辈都不是特别愿意告知他们的父母自己的生活和收入状况,这一点对各个学历水平的务工者都很明显。(当然,在高学历非农就业者身上更明显,因为高学历非农就业工作对于农民父母而言往往更难理解)。连脑梗发作或是车祸都不告诉孩子，或是住在邻近窑洞都搞不清楚自己的孩子赚几个钱的这种极端的例子并不鲜见。这种情况强迫我们利用其他的手段去度量个体的非农就业水平。在具体操作时，我们选择了居住情况。原因在于，对于绝大多数被调查到的个体而言，多元目标完成度的差异主要来自个体的居住情况。毕竟绝大多数人都能做到达成婚姻和生育的目标，直接讨论这些目标的实现情况无法识别出30—50岁一代农民群体的非农就业水平。具体到访问结果上，样本在居住情况上的差异是相当大的，最理想的情况下，有以农村背景不断进取，最后得以在大城市里觅得高薪工作并购买住房的例子；而最糟糕的情况下，也有外出打拼很长时间后，最终因为经济无法支持而返回农村居住的例子。

我们认为，居住条件是一个能够显示性地体现非农工作收入水平的指标，① 因为居住成本必然要被相应的非农工作收入水平所支撑。我们用三个维度度量居住条件（按照重要性的先后顺序）：在哪个级别的城市长期定居；是租房、买房还是职工宿舍；后代是在

---

① 遗憾的是，我们无法将居住条件的优劣和自己收集到的那部分收入信息匹配起来。我们认为问题主要出在收入信息上。一方面，收入信息本身因为转述而失真；另一方面，收入信息本身意味着的东西可能比一个数值要多得多。由于工作性质的不同，收入信息的含义差别很大。对打零工这样的工作而言，每月每年的收入可能有特别大的差别，很可能某年赚了一万元以上，另一年却只有几千元。跑大货车这样的工作更为夸张，顺利的话一年能赚数万元，但一旦发生事故，可能十几万元、几十万元就赔进去了。还有一些工资水平，比如班车司机，其工资水平是其出全勤的工资水平，而司机本人往往出不了全勤；另外比如放贷款或者售货员这样的工作，是存在提成的。所以，收入水平背后的含义五花八门。此外，调查只能得到月收入这一点加重了前述的问题。我们可以看到，绝大多数结构性调查问的都是年收入，年收入更加稳定，而且可以用调查支出来印证。可惜在本次调查当中，由于问的不是本人，这个方法是无从实操的。

同一个城市上学还是在更低生活成本的地区上学（反过来的例子，即孩子在比父母定居条件还好的地方上学的情况，对 30—50 岁非农就业农民而言基本是不存在的，当然，这里不包括大学）。通过这三个维度，我们将非农就业后的居住条件区别分类为五个大的级别（按从差到优）：全家定居农村，全家定居在县一级地区，劳动力居住在市一级而孩子在县一级地区（甚至更低，如本村）读书，全家都定居在地级市一级和全家都定居在省会城市或直辖市地区。而在每个级别之内，买房的情况要优于租住。这个指标可以避免收入本身意味不明的问题，同时还可以直接作为个体本身多元目标中的一元（适应城市生活）来做考察。

◇◇6　教育水平：家庭的决策和个人的能力

众所周知的是，教育水平会对非农就业乃至个体的各个其他目标产生很大影响。然而，若想搞清楚这种影响，就必须先讨论每个个体教育水平的决定机制。通过观察 30—50 岁一代非农就业农民的受教育水平信息，我们看到一组基本的事实。

（1）在人数上，受教育水平集中在初中和大学水平，受教育水平在小学或是高中水平的例子则相对偏少。初中偏多而小学和高中水平偏少这一点也和相应的农民工全国数据相符合。大学水平偏多的缘故可能是样本有偏，详见前文的描述性统计中的注释。

（2）受教育水平停止在小学的自陈缘故主要是家庭供不起；停

止在初中水平的自陈缘故主要是学生自己不想上了；停止在高中水平的自陈缘故主要是考不上大学，也有一些例子是家庭变故；大学或大专是常见的最高教育水平；研究生的例子相当罕见。

（3）受教育年限越高，个体年龄倾向于越小。具体而言，能上大学的个体平均年龄最低，不足 30 岁；能上初高中的个体的平均年龄接近，约为 34 岁；而只能上小学的个体的平均年龄偏高，为 39 岁。

（4）受教育年限越高，父母越倾向有更多元的非农就业经历。受教育水平在小学和初中水平的个体的父母基本都在务农或是在本村打零工，而更高受教育水平个体更可能有从事稳定城市非农就业的父母，几乎所有考上大学的个体的父母都在城市里务工。

（5）子辈受教育年限和父母受教育年限之间似乎没有太明显的关系，除了受教育到小学水平的群体父母受教育水平显著低一些之外，各个水平上的父母受教育水平都差不多，集中在小学初中水平。

虽然缺乏计量手段去明确各变量之间的关系，我们仍然有很多机理性的内容来讨论。首先是，尽管上述现象都是以受教育年限的长短为中心的，小学、初中、高中和大学教育之间的差别却远远不只是受教育年限的长短差别。在上述四个主要学历水平中，实际作为决策目标的，可能只有初中和大学，小学和高中则是特别的情况。虽然几乎所有受教育水平只到小学的个体的自陈缘故都是"供不起"，但是供不起也分两种不同的情况。一种情况是对于那些年龄为四十几岁，接近五十岁的个体而言，他们受教育的时候还处在

20世纪80年代初,农民刚刚得到不多的非农就业的机会,相当多的农村家庭仍总体依靠农业来生活。对于这一部分人来说,每多上一年学都有不小的帮家里从事农业工作的机会成本,从而为他们在小学阶段就辍学提供了经济原因。另一种情况是在各个时期都有可能发生,那就是家庭中有成员突发重病或失去劳动能力的情形。家庭成员突发重病或失去劳动能力会为家庭带来巨大的经济压力,出于经济上的节省和可能的看护的需要,是很可能会导致正在上小学的子辈辍学的。在调查所得的样本当中,受教育水平仅到小学水平的个体,也的确多数都符合上述两个情况之一,也即,要么年龄偏大(超过48岁),要么就是在父母或兄弟中有人生大病。只要不是上述两种特别的情况,那么,在免费义务教育政策的帮助下,基本上所有个体都至少能有初中的学历水平。我们在调查当中注意到,自四十多岁往下的农民群体,当前年龄越低,越缺乏做农活的经验乃至技术,到当前30岁这一代人的时候,很多人已经一点农活都不会做了。我们认为,这是一个重要的显示性证据,可以用来佐证自20世纪80年代开始,农村家中子辈去上学而不帮家里做活的这种机会成本越来越低,再加上九年制义务教育政策的强化,出于为家里帮忙的缘故而辍学变得越来越没有必要。同时,初中水平个体的辍学理由中鲜少有供不起这一理由的现象也是一个很强的证据。故总的来说,小学教育水平是来自特殊情形的,只要不在这些情形之内,坚持到免学费的初中学历水平是合理的。

另一个比较特别的教育水平是高中。调查得到的本科/大专水平的个体比高中水平的个体还要多(在样本有偏的情形下,甚至是多得多）这一现象意味着高中教育水平也是有特殊的含义的。鉴于几乎所有在高中水平辍学的个体给出的理由都是清一色的"考不上大学"，综合一部分受访者的叙述，我们认为，作为义务教育阶段后的第一个收费教育阶段，高中阶段在农村的教育投资中，被认定为一种大学的预备阶段。很可能的是，一个家庭在为子辈做教育决策的时候，事实上只在考虑两种可能：要么就停留在初中水平，要么就去考大学。换言之，在做教育决策的农民们看来，如果不打算考大学，也就没有什么上高中的必要。故对30—50岁农民而言，在一般情况下，他们的父母为他们做的教育决策基本上只有一个：他们到底考不考大学。若无，则子辈个体在初中阶段就毕业或辍学，若有，那么子辈个体就会上高中并尝试考大学。

那么，对于一个特定个体而言，到底需不需要尝试上大学呢？数个受访者都提到，家中有高中生，尤其是有一个以上的高中生，对家庭而言是相当沉重的负担。这种负担不只是学杂费的负担，为了照顾应考生，家中可能会有劳动力不能出去赚工资，这一点造成的负担也相当严重（这可能是很多家庭反映孩子读高中很昂贵，但读大学不一定的原因）。那么，面对读高中的可能的高昂成本，家庭想必不希望把钱空耗在考上大学的可能性不大的孩子身上。那么，对于家庭而言，为了判断是否必要上高中，初中成绩是最主要的一个指标。可以想见的是，学生本人对上述事实也是有所认识的，所以他们会在初中阶段非常自觉地评估自己的未来出路。体现在初中辍学的自陈理由，就是大量的"不想上了"。事实上，他们未必是真的"不想上"，而是他们对家庭的经济现实的理解使得他们只得辍学去寻求就业的机会。

另外一个很有意思的问题是,如果一个家庭当中有三个以上孩子(在样本中,我们考察的是30—50岁农民的家庭),那么家庭的教育决策会怎么在孩子们当中抉择。显然,这个抉择指的就是哪些孩子更可能得到上大学的机会。不得不说,在现实情况中,什么样的家庭都有,不通过量化手段,很难观察到比较突出的规律。不过,对于一个家庭而言,由于夫妻双方一般都不会有婚前储蓄,结婚本身又比较花钱,使得家庭可能为此负债,且年轻工作者工资偏低,其经济最拮据的时期往往是在新婚到生育第一个孩子的时期。反过来,如果已经连续生育了几个孩子(指每隔不到5年就生一个小孩,这种情况下孩子们可能会接连乃至同时期接受教育,导致家庭抚养压力相当大),那么,这一组孩子的最后一个(指距离生下一个小孩很远,或是这就是最后一胎)可能会面临更小的家庭内竞争压力,面对一个更宽松的预算约束(一方面没有后来者与之竞争,另一方面兄弟姐妹中最大者可能已经非农就业并为家庭提供经济支持)。而且,最后一个孩子很可能是一系列女胎后的第一个男胎,或者是一系列男胎后的第一个女胎,那么他(或她)往往会得到家庭的特殊宠爱。在具体的例子中,基于家庭基本的经济状况,很可能出现几个小孩受教育水平都是一样的情况,在这种情况的基础上,第一个孩子可能受到上述的负面影响导致受教育水平偏低,而最后一个孩子则更可能成为一个偏差值,也许更高(利用了经济优势),也许更低(被过度宠爱)。不过,这些规律性都不甚稳健,还需要进一步的验证。不过,一个非常确凿的关系是,只要家庭当中出现一个重病或者丧失劳动能力的人,所有子女的教育水平都会被严重地往下拖累。

需要补充的一点是,至少在本村,重男轻女现象没有太过严重的影响到子女(此处指30—50岁一代农民工)的教育决策。不论是从受访者的自陈还是从样本来看,都没有看到显著的教育决策偏向男孩或者女孩的现象。然而,这并不意味着教育决策就不受性别观念的影响。60岁以下样本中,女性平均受教育年限比男性要多出一年来,这很可能来自女性在劳动力市场被歧视而引致的机会成本偏低。

接下来要讨论的就是教育水平如何影响非农就业水平了。有意思的是,从调查得到的样本来看,在教育水平对非农就业水平的影响上,总的结论相当简单:只有读大学可能达成本质性的差别,如果不读大学,受教育年限将不再是影响非农就业水平的主要因素。

事实上,这也是一个意料之中的回答。对于绝大多数城市化程度高的职业,只有接受了大学教育才算是传达了足够强的能力信号,这使得本科/大专文凭是进入市民劳动力市场的通行证。在所有农村出身的有非农就业经历的样本当中,仅1/10的人最终取得了城市户口,而他们全部都有本科以上学历。在所有能够在地级市及以上级别①买房居住的样本当中,有一小半人是通过婚姻来取得另一半的房产来实现定居的,而另外一大半人至少有高中及以上的学历,且多数为大学学历。而完成本科学业几乎可以保证该个体能够在地级市及以上的级别地区买房或租房居住,且他们从事的工作都

---

① 此处不包括榆林。

是典型的原城市居民集中从事的工作，而不是农村务工者所集中的工作。① 综上，几乎可以认为，有且仅有本科以上学历，可能将一个现年在30—50岁农村出身的个体变成一个事实上的城市居民，极大地提升他们的生活水平。

但是，对于低于本科水平的个体，学历能起到的作用似乎都明显减弱。不论是统计居住情况，统计工作种类还是对比不多的收入数据，我们都发现不了小学、初中和部分高中学历者的非农就业者之间存在何种显著的差别。而且，这个由小学、初中和部分高中学历个体构成的群体当中，非农就业高度多样化。尽管他们多数没有机会在地级市及以上级别定居，但在这个群体之内，从流落回村到在榆林生活的例子都是存在的。从事的工作虽然多数都是农村务工者集中的工作，但也是什么种类的都有，并没有因为受教育年限产生明显的种类和优劣上的差别。可以认为，在上述群体当中，决定个体非农就业水平的决定性因素中不再包括受教育水平。② 关于这个群体非农就业的决定方式，详见下文对第一次非农就业、信息和关系的讨论。简单来说，现实反映出这样一个特点：至少对本村的农民非农就业者而言，只要书念得不够多，教育在就业机制上所能起到的直接作用就会很快衰竭。

---

① 这里所谓农村务工者所集中的工作，指的是那些有大量农村出身劳动力集中的城市工作，包括但不限于城市打零工、建筑工人、司机等。而所谓原城市居民集中从事的工作，是那些原本根本不会由农村出身的人从事，现在也只有其中的大学生才可能从事的工作，在我们的调查中曾出现过医生、工程师、公务员、金融从业者等例子。

② 尽管通过计量手段是可能发现受教育水平在这个群体内对非农就业水平是有一定程度的解释力的，但是，在非农工作的决定机制上，至少受教育水平不再作为机制中直接筛选的一环而存在了。

学业达到高中水平的个体虽不那么多见，其内部的情况却比较复杂。有高中学历且年龄小于四十岁的个体的表现相对而言靠近大学学历个体的平均水平，可以在地级市及以上级别地区定居下来，但他们所从事的工作多数仍是典型的农村务工者集中从事的工作。对于年龄超过四十岁的那些高中学历个体而言，情况就不那么乐观了——他们就是上述小学—初中—部分高中群体的一部分。多上的三年学并没能为这部分人带来更好的工作，甚至，更夸张的是，他们在定居水平和收入数据上体现出来，比小学—初中学历群体的平均水平可能还要更差。对于后一部分人而言，上述现象发生的一个可能原因在于，根据之前所讨论的，高中学历个体事实上是考大学计划的副产品，甚至可以更直接地说，是淘汰者。由于是否上高中同时取决于家庭经济条件和子辈的成绩因素，且两个因素之间有某种互替性（从子辈成功考上大学的期望收益来看），那么很可能会出现一个作为考大学计划的淘汰群体，其能力甚至要低于部分初中学历者。即便前述情形并不发生，由于本科以前的教育在专业技能上不可能和非农工作本身对口，高中本身又占用了这部分人受技能培训的机会，且高中教育往往强化了学习和能力关联度的信念，使得高中学历者学习能力不足的信念被强化，故高中积累的纯知识性人力资本很可能无法在就业市场上获益。但是，前一部分表现较好的高中学历者的存在，可能意味着（农村的）高中学历在城市就业市场当中信号作用的增强。在高中积累的纯知识性人力资本无法对求职起到直接作用时，雇主是否相信高中能够传达一定的潜在能力水平就很重要。随着时代变迁，雇主的信念可能正逐渐变得对高中学历者有利，而这种变迁的动力可能来自调查地区的产业发展带来的对求职者能力进一步细分的需要。

◇◇7 信息和关系：第一份非农就业的视角

在受教育水平无法有效解释小学—初中—部分高中群体非农就业差异的情况下，寻求新的解释机制成为必须。回到88个60岁以下非农就业个体的总体样本，36个人的非农就业工作被称作"自己找的"，15个人的非农就业工作有具体的来源，其中多数来自朋友或是亲戚的介绍，对剩下的那些个体，受访者并不知道他们的工作是怎么找到的。

通过受访人反映的细节可以知道，这个所谓的"自己找的"其实是个非常模糊的表述。如果个体在到了工作适龄后，在没有明确信息的情况下，就立刻奔波外地去寻找工作，在更换了数个工作和地点之后最终找到现在的工作，这种情况显然算作"自己找的"；然而，如果个体是通过受访者所不知道的信息渠道（比方说，受访者是个体的母系亲属，但个体是从父系亲属那里找到的工作）找到的工作，也可能会被受访者描述为"自己找的"。

为了尝试讨论个体是如何确定在自己当前的非农就业工作上的，我们尝试收集了关于个体的第一份非农就业工作的信息。可惜的是，很多受访人并不记得相关个体的第一份工作是什么，甚至连被调查个体自己都记不清楚自己的第一份工作是什么，最后，我们收集到不到三十个个体的第一份非农就业信息。其中，约一半人的第一次非农就业和现在的非农就业工作是不同的，而另外一半人的第一份非农就业工作和现在的非农就业工作大抵一致（注意，仅仅是居住地和职业是一致的，工作本身很可能有所更迭）。对这部分的调查提供了两个有趣的事实。

（1）对于所有提供了自己的第一次非农就业信息的个体而言，其现在从事的非农工作在工作地点上不会优于第一次非农就业的工作地点。此外，第一份非农就业工作和现在从事的非农就业工作之间没有确定的优劣关系。

（2）在已知个体当中，有两条寻找自己的第一份非农就业工作的路径，一条是在亲属友人提供了明确的就业信息后前去尝试；另一条是在没有任何稳妥的有效信息的情况下前往某个计划务工地点，到了当地之后再尝试找工作。

对那些没有上大学的30—50岁非农就业个体，我们称第一个事实为第一次非农就业对后续非农就业的预测作用。个体可能出于某些不同的原因，在一开始的时候前往吴堡县城，或是榆林市区，或是更遥远的外地去打工，而他们未来稳定下来的非农就业工作地点的上限事实上就已然被决定了。在具体的例子当中，只存在从更高级的地区往下降的例子，比方说前往深圳打工觉得难以坚持，之后前往呼和浩特的；也有前往苏州打工觉得难以坚持，最后返回本省的商洛非农就业的。反过来，现在非农就业地点比第一次非农就业地点要好的例子，在样本中一个也没有发现。我们推断，当一个个体来到一个地区并开始在当地从事工作之后，他对这个地区生活的适应度、熟悉度会越来越高，同时自己的社会关系也逐渐建立起来，离开这个地方去尝试寻求更好的非农工作的机会成本会变得越来越高。如果这个个体能够支持在这个地区的生活成本，那么前往更好的城市就变得没有必要，因为多元目标中适应城市生活并定居、婚育、抚养等目标都可以在当地得到满足。如果这个个体因为工作压力或者突发疾病等原因，无法支持在这个地区的生活成本，那么，为了保证多元目标得到完成，他一般会退而求其次去选择生活成本更低的地区，以避免定居或者婚育中的某个目标因为经济压力无法完成。①

在调查当中一个时常出现的情形是，由于某个个体预先在某个地方找到了某份较为稳定的非农工作，他的适龄亲属也跟着他一起到同样的地方从事相同的工作。这个情形往往在个体寻找自己的第一份非农就业时发生，而且通过这种渠道找到的第一份非农就业更加稳定，使得出现多组数个有亲属关系的个体在当前非农工作和居住地点上一致的现象。在具体的例子当中，大哥早年开车，后来介绍兄弟开车（也可能给自己开车，自己退居二线养车）的情况有两例；妯娌之间都从事食堂刷碗工作的情况也有两例；有许多家庭的孩子从事相同的工作，往往年龄较大的先就业，等到某个弟妹到就

---

① 在所有样本个体当中，只有一个个体为了坚持在北京生活下去而完全放弃了定居和婚姻。鉴于在近百个个体中仅此一例，我们认为这种情况对于30—50岁一代的非农就业者并不典型。然而，可以预见的是，这种情况很可能在更年青一代非农就业者当中变得更加常见。

业年龄再介绍他就业。在上述例子中均未发现职业的迁移。

以往调查数据显示，35岁以下农民工靠亲戚找到工作的比例比35岁以上农民工高了10个百分点。总的来说，上述现象是工作信息得到沿亲属关系传递的直接反映。这些工作信息可能首先由亲戚传递到父母，但受农村的传统亲属结构影响，孩子自己同父系亲属的来往甚至可能比母亲同他们的交往更密切，故一大部分信息可能是直接传达到待业者本人的，并影响这个待业者本人"自己找"工作的路径。这条信息渠道的强弱对个体的就业决策有着复杂的影响。通过调研，我们有理由认为，来自亲戚的工作信息强度越强，子代参加工作的时间越早，其第一份非农就业工作更可能坚持到后来，有亲属关系且相同工作的小团体越容易形成。

此外，信息传递乃至经济支持这样的行为往往发生在有代差的亲属之间，同代亲属如果不是亲兄弟姐妹，没有长辈作为信息中间人的话，其关系往往较浅。在数个例子当中，如果同族人中有经济地位特别突出者，或者50岁以上长辈能够在城中有较好工作者，个体找到更好工作的可能性更大。年青一代互相之间除非同城且自长辈早年开始就交往密切，不然基本不会有互相帮助找工作和经济援助的情况，后一种情况在家庭中学历差异巨大时尤甚。

但是，并非每个家庭都有足够有效的工作信息供孩子参考。有的个体在访谈中提到，他和自己的同乡从事的工作全都不一样，而他在自己工作地点发展出来的新的社交圈子里一个同乡人都没有，这是那些货真价实的全凭自己闯荡找到自己的非农工作的人的真实写照。很有意思的是，如果有亲属能够传递足够有效的工作信息，那么正在寻找自己第一份非农就业工作的个体往往会萧规曹随，体现出非常强的风险规避倾向。然而，一旦没有适用的工作信息，这种找第一份工作全凭运气的情况就会发生，我们看到数个个体在第一次尝试寻找非农工作时就远走到北京、深圳等大城市（当然，其中很多人因为无法应对高昂的生活成本开始按照第一条事实的描述去退而求其次），而这更像是一个相当风险偏好的行为。那么，农民择业时的风险态度到底是什么样子的？我们认为，在信息充分的场合，农民择业的审慎态度足以说明他们是高度风险规避的，而所谓看似风险偏好的单独闯荡行为，事实上来自个体对务工信息的极度缺乏——缺乏到完全认识不到未来风险的程度。择业中的个体极度依赖自己所知道的那一点点信息，并希望尽快消除不确定性。如果没有亲属传达的信息，很可能择业个体对城市务工的印象就仅限于对个别大城市或是邻近城市的模糊传闻，当这种信息不充分性对决策的影响超过风险规避态度带来的影响后，看似风险偏好的行为就会发生。此外，信息的不充分也反映在家庭的教育决策上，"自己找"到非农工作的群体的平均受教育年限比明确经人介绍才找到非农工作的群体的平均受教育年限要高出一年，这很可能说明，在信息不充分的条件下，也有一部分家庭选择让子辈继续读书这样的稳妥措施。

尤其要强调的一点是，我们认为对于个体非农就业而言，在低于大学学历的阶段，信息的传递超过受教育水平成为第一决定性的要素，而在信息传递的各渠道当中，亲属渠道要比社会渠道影响更深远。这个观点的前半部分来自前文陈列的证据，而后半部分则来自这样的事实：一个个体的社会关系，是在他从事了第一份非农工作之后才形成的，并且很受第一份非农工作的影响，而第一份非农工作的信息来源，在相当程度上依托于亲属关系。在第一份非农工作开始后，就业个体往往会围绕自己所从事的工作形成相应的社会关系。具体来说，非农工作主要是打零工的人会相互认识，当其中一个人找到活时，就会知会其他打零工的人一起过去；类似地，货车司机的朋友圈里都是各种货源、货车司机、养车人和运货信息中介，厨师的朋友圈里也常常是厨师和餐馆经营者，一旦他们工作有变动，就很容易在自己已经形成的社会关系里找到适合的工作。在这种情况下，这些在非农就业渐趋稳定的过程中逐步形成的社会关系，会对非农就业自身的稳定形成正向反馈，从而组成一个循环，驱使个体稳定在特定的非农工作当中。在多数情形中，社会关系下的择业特点就是这样，即便工作本身被数次更换，个体也不会脱离特定的产业圈子。那么，此时最有意义的问题就在于，是哪种力量将某个个体推入特定的产业圈子呢？正如前文所示，将个体推入特定产业圈子的，要么是毫无信息只身闯荡的自己，要么就是足够有效的来自亲属的工作信息。这也就是为什么要说亲属渠道比社会渠道对个体（大学学历以下）非农就业的影响更深远：社会渠道往往和已有的非农就业之间相互强化形成循环，而亲属渠道的信息则可能决定个体会落到哪个循环里去，进而间接决定了个体未来的非农就业水平乃至定居水平。

当然，这里面存在一个问题，就是为什么不强调第一次非农就业也受到个体在上学期间取得的同学关系或者是同乡的朋友关系影响。我们不排除这种影响的可能，但是在调研当中，我们没有找到任何一个明确自己的就业工作是来自同学或是同乡介绍的例子，然而，听从同学介绍去做美容培训但最终失败的这样反过来的例子是存在的。当被问及是否还和同学或者同乡联系时，很多受访者反映，在工作不同且工作压力大的条件下，鲜少有这样的交流机会，这也是一个同学或同乡关系远不如亲戚关系传达的信息有效的证据。很可能，同学和同乡关系之间传达的信息也是模糊的，这些关于工作和城市的模糊信息通过这些关系在年青一代农民当中得到普遍化，从而成为前文所述的模糊信息的一部分。

此外，非农就业的决定过程中仍然存在重男轻女观念的直接影响。尽管这种影响总体来说已经日渐式微，相当多的农村家庭对哪个性别的子辈获得教育和从事工作已经不再像之前那样敏感。但在调查中，仍有数个女性在非农就业上被父母过度限制的例子。这种限制往往来自一个普遍的假想理由：如果女孩子离家太远，就有可能被拐跑或是不务正业。出于这种理由，一些家庭直接限制自家的女儿到太远的地方去打工，也有的家庭哄骗自家的女儿从事留在本村或是本镇的工作。不过，这些限制往往起不到施加者想要的效果。

◇◇8　婚育和抚养：非农就业者与其未来

婚姻是非农就业路径上的重要节点，作为农民多元目标中的一个基本目标，其实现对每个非农就业个体而言都是必不可少的。但是，与50岁以上的那一代农民相比，30—50岁一代农民在对婚姻问题的态度上已经产生了巨大的变化。第一个显著变化就是自由恋爱作为婚姻的先导代替了说媒，在全体样本当中，说媒成婚的男性现年均在45岁以上，而45岁以下的男性都是通过自由恋爱成婚的；对女性而言，现年55岁以上者均以说媒成婚，而35岁以下者均以自由恋爱成婚，而在这两个年龄段之间则两种情况皆有。总的来说，越是年青一代的农民，越可能以自由恋爱方式成婚。

从说媒到自由恋爱的变化不只是意味着观念的变化，更意味着经济关系的变化，子辈独立从事非农就业工作所带来的经济分离在事实上降低了由父母控制子辈婚姻的可能，这个过程和历史上随着雇佣劳动关系的扩大，自由恋爱也随之流行的过程在实质上是类似的。不过，非农就业不只是为非农就业者带来了自由恋爱的可能，它还推迟了婚姻本身。

婚姻的发生对非农就业本身也有重大的影响，这种影响因性别而异。对男性而言，婚姻和随之而来的生育会极大地加重家庭的经济负担，从而逼迫男性学会储蓄和适应较为拮据的生活状态。同时，这种经济压力还要求男性必须将自己的非农就业稳定下来。在数个例子当中，男性个体在婚前一直处在不停变换工作且毫无储蓄的工作状态下，但在结婚后迅速找到了稳定的非农工作，并开始为家庭生活进行储蓄。这种变化进而反映在观念上，数个男性受访者都认为自己的观念在婚后产生了变化，开始意识到自己作为丈夫和父亲的责任。不过，并不是所有的个体都能适应这种变化。我们在访谈中遇到这样的一个例子，这个个体是受访人的儿子，在外出务工后染上了烟酒赌的恶习（其实染上这些恶习并不是个别情况，但多数个体还是想办法在婚姻和恶习中取得了某种平衡），由于他从事的工作一直不稳定且收入不高，受访人将儿媳妇和孙子们接回村中居住，留儿子一个人在外面生活。但是，这种操作的结果是，这个个体一直处在工作不稳定且收入不高的状态下，且由于恶习等缘故，他一直持续不断地从家里要钱，导致受访人家庭承受着巨大的压力。这种例子当然不是个普遍现象，但这个例子从侧面说明，从家庭中直接感受到经济压力是激励男性个体转变其生活方式的一个必要条件，儿媳妇和孙子们被接回家使得这个个体一下子失去了经济压力的刺激，从而也就完全失去了转变生活方式的激励。

婚姻对女性影响的情况则比较多样。对于多数受本科及以上教育的农村出身女性而言，婚姻对她们的影响和上述婚姻对男性的影响比较类似，都是通过经济压力激励她们将生活方式转向审慎和节约并更加努力的工作。但是，对于很多本科以下教育水平的农村女性而言，婚姻起到的效果则相当不同。很多女性期待着通过嫁一个好丈夫来改善自己的生活，在这样的观念作用下，婚姻使这些女性将自己的生活重心转移到做一个贤妻良母上。具体体现在非农就业上，我们观察到数个例子，女性在婚后放弃了自己本来有的非农工作，转而变为全职主妇，或是去从事工资低得多但更方便照顾家里人的工作。虽然贤妻良母式的对女性的规训在城市被女性更深地进入雇佣关系这一事实而削弱，调查中的相当多的女性个体也并未因为婚姻放弃自己原本的工作，但不得不说的是，婚姻对不同性别的激励取向仍然是相当不对等的。对于在微观层面上，一个女性个体更倾向于上述何种情况，往往取决于父母持有的观念和她自身可能的经历。在具体的例子当中可以发现，一个观念相当保守的受访者母亲会对她的两个女儿的生活造成相当大的影响。

不管怎样，总的来说，婚姻还是起到明显的稳定个体非农就业状态的作用。一般而言，婚姻会使得个体的非农就业水平趋于恒定，很多个体在婚后就再也没有变化过居住地点（除去父母中的一方，一般是母方，在另一个地区照顾上学中的孩子的情况），非农工作的变化也不再频繁。在某种意义上，一个个体在婚后的非农就业水平（包括以定居水平度量），事实上也就是这个个体在尝试定居城市和适应城市生活这一目标上所达成的最终成果。

不过，一个典型的30—50岁一代农村出身的非农就业个体的家庭是禁受不住大的外生经济冲击的。突发的经济不利事件可能会使这个家庭中的所有个体的生活水平往下整整掉一个档次。具体的例子包括因为重病（如脑梗或者血管瘤）、车祸或是拖欠工资导致的生活降级，这种生活降级最直接的反应就是定居的地区水平下降一档，比方说从太原返回吴堡，甚至是从城市回乡村。总的来说，绝大多数非农就业个体只要离开了农村，都不会再回来，极个别的回乡村的例子只有两个可能的成因：要么是村内产业的吸引（对于辛庄村而言，一个具体的例子是做挂面，不过，绝大多数农村都不大可能提供这样的机会），要么就是前述的因病致贫。

如今30—50岁一代的非农就业者所面对的抚养问题，可以说是全异于他们的父辈养育他们的时候所面对的问题。对这一代非农就业者来说，生育决策从多个变为两个乃至一个，而这些孩子将完全在城市接受教育。他们抚养后代的基本态度已然发生变化：只需要将来到世界上的这个孩子养育好就可以了。尽管这些个体的父母期待着更多的孙子辈，但正如这些个体在受访时所说的那样，"经济条件不允许生第二个"，孩子的质的意义超过了孩子的量。这一代人的非农教育与抚养之间的关系，相较于在农村的父辈而言，不如说更像城镇一般居民所面对的问题，故也没有什么农业的或者非农就业的特征可以讨论了。

◇◇9　结语：农民在哪里？

本章在对辛庄村村民以非农就业为中心的部分调查结果进行分析的基础上，以农民多元目标式的生活目的为框架，陈列了大量的关于农民非农就业与其整个生命历程相互动的事实，以期为读者展示经济学视角下，非农就业的农民群体，尤其是如今30—50岁一代外出务工的农民群体的生活经历。通过这些事实，我们希望能够展开一个以农民为中心的图景，希望在本章文字的领域内，非农就业不再服务于抽象的经济或是产业，也不再以城市的基准被评判，而是纯粹以一个农民生活的一部分出现，以此作为卷帙浩繁的正式的相关领域研究文献的一个小小补充。

在梳理调查结果和建立讨论框架的过程中，一种微妙的不协调感一直在我们的脑海中徘徊。这种不协调感来自这样的现实：我们虽然确确实实在调查真正的农村，口口声声说我们的调查对象是农民，但是我们寻找到的框架事实上与任何一个一般社会人群的生活经历没有任何本质的差别，同时，我们发现的事实是，我们所关心的农民，尤其是30—50岁的年青一代的农民，他们和我们所熟悉的城镇居民群体有很高的同质性。尤其对于30—50岁的年青一代，他们基本上没有做农活的能力，其中最年轻的一部分人甚至不辨菽麦；他们对城市抱有的期待超过对土地存留的感情，土地在他们眼中的形象就如同在城市人眼中的形象一般虚无缥缈。如果将本章中象征着农民的主语掩盖，那么，可能会有相当多非农民读者也会对里面的诸多现象感同身受。名称的差异已经开始逐渐超出具体所指的区别。

一方面，这样的不协调感意味着某种城镇居民对农民的隔绝式的共同幻想的存在，而我们也深受这种共同幻想的荼毒；另一方面，这种不协调感也确切指向一个现实的现象：如今还被称为农民的那个群体，有相当一部分已经踩在了农民词汇本来含义的边界上。如果说我们所感兴趣的这一代农民身上事实上还有着相当明显的农村生活的印记的话，那么，他们完全在城市接受教育的下一代呢？合理的推断与现实的观察告诉我们，我们没有理由再称这下一代人为农民，他们和城市中的同龄人绝无差别。

可是，故事不会这么皆大欢喜地结束。调查结果毫不避讳地提醒我们，我们所关心的这一代农民和一般的城镇居民，在生活方式、居住条件、收入水平上，依然存在着不可忽视的差别。而这种客观可以被观察到的差别，最终会衍生出观念上的新差别。对于辛庄村的这些孩子们，传统农民生活的诸多特征很可能会在几十年内变为历史，后人不能再直观地想象到所谓农民的生活，所谓不同于市民的那种生活具有何种具体的形式。然而，"农民"可能依然在那里，新的"农民"会在旧的农民的遗留上拔地而起，重新将社会当中经济高度联系的两个人群，用观念的幕遮挡起来，投下巨大的阴影。

第八章

乡村产业中的企业家

辛庄村作为一个普通的陕北农村，一无资源，二无交通，在山沟沟中发展企业实属不易。在村中走访多日，有关企业的信息实在不多。上一个严格意义上的村办企业，需要追溯到人民公社阶段。然而改革开放"包产到户"的春风一吹到黄土高原，当时参加粉条厂的村民便"一哄而散"，作为集体经济的代表产物，当时村里唯一的粉条厂便就此退出了历史舞台。

那么辛庄村村民是否三十年来终日以传统农业为生？显然不是。农民在农闲时便会参与到各种各样的副业中来，随着粮价的下跌，有时副业带来的收入甚至远远超过了农业所得。问题在于，这些副业从未完成从传统手工业到现代企业的过渡。要完成这样的过渡，则需要发扬企业家精神。所幸的是，辛庄村涌现出了一些潜在的乡村企业家。在当地特色的家庭手工业——挂面产业中，有一家具有企业家精神的个体户脱颖而出；另外，新任村领导班子也在尝试进行集体种植，由村领导担任企业家的角色。

下面我们将分为个体经营和集体经营两个部分进行介绍。

◇1 个体经营——乡村企业家的前景

1.1 兴起与挫折

手工挂面,作为一项榆林市吴堡县当地的传统手艺流传已久,但是至今没有一个确切的说法。据村民讲,吴堡人做挂面的历史可上溯至汉唐时期,而吴堡传统文化研究者霍绍祥在他的民间传说《吴堡挂面的故事》中记载了道光年间的挂面故事,其中甚至还可以将挂面历史追溯至宋仁宗时期。[①]

然而这一民间美食长期以来没能走出陕北的沟壑,而是仅仅停留在当地人的餐桌上。当地人接触到外界的食物后,挂面在当地餐饮的地位受到了一定影响,再加上本地劳动力的不断流失,手工挂面的需求其实在不断下降。10年前,吴堡县生产的手工挂面只能卖到每斤2元多,费工费时,一年下来收入甚微,村民们宁可出去打工,也不愿意加工挂面。

2006年,时任张家山镇党委书记的王德烽在下乡中,看到了一架架挂面挂在窑洞前,场面十分壮观。得知这一现状后,经过深入了解和市场调研,他觉得手工挂面产业大有可为。于是他敏锐地发现并抓住了潜在的机遇,向外界大力推广本镇的手工挂面,每到一

[①] 《悠悠挂面情》,吴堡县人民政府网,http://www.wubu.gov.cn/zjwb/lsrw/whcl/wh/sw/11573.htm,2014年5月8日。

处都要鼓励、宣传张家山手工挂面，当地人都叫他"挂面书记"。

吴堡县人民政务网站显示，从2009年张家山镇举办首届手工挂面研讨会开始，该镇出台了一系列关于鼓励挂面产业发展的优惠扶持政策，并奖励了挂面生产大户、销售大户。生产规模投资在500万元以上的，最高扶持资金达40万元，对取得QS认证、有机食品认证、绿色食品认证、发明专利等证件的一次性奖励1万元。①

2014年，《舌尖上的中国》报道了张家山镇高家塄村的张爷爷手工挂面，瞬间引爆网络。陕北的手工空心挂面就此走出了黄土高坡的山沟沟，成为了大众眼中的新鲜事物。挂面的市场热情立刻被点燃，一时间来自全国甚至全世界的消费者都知道了吴堡挂面这个名字。甚至有一家全国连锁的餐饮企业与张爷爷一家签订合同，学习挂面技巧。市场需求被发掘出以后，价格水涨船高，做挂面的利润也得到了直观的增长。原本已经放下挂面手艺的老人们又重拾挂面技艺，政府也积极组织村民学习挂面技术，并对制作挂面的家户给予相当程度的补贴。一时间，众多家户纷纷投身挂面热潮，最终形成了以高家塄村为中心，向全县辐射的挂面生产格局。我们观察到，正是由于挂面，许多原本在外打工的年轻人返回农村，形成了一股与人口流向大背景相反的流动。

制作挂面的工序并不复杂，但其精髓在于用料的比例，温度、湿度、醒面时间等诸多要素也需要得到一定的控制。从和面开始，历经搓条、醒面、上条、醒面、上架、晾晒、切面、包装等数项流

---

① "吴堡柳青故里：一根挂面的'创业新史'"，吴堡县人民政府网，http://www.wubu.gov.cn/xwbd/zwyw/24164.htm，2015年12月9日。

程。工序一道接一道，不得间断。从凌晨四五点，村民要一直忙碌到下午三四点，一天的挂面生产才算结束。用村民的话来说，这样的工作虽不要求下大力气，但工序繁多、耗费时间长，年老体衰的老人难以独立完成制作。这也是我们为什么"惊讶"地发现，村中做挂面的家户都有青壮年劳动力参与制作的原因之一。

制作挂面的设备主要是和面机、搓条机、晾晒用的挂面架子及各类锅碗瓢盆。根据村民的说法，2015年政府各项补贴扶持措施落地，乡镇组织工商局等相关人员来到农村现场办公，卫生检验等手续也由镇政府统一组织办理，将成品定期送往西安检验。除了提供手续上的便利，政府还规定，凡注册申请了挂面生产的农户，就能获得5000元的启动资金，对于挂面架子也有一万元左右的成本补贴。获得如此补贴之后，家户还可以通过免息贷款补足其余设备的固定成本投资款项。

制作面条的原料则主要是面粉、玉米面粉和盐。玉米面粉在搓条等环节加入，可以防止面条之间相互粘连，大约消耗20袋面粉的同时就会消耗1袋玉米面粉。而加入盐可以改变面中蛋白质的排列，使得其更筋道易于牵拉。面粉的价格为85元/袋（25公斤），玉米面粉的价格为75元/袋（25公斤），盐的价格则超过了100元/袋（50公斤）。对于有4个劳动力的一户人家，一天时间可以做出100斤左右的挂面。这样的一户挂面作坊，基本上每十几天就会用完一袋玉米面粉，一年下来盐也会用掉十几袋。村民直接使用自己抽出的井水，因此水费和抽水用的电费可以忽略。

挂面的销售渠道大致分为两种，一种是统一收购，即为高家塄村代做，交给相关经销商，再使用高家塄村的品牌售卖；另一种是自己通过电商平台直接销售。乡镇统一收购的价格为6元/斤，而在电商平台上的销售价可以达到甚至超过8元/斤。相关内容我们将在后一部分具体分析。

但值得注意的是，这样的挂面家庭作坊并没有放弃传统种植业。他们仍然将自己视作陕北的普通农民，尽管制作挂面这样的手工业带给他们的收入远远超过了传统农业所得。好在这里的种植业并不需要耗费太多时间，挂面的制作不会受到太多的影响。农民每年的四五月份开始播种，九月份左右收获。在此期间，一般情况下无须定期灌溉和频繁的料理。所谓"靠天吃饭"，陕北农民在面临旱灾等严峻情况时，表现出的更多是束手无策，人的主动性很难抵挡天灾。除去农忙的时间、下雨刮风等恶劣天气，每年用来制作挂面的日子大概有200天。再考虑到中间品变质等损耗因素，上述一家有四名劳动力、日产百斤的挂面作坊，每年的利润为五六万元。

然而，我们在走访中发现，普通村民和挂面作坊的家户明显对今年（2019年）的市场行情有着消极判断。从2014年《舌尖上的中国》热播，到2015年全镇各项扶持政策落地、村民开始大规模生产，再到市场初步的竞争淘汰掉第一批技术不过关的作坊，2019年很可能成为挂面生产的一个新转折点。随着时间推移，挂面逐渐失去了新鲜度，消费者对于挂面的需求已有萎缩趋势，越来越多的人能感受到"今年的生意越来越难做了"。在这种新形势下，我们认为，只有乡村企业家，才能在新一轮市场变革中存活甚至壮大。

1.2 乡村企业家与传统农村手工业者

其他村民称呼挂面作坊家户为"做挂面的",而与普通家户区分开来。显然,"做挂面的"家户近几年获得的收入是其他普通家户比不上的,在村民心中也有着不同的地位。但同样是挂面家庭作坊,我们先后调查的两家就有着迥然不同的风格:一家的挂面技术是由家庭传承的,他们不断探索新的挂面种类,自己摸索出了十几种蔬菜面、水果面的制作方式,并通过电商等渠道积极推广(后称乙户);另一家的挂面技术是跟着政府组织的培训班学习的,他们同样勤勤恳恳地工作,但无意在工艺和销售渠道上进行新的探索(后称甲户)。将两家对比,我们立刻得到了一幅生动而丰富的图景。

甲乙两户的挂面作坊都同样有4个劳动力:老农民两口与儿子和儿媳妇。他们制作挂面的工序和技术手段大同小异,并且都要辛苦地从凌晨忙到下午,才能结束一天的挂面制作。两家都有长长的挂面架子,每天的产量也接近,年利润也相差不多。

然而,乙户的产品包括了原味面、菠菜面、豌豆面、火龙果面、荞麦面、萝卜面、桑葚面、南瓜面、野生苦菜面、鸡蛋面、艾草面、薄荷面等各种添加了其他原料的挂面;而甲户只生产普通的原味面。另外,乙户介绍到,他们的挂面产品最大的特点在于含盐量低。掺杂盐分显然是出于工艺的考虑,然而摄入过多的盐分不仅影响口感,也与现代生活提倡的健康饮食相悖。一般来说,含盐量低的面弹性低、不易牵拉，要求更精湛的技术和对其他环境因素的精确把握。这显然需要付出极大的努力，才能获得从外观上无法分辨的内在优势。

1.2.1 对比图景

表8-1展示了两挂面户之间在若干企业家关键要素方面的不同。正是这些不同导致他们在面对需求冲击时的处境大相径庭。

表8-1　　　　　　　　甲乙挂面户的企业家要素比较

企业家要素	挂面户甲的表现	挂面户乙的表现
销售渠道	·销售渠道单一 ·实际已沦为高家塄村的代工户	·在线上线下积极拓宽销售渠道 ·通过跑市场将线下渠道拓宽至周围几十公里的大小城镇 ·线上销售在多平台上进行
品牌与声誉建设	·对品牌与声誉毫无概念	·通过产品多元化创新打造自身品牌 ·通过独特包装吸引回头客，利用品牌价值 ·实行严格质量控制 ·意识到品牌保护的重要性
对市场变化的反应	·被动接受 ·无利可图时退出市场	·主动学习，紧跟市场脚步 ·敏锐发现市场变化并及时做出反应

1.2.2 销售渠道

如前所述，甲户生产的挂面主要通过乡镇的经销商以 6 元/斤的价格收走。而与甲户不同，乙户的挂面综合了经销商和网上销售两种途径，但即使是通过经销商售卖，也并不是等乡镇以固定的价格来收挂面。乙户在 2017 年花了近一年的时间，主动向榆林市和邻近的山西省吕梁市两个地区内各大粮油批发商推销。刚开始，经销批发商都表示已经有很多手工挂面的供应而不愿接受乙户的挂面。但乙户对自己挂面质量心里有数，为了获得对方的认可，他们向经销商允诺，卖不出去的挂面全额退款。凭借着自己生产挂面的质量和不懈的努力，终于在两市几乎每个地区都有了供货布局。在和我们谈起那段时间的奔波劳累时，乙户的儿媳妇不住地感叹起来："有时就是这样一种信念：今天一定要把车上拉的挂面都送出去，送不出去不回家""回家的时候经常天已经完全黑了"。正是这种信念，才让乙户的挂面拓宽了销路，摆脱了镇统一收购价的约束。

另外，乙户也积极使用电商平台进行销售。先后使用过淘宝、微信、快手等 APP 来进行宣传和销售的乙户儿媳妇，对于电商的探索热情令人感叹。目前他们的销售手段主要集中在微信上，宣传主要通过快手来进行。显然微信平台不适合作为对外宣传的工具，更多的只是用来与客户联络与沟通，受众大部分也只是回头客和少部分经人介绍的新客户。而在快手上，他们可以跟随短视频社交的潮流，介绍和推广空心手工挂面。有时，为了达到更多的阅读量，让更多的人认识到吴堡空心挂面，乙户也会跟在一些网红视频之后发宣传视频。不过,乙户儿媳妇并不愿意把挂面宣传剪辑到网红视频中,因为这样有一种"骗人的感觉"。

当我们在与甲户交谈时,甲户户主也清楚在网上销售挂面的价格会更高,但他认为自己年龄较大,操作电脑等技术不熟练,不愿耗费时间和精力在线上进行宣传和销售。与此相对的是,乙户负责销售的儿媳为了掌握更多的宣传营销技巧,主动学习各种技术,主动参加政府举办的电商技术培训班。在她自己的努力下,她已经学会了一些图片编辑软件,并能立刻使用到产品的宣传中。

1.2.3 品牌建设

甲户的挂面并没有自己的品牌,他们生产的挂面最终是使用报纸包装的,当运到高家塄村后,由高家塄村再做包装。相当于说,尽管进行了工商注册、食品安全检验等手续,甲户的挂面产品并没有直接面向市场的能力,甲户只是高家塄村某品牌挂面的一个代工厂。

然而,乙户拥有自己的包装。尽管包装纸上也没有传统意义上的品牌,但是上面注明的生产商正是乙户的注册名,仍能起到区分和识别的作用。乙户的包装纸由山西柳林县的一家工厂制作。与制作包装纸的成本相比,其带来的效益更为重要。有了自己的包装纸,就得以与市场上其他挂面相区分。也正是有了自己的包装纸,乙户的挂面才得以自主销售,赢得顾客信赖的同时打败其他挂面。

之所以品牌对于乙户的挂面如此重要,是因为乙户的挂面有着高于市场平均水平的质量。只有对质量有着严格地把控,品牌建设才能发挥出积极作用。乙户每天对制作挂面都有着详细的记录，包括温度、湿度、用料比例等信息。当天气过于干燥时，他们在地面洒水来增加空气湿度；当冬天温度过低面条受冻时，他们将面条临时转入室内进行晾晒干燥工作。至于各种各样的蔬菜面、水果面、养生面，其制作所需的用料比例和环境条件，都有详细的记录。有时他们生产的挂面质量不够理想，儿媳提议将其卖出，遭到了她丈夫的坚决反对。所有质量不达标的挂面，最终只能分给村民自己食用。

目前乙户的挂面尚未获得 SC 认证，[①] 品牌的推广因此在一定程度上受到了限制。据悉，乙户正在争取获得 SC 认证。若能取得相关认证，对于他们品牌的宣传将会更加有利。

1.2.4 对市场变化的反应

如前所述，大多数挂面作坊和普通村民都认为，2019 年挂面市场将面临着需求的不足，做挂面所能获得的利润也将显著下降。然而，在我们同乙户的谈话中，乙户表示并没有相关的感受。究其原因，差距恐怕就在之前对比两家挂面生产户的表格中。

甲户基本上没有做出任何创新，品种只有一种原味面、技术是政府组织学习来的、销售渠道是乡镇统一的经销商。而乙户积极对挂面的品种、工艺、宣传、销售多方面进行创新，早已形成了与甲户不同的产品竞争优势，走上了一条不同的道路。

---

① 2018 年 10 月之前为 QS 认证。

面对可能的市场变化，甲户的态度十分明确：如果市场行情持续糟糕，还是要出去打工。而始终坚持创新的乙户，不仅化解了已有的市场危机，而且未雨绸缪，富有危机意识。在与乙户的谈话中，我们清楚地感受到他们对于市场和消费者需求的把握。他们紧跟流量大潮，对短视频 APP 的用户构成和未来发展都有着极高的关注度。同时，他们对自己有着清楚的定位和认知，即坚持以质量为保证来吸引更多的回头客。乙户对自己也有进一步提升的计划，那就是对老客户的回访和反馈。

1.2.5 创新是企业家之魂

企业家最重要的能力是创新。不论是拓宽销售渠道、品牌建设还是紧跟市场变化，都需要不断创新作为支撑。甲户消极被动的种种表现，归根结底是墨守成规、缺乏创新能力的体现；乙户正是通过从产品到渠道再到营销策略的一系列创新，完成了从传统手工业者到乡村企业家的蜕变，获取了新的市场和新的生存空间，几乎不再受到原有市场条件的影响。正因如此，在面对原有市场的需求冲击时，甲户代表的传统手工业者难以招架，而乙户代表的乡村企业家甚至对此毫无感觉。甲户的老大爷已年逾六十，而乙户的年轻两口子才二十多岁，两者之间的反差或许也反映了"长江后浪推前浪"的事实：只有具有创新活力的年轻人才可能成为带动产业发展的乡村企业家；而暮气沉沉、无创新能力者终将被淘汰。

1.3 前路荆棘密布

尽管挂面产业在政府的重点关注和相关政策的扶持下从小到大茁壮成长，但是在市场悄然变化的形势下，前路并非一帆风顺。家庭作坊的形式限制了产量，因而在销售渠道上也较为被动，同时进行创新的成本过高。如果能形成工厂式的生产，产量得到提升的同时，品牌效应将会更加显著，同时产品创新的试错成本也将得到大大下降，在应对市场变化时就有了更大的优势。因此，要想进一步发展，扩大规模是必由之路。家庭作坊的生产方式、管理模式等各方面也必须随着规模的扩大而有所改变。这对挂面产业提出了新的挑战。除此之外，乡村出身与品牌缺乏保护也是未来发展的障碍。

1.3.1 资金

扩大规模首先需要新的生产场地和新的设备。挂面户虽收入较高，但要应对各种生活开支，也难有什么结余，无力负担购买新设备、新场地的资金。尽管政府出台了扶持政策，但其基本上都是在启动阶段的一次性发放补贴，对扩大规模爱莫能助。要获得钱只能向信用社贷款。然而，据我们了解，信用社贷款需要有人担保，而不愿冒风险的农村人很少愿意担保。由此资金就成了一大难题。要解决这一问题，或者向有资金、有眼光的乡村"伯乐"寻求担保或投资，或者需要政府提供更多的补贴与优惠政策。

1.3.2 劳动力

扩大规模也需要更多的劳动力，而家庭作坊的劳动力毕竟有限，因此需要雇工。村里雇工的成本基本上是固定的——一天120元，这主要是受到了城镇工资水平的影响。然而家庭作坊式的挂面生产效率较低，基本无力支付如此高昂的工资。在现有工资水平下，要雇得起工人必须大幅提高生产效率，这也意味着要直接跳到小型工厂的规模，进一步在其他方面提出更大挑战。另一个方案是从农村中吸收闲散劳动力，主要是农村妇女，但她们往往并没有挂面技术，只能依靠政府来组织、培训。

1.3.3 管理模式

扩大规模还必须破除传统手工业的管理模式。当地曾成立一些挂面生产合作社，但是根据挂面生产户的说法，这样的合作社仅仅几个月后便难以为继。技术管理是合作社面临的最大问题。由于以自愿的形式开展合作，技术水平较低的人有更强的动机加入合作社，技术水平较高的人难以从合作社中看到收益，这样就导致合作社生产挂面的质量参差不齐，对品牌建设是毁灭性的打击。对于挂面这样的生产过程，规模的扩大带来的成本降低并不显著，结果是合作社的盈利能力甚至不如家庭作坊。要想在扩大规模的同时保证质量，就必须进行统一培训和标准化的生产。然而，在短期内这种组织只能依靠外界力量的推动。据我们了解，县政府已邀请陕西新东方烹饪学校从专业的角度培训生产技术人员，提高产品质量水平。这就有利于实现工厂化、标准化生产。

1.3.4 乡村出身

乡村出身也是乡村企业家面临的挑战之一。在同一个市场上的竞争者中,无疑是思维更开阔、更有魄力的企业家更容易获得成功。然而,即使通过外出打工等方式可以增长见识,观察和积累经验技巧,但是将其转化为行动则需要意识上的真正转变和一定的魄力。乙户的儿媳提到,她不太愿意在微信朋友圈过多宣传自己的产品,更不愿意参与到"晒单"这样的行为中。另外,她意识到在挂面销售完毕后对客户进行电话回访和进一步推销往往效果显著,却有些不好意思这样做。乡村人的朴实和腼腆反而可能阻碍了他们产品的宣传和销售。

乡村特质也导致他们在利用社会资本方面不够积极。2018年张维迎曾经带着几位商界大鳄回村走访,吃的正是乙户做的挂面。这本应是宣传品牌的大好机会,然而,他们几乎没有做出任何表示,让机会白白溜走。据儿媳说这是因为失误——当天他们的挂面没有做到完美。但在我们看来,这小小的临时失误并不关键;重要的是他们如何包装宣传自己的产品。乙户错过机会主要还是农村人的性格使然。要想获得更大的市场,他们必须突破农村给他们施加的束缚,学会更加开放、自信地宣传产品。

1.3.5 品牌保护

前一部分已经提及了品牌对于高质量商品的重要性——品牌是

避免逆向选择现象出现的重要途径。然而，吴堡县挂面在品牌保护上面临较大挑战。由于行情火爆，其他县的农民也纷纷效仿。据称佳县的一些挂面作坊也挂着吴堡县的牌子对外销售，市场鱼龙混杂，对品牌形象的维护极为不利。虽然对挂面户乙来说，目前他家的名气还没有吸引仿冒者，但盗版的威胁仍对品牌的进一步发展有所制约。品牌保护绝非单独的挂面户所能够实施，需要吴堡县政府站出来打击盗版、保护地域品牌。

总而言之，挂面产业的进一步发展困难重重。解决这些困难，一方面需要挂面户继续发挥企业家精神，寻找创新解决方案；另一方面也离不开外界力量，尤其是政府的支持。两者缺一，辛庄村的挂面产业就很可能中途夭折。

◇◇2　集体经营——乡村发展新模式

除了挂面这样由家户个体分别进行的生产经营活动外，辛庄村也即将展开集体经营的新思路。这将很大程度上改变几十年来辛庄村生产活动各自为战的局面，有望利用集体经济的规模经济效益来带动辛庄村农民脱贫致富。

2.1　霍主任的新规划

在村主任霍东征和村支书王峰峰的规划中，辛庄村将会集体种植花椒树，并开展养蚕业。利用近几年大规模平整的土地，以及即将建成的填沟广场，两位村领导相信这样的尝试能够获得回报。

从种下树苗到开始收获，花椒树需要 4 年左右的时间。成熟之后，每株花椒树每年能产出 4 斤的花椒，而目前花椒的市场价是 50 元/斤。一亩地至少可以种植 30 棵花椒树，如此计算一亩花椒林就可以得到每年 6000 元的收入——这远远超过了种植传统粮食作物的收入。而桑蚕的养殖大约需要 40 天的周期。村集体将利用统一的场所养殖，并进行"荒芜桑园"改造。如果能够克服病害等挑战，每张蚕种喂成之后可以得到 1700 元以上的收入。再加上政府对于花椒种植和蚕桑养殖的补贴政策，从这样的角度看，花椒种植和桑蚕养殖的确是不可多得的市场机遇。

然而，花椒树的种植对村民来说并不是新鲜事。在之前，村民有过少量的种植，但由于种种原因，村民当年并没有把宝押在花椒树上，而是在枣树上下了重注。枣树的收成没有低于预期，但本地枣很快受到了其他品种的冲击，加之跟风种植导致供应量的急剧增长，本地枣的市场价格便一跌再跌，以至于村民完全放弃了枣产业。村中硕果累累的枣树，也无人问津，任由枣子自然掉下。或许是对枣树的心灰意冷，不少村民对于花椒种植的前景并不看好，认为花椒树种植会得到和枣树一样的惨淡结果。

类似地，村中家户也有过小规模的桑蚕养殖。据村领导说，村中有 2/3 的老人都有养殖桑蚕的技术。对于桑蚕来说，个体经营似乎的确会受到场地、技术等方面的约束，在规模和质量上难以与集体经营相比。

2.2 大海航行靠舵手

集体经营能否成功的关键在于决策制度和村民工作激励机制的设计。有关激励机制设计的问题已经在其他章节涉及。鉴于村领导在集体经济中发挥着类似于企业家的作用，本部分将重点关注村领导的决策：为什么村领导会选择这两项产业？

2.2.1 市场嗅觉

两位村领导都有外出经商的经历，尤其是村支书王峰峰，十几年前白手起家至今，已经积累了丰富的经验，也对市场规律有了一定的观察。① 当两位村领导回到村中，开始为辛庄村的发展前景思考时，他们的市场嗅觉首先体现了出来。在人云亦云的环境中，几乎所有村民都对类似枣树这样的投资不抱任何希望，村领导却有着与众不同的独立思考。

在村支书看来，市场对于枣的需求有着很大的弹性，人们生活中并不经常需要枣。然而，花椒作为重要的调味原料，在中国传统饮食中有着不可动摇的地位。村支书因此认为花椒的市场需求缺乏弹性，其价格不会有太大的波动，也就不会出现类似枣树的悲剧。

2.2.2 长远目光

花椒树的收获要等4年，这4年中还需要对花椒树进行悉心料

---

① 有关村支书王峰峰的经历见附录。

理。在对村支书的访谈中，他提到，之所以个体往往不会大规模种植花椒树，就是因为个体在决策时不愿等待 4 年只劳动无收获的过程，也不愿承担 4 年后价格变化的风险。而集体经营就可以克服这些。在村领导的带领下，利用集体的土地，村民可以在不影响自家土地经营的情况下，为集体的花椒树经营贡献力量。

2.2.3 技术进步

技术的进步同样是集体经营能否成功的关键。在村民之前的个体经营中，花椒树的树苗需要几天才能从外地运至村中，树苗的质量难以得到保证，成活率也相对较低。如今集体种植花椒树，村委会直接联系树苗供应和运输，一车树苗可以花一天时间很快地运到村中。在村中的其他劳动力被组织起来，挖坑、施肥，做好栽树的一切准备。等到树苗运回村中，直接进行移栽，花椒树的成活率便能够超过 90%，在运输和培养前的成本损耗就得到了最大限度的下降。另外，在填沟工程结束后，村领导甚至可以利用地势建造一个小水库。水库一旦建成，花椒树和桑树的灌溉效率就会得到极大提升。

在养蚕方面也同样类似。村委会有更多的信息和更强的能力去邀请相关专家负责指导培育和卫生消毒。在设想中的养蚕基地中，温度、湿度和卫生条件都可以得到更好地控制，幼蚕的成活率和生长质量也因而会得到提高。

可以说，村领导身上与普通村民最大的不同点就是企业家精神。正是企业家精神，才使他们在辛庄村敢想敢做。也正是这样的尝试，才可能让辛庄村这样的普通农村摆脱困局，走出一条不一样的发展道路。

◇◇3 绕树三匝，何枝可依
——乡村企业家的去向

在访谈的最后，乙户的儿媳告诉我们，她下半年就要陪孩子去县城上学，将要离开辛庄村。虽然她的丈夫还会继续做挂面，但少了她，乙户不仅失去了一个劳动力，更失去了一位富有进取心和企业家精神的销售人员。她的语气中多多少少有几分无奈和不甘。

城镇化大潮滚滚而来，任何个体都不可能独善其身。当大多数劳动力，包括教师和医生都随着更高的工资待遇流向城镇后，农村的教育、医疗行业的质量就成了问题。乙户的孩子到了上学年龄，而镇里的小学质量堪忧，儿媳这才不得不去往县城。这一去，便可能再也不会回到农村。尽管我们推测她仍会在城里继续挂面销售事业，甚至以后有可能举家搬迁到城镇，把挂面做大，从乡村企业家变成城镇企业家；然而，乙户的离开对辛庄村的挂面产业来说则是雪上加霜，"留不住人"的农村本身依旧没能得到进一步发展。

所幸的是，村支书王峰峰与村主任霍东征回来了，他们正在努力改变辛庄村的面貌。他们都曾经是企业家，闯荡江湖多年后回到家乡。根据村支书的说法,他回到村里要大干一场,有为了自己仕途发展的考虑。但不可否认的是,在村中,他们发挥着企业家的眼光和智慧,为农村发展注入活力的同时,试图闯出一条致富之路。

乡村企业家的一去一回象征着两种不同的力量。乙户儿媳的离开,是市场规律的结果:城镇以其更高的工资、更好的基础设施(包括教育、医疗等)吸引走农村有能力的年轻人。乙户年轻两口当初的回村,以及王书记和霍主任如今的归来,则应归因于政府。政府的政策扶持了当地产业的起步,同时也给他们提供了职位和社会地位,以及发挥自己能力的空间。乡村产业的发展,取决于乡村企业家的去留,而这则取决于上述市场与政府力量的对比。市场的力量是相对稳定的,因此乡村产业的发展取决于政府的态度。如果政府能够想方设法吸引有能力的企业家留在农村,乡村产业发展将大有可为;反之,如果政府无视这种人才的流失,乡村前景则依旧黯淡。

乡村出身的企业家,除在农村进行个体经营之外,尚有另一条道路,那就是去城镇做生意。这条路虽然风险较高,一旦走通,收入远非个体经营可比。辛庄村生意人的典型代表是现任村党支部书记王峰峰。他的创业经历起起伏伏,最终在风险暴露时及时止损,成功衣锦还乡,走上了干部的道路。他的创业史当然是个例,无法套进任何一个理论框架;然而,我们不难从中一瞥乡村生意人的必备能力,以及他们的命运。

3.1 缘起

王书记在1979年出生于辛庄村。初中毕业后，他就读于张家山镇上的卫生学校，随后在县里开了一个小诊所。他十分为病人着想，药品论片或小瓶卖，病人随需随买，绝不浪费一分钱。此举便宜了病人，却苦了他自己。诊所病人虽多，但房租甚高，一年需五六万元。他所卖药品又较同行少，因而收入不高，仅勉强糊口而已。

王书记年轻时就爱做生意。据他的说法，做生意是"自己说了算"，不像做农民"靠天吃饭"。在开诊所期间，为贴补家用，他做起了红枣的中间商，利用上下班之便将村里的红枣运到县里去卖，赚取价差。他坦言，如果没有后来的一系列机遇，他很可能与许多同乡一样，停留在这一步，"赚不了几个钱"。

3.2 初创

开诊所虽然收入不高，却有着一些意料之外的好处。由于形形色色的人都会来诊所看病，王书记逐渐积累起了一定的人脉，其中也包括了一些老板。这些老板就成了他的仰慕对象。他向往着像那些大老板一样，有一掷千金的"实力"与"魄力"。抱着这种心态，他逐渐结交上了一位老板，向他讨教"生意经"。起初他先跟着老板一起做生意，积累经验；当他想开始自己的生意时，老板向他推荐了倒卖废铁的行当。那是2009年，在"四万亿投资"热潮席卷之下，钢材需求猛增，各大钢铁厂纷纷收购废铁作为原料。当时又大兴房地产与基础设施建设，工地多，废钢也多。因此，倒卖废铁有稳定的进货与销售渠道，进价、售价与运输成本都相对确定。尽管利润微薄，这却基本上是一门稳赚不赔的生意。

唯一的问题是资金。要收购并运输废铁，需要一定的初始资本与几辆卡车。王书记与几个合伙人商量，一人凑20万元贷款。他问亲戚借钱，没人愿意借；他又希望向农村信用合作社贷款，可是没人担保，合作社不愿贷。此时，他的妻子挺身而出替他解了燃眉之急。妻子在卫生院工作，属于事业编制，有稳定的收入，还款相对有保证；妻子又向卫生院院长求情，恳求院长担保。最终，院长同意担保他妻子贷20万元，由此他开始了经商生涯。

3.3 发展

在废铁回收生意上，王书记可谓倾尽全力。他与合伙人不仅雇工，而且亲自上阵，起早贪黑地做，有时下午五六点才吃第一顿饭。几年之后，他们顺利积累起了一些资本。与此同时，由于经常去工地上收废铁，他们也逐渐摸熟了工地上的一些情况。他们发现租赁脚手架有利可图，而且收入稳定。于是他们又通过各种渠道凑了200万元开起了脚手架租赁厂。又过了一段时间，他们又到神木县做起了钢材贸易代理，为北京建工集团提供钢材。由于"厂家必须要现金，代理可以赊账"，钢材贸易面临一些现金流风险。尽管如此，正所谓"风险越大收益越大"，钢材贸易利润丰厚，几年时间就从三四百万元做到了一千万元。

回想起这段经商生涯，王书记有两点感悟。第一，做生意主要靠诚信，只有诚信经商才有生意做。第二，艰苦付出总有回报。没有当年他在废铁回收生意中的辛苦打拼，也就没有今天。

经过在市场上多年的摸爬滚打，王书记的资金越做越大，他对市场的把握也越来越敏锐。他说："站得越高，看得越远。做得多了，也就知道哪些生意能做，哪些生意不能做。"然而，这句话似乎说得有些过早。就在下一门生意中，他遭遇了滑铁卢。

3.4 挫败

为了博取更大的利润，王书记及其合伙人凑了1000万元资金后，到内蒙古做起了"煤场"。这门生意主要是在煤价低时收购囤积煤炭，煤价高时卖出。更直白一些说，就是煤炭投机。这自然风险巨大。王书记仗着多年经验，认为自己可以通过市场情况预判煤价。然而，他未曾料到国家环保政策的急剧变化。每次环保政策收紧，都有大量工厂关停；政策放松后又重新开工。这导致煤炭价格意料之外的剧烈波动。王书记及其合伙人很快赔了钱。意识到情况不妙，他们及时撤出了这一市场。

失败的经历严重打击了王书记做生意的信心。在我们的访谈中，他反复提道"做生意就是赌博""当年我们就是胆大"等。意识到其中巨大风险的他已不愿回到生意场。他已在榆林市和吴堡县城里买了房，自觉在物质上已经满足。因此，他转而寻求更加安稳的职业——公务员。他听说连续两届评上优秀村支书就有考公务员的资格，于是回到村中当上了这一职位，准备在村里有所作为，铺平他的公务员之路。他在村中的贡献，正文中已有所提及，这里不再赘述。

王书记的创业故事就这样戛然而止。或许，他骨子里仍然是一个农民。

◇◇4　结语：套利型企业家与创新型企业家

按照张维迎老师的理论，企业家分两类：套利型企业家与创新型企业家。如果本章中的挂面户乙算是创新型企业家代表的话，那么王书记正是套利型企业家的典型。他们并不自己生产产品，而是在市场上寻求套利机会，做市场的"润滑剂"。或许如王书记最后所说，套利型企业家主要靠的是"胆大"，以及对市场的敏锐嗅觉。创新并非是成为套利型企业家的必要因素。按张维迎老师的说法，过去几十年中国的发展很大程度上靠套利型企业家，而未来则更加需要创新型企业家。[1] 王书记创业与退出的经历或许正是这一过程的缩影。

---

[1] 张维迎：《从套利到创新：企业家与中国经济增长方式的转变》，《比较》2017年第2期。

第九章

商品流通、贸易与信贷

◇1 三位高中生的选择

"如果张维迎没有选择去考大学，那他现在应该和我一样是个农民吧"，采访即将结束时，张建军操着吴堡方言叹气地说道。早已被生活重担压得喘不过气来的张建军依旧在悔恨着自己的青年时光，即使他已经年近花甲。很庆幸，我们在同一天同时面对了三位同时代的高中毕业生：张维迎、张建社和张建军。命运看似如此的不公，他们来自同一个村寨，有的成为了中国知识分子界的翘楚，有的却终生与陕北的风沙做伴。这也不得不让我们去思考：为何起点相同的他们人生境遇竟如此的千差万别？

张维迎是我国著名的经济学家。张维迎出生于1959年，尽管家中子女众多，但张维迎还是获得了读书的机会，再加上良好的家庭教育环境，张维迎自小便学习刻苦成绩优异，据村里人回忆，儿童时代的他总是能考全校第一，让周围人羡慕不已。高中毕业后，因社会原因，他回辛庄村做了村支书。由于成绩优异，曾多次有人邀请他当老师。父母还是挺希望他当老师的，在当时的时代背景下，当老师领公家饭，不用受干农活的罪，但他还是毅然拒绝了。农民时期的张维迎没有丢掉学习，他总是会在工作间隙抽出时间来温习功课。人是无法逃脱时代的洪流的，但幸运的是，他在第二年赶上了中国高考制度的恢复这一历史性的事件。尽管在第一年高考中最初录取时落榜，但他后来还是被补录，成功考上了西北大学，由此开始接受到高等教育。在国家体改委中国经济体制改革研究所工作数年后，他被公派到英国牛津大学留学。毕业之后，张维迎去了北大中国经济研究中心，逐渐成长为中国知名的经济学家，也履任过北京大学光华管理学院院长。他在海外留学的孩子同样的优秀，成绩优异，也在沿着经济学这条路一直走下去。

张建社是辛庄村的会计，年轻时还是远近闻名的木匠。按照农村惯有的宗族关系，张建社比张维迎大一辈，算张维迎的叔叔，尽管他俩都是1959年出生。同时张建社和张维迎从小学到高中毕业都在同一所学校就读，小学到初中还是同班同学。高中毕业后，同样因为社会原因，张建社回到了辛庄村老家。与张维迎不同的是，除了接受过高中教育，他还做得一手好木工活。据张建社本人回忆，他后来不选择考大学的原因很简单，那就是手艺人能挣到更多的钱。在他高中毕业那会儿，一个木匠一天能赚3元钱，一个月便能挣90元，而当时一个公务员的工资也不过50元。公职人员不仅工资较低，而且受教育时间长，家庭往往无法负担。于是，他没有任何动力去考大学，他开始出村去做木匠活来补贴家用。"只是后来不知怎么地，公务员的工资噌噌噌地往上涨，而木匠收入却没怎么变动，而且公务员还坐办公室吹空调，我才开始意识到我选错了"，张建社笑谈道。尤其是当他看到自己的儿时玩伴张维迎毕业后前途无量并为国家发展建言献策时，他更认识到知识和人才的重要性。由于自身吃过亏，张建社很重视对子女的教育，时常叮嘱他们读书才是脱离农村的唯一方式。读书仍然是跨越阶层的最安全也最受欢迎的方法，甚至在当今中国。他的三个子女都考上了大学，在大城市里有着稳定收入的他们已成家立业拿着高工资并买了房，成为了令无数农村人羡慕的城里人。晚年的张建社十分幸福，作为村会计的他每天为农村的事务忙碌着，晚上回家和孙子孙女们视频聊天，老伴儿（后妻）则在隔壁的佳县帮她的孩子带孙子。每年拿到9000元的村干部酬薪，在农忙时节干干农活，日常生活也没啥支出。在子女的多次请求下，张建社决定在村里干完二十年村干部后搬去城里养老，毕竟二十年的村干部可以领到退休工资。他感叹着自己生活在一个幸福的时代。

张建军一家在之前的贫困户认定中被列为贫困户，享受着国家的各种优惠政策。同样按照张氏宗族排序，他和张建社同辈，是张维迎的叔叔，尽管比张维迎还小两岁。张建军的父亲是老红军，曾在延安时期做过毛主席的卫兵。20世纪40年代，张建军的父亲退伍回村当了老师，闲暇时会去种地，所以张建军的童年生活也较为殷实。张建军本人说道，"我那会儿由于家庭条件好，不想读书，算是村上的'花花公子'，后来读了个民办高中。父亲暴力的教育方式让我心生厌恶，高中毕业后，什么也不干，就整天在村里游荡"。确实，青年时代的游手好闲给之后的张建军带来了不小的麻烦，没啥技能的他也只能够在村里务农。张建军还不懂得如何教育孩子。和其父亲一样暴力式的教育，他的两个儿子还是在高中毕业之后便草草地进入了社会。他们融入社会的过程并不太顺利，大儿子没有固定的工作地点，在周围县市四处寻找务工的机会，小儿子则在重庆打工，只有过年才会回家。大儿媳在家里带三个小孩，除了带孩子，她什么也不干。家里由于大儿媳在生第二胎时难产而花费了五万元钱，由于第二个孩子一直没有户口，所以这笔钱也无法被医疗保障所覆盖，只能找亲戚求助。当我们问及他们家为何不通过做挂面或养羊等产业来脱离贫困时，他说道，"这些东西没有你们说的那么简单，做挂面两个人每天得工作18个小时，养羊也还要经常出去放羊。自己一个人做不了，家里人又不想做。我和老伴就四处打打零工维持生活，实在不行就赊赊东西"。显然，张建军家逃离农村似乎是一件遥遥无期的事情。

在那一天对三位高中毕业生的人生经历有了简单的了解之后，我们可以发现命运真的很公平，人生的高度总是离不开人力资本的积累，人力资本的增长需要时间的投资。张维迎对自己有着很高的要求，其不断学习的过程也不断地提高他的知识水平，个人拥有着极高的人力资本；张建社有着不错的手艺活，再加上对子女良好的教育，使得家庭拥有着较高的人力资本；而张建军在自身虚度光阴之后也没有教育好孩子，再加之劳动人口比低，使得家庭的人力资本处于低水平阶段。生活水平与人力资本水平有着极强的关系。

◇◇2 人力资本

人力资本思想最早由古希腊思想家柏拉图论述,他在其著作《理想国》中提到教育和训练的经济价值。亚里士多德也认识到教育的经济作用以及一个国家维持教育以确保公共福利的重要性,但那时的他们只是把教育视为消费品。第一个将人力资本视为资本的经济学家是亚当·斯密,他在劳动价值论的基础上提出了劳动技巧的熟练程度和判断能力的强弱制约人的劳动能力与水平,而劳动技巧的熟练水平要经过教育培训才能提高,教育培训则是需要花费时间和付出学费的观点。斯密认为经济增长主要表现在国民财富的增长上,财富增长的来源则取决于:一是专业分工促使劳动生产率的提高,因为分工越细人们劳动效率越高。二是劳动者数量的增加和质量的提高。李嘉图继承并发展了劳动价值论,坚持了商品价值量决定于劳动时间的原理。他还把人的劳动分为直接劳动和间接劳动。直接劳动是指投在直接生产过程中的劳动,它创造商品的价值;间接劳动则指间接投在所需生产资料上的物化劳动,它不创造价值,只是把原有的价值转移到商品中去。

在20世纪之前,人们对人力资本的作用和意义没有给予充分的重视,尽管亚当·斯密在18世纪便已经把人力资本投资视为了投资。1906年,费雪首次提出人力资本的概念并将其纳入经济分析的理论框架。T. W. Schultz则在他的演讲中第一次系统地提出了人力资本理论，并首次阐述了人力资本在经济增长等方面的作用。他主张把教育当作一种对人的投资，并且认为教育带来的成果就是人力资本水平的上升，人一旦接受教育就"能够提供一种有经济价值的生产性服务，它就成了一种资本"①。在另外一篇文章中，T. W. Schultz 将人力资本定义为"人民作为生产者和消费者的能力，是体现于人身体上的知识、能力和健康"②。Becker 则进一步拓展人力资本的范围，认为"人力资本不仅意味着才干、知识和技能，而且还意味着时间、健康和寿命"（G. S. Becker, 1987）。

中国学者李建民认为，个体的人力资本与群体的人力资本存在差异。对于个体，人力资本是指存于人体之中的、后天获得的具有经济价值的知识、技术、能力和健康等因素之和；对于群体，人力资本是指存在于一个国家或地区的人口群体每一个人体之中，后天获得的具有经济价值的知识、技能、能力及健康等质量因素之整合。王金营对人力资本则做出如下定义：人力资本是由通过投资形成的凝结在人身体内的知识、能力、健康等所构成，能够物化于商品和服务，增加商品和服务的效应，并以此获得收益的价值。这是一个对于个体而言的一般意义的定义。对于一个国家和地区而言，人力资本是一个总体性的概念，可定义为：总体人力资本是指一个国家或地区中每个人具有的知识、能力、健康等个体人力资本构成因素的整合，并且能够物化于商品和服务，提高产品和服务产出效应的价值。

---

① T. W. Schultz：《论人力资本投资》，泽珠华译，北京经济学院出版社 1990 年版。
② T. W. Schultz：《改造传统农业》，梁小民译，商务印书馆 2006 年版。

◇◇3 传统农业

"在传统农业中,生产要素配置效率低下的情况是比较少见的。"① 传统农业是一个经济概念,所以不能根据其他非经济特征进行分析,而要从经济本身入手。从经济分析的角度来看,"传统农业应该被作为一种特殊类型的经济均衡状态"。印度1918—1919年流行性感冒后的情况很好地印证了舒尔茨的农业观点。印度在1918—1919年所发生的传染病使得农业劳动力大约减少了8%,这使得谷物播种面积也急剧减少。在驳斥了刘易斯等主流经济学家的零值农业劳动学说后,舒尔茨提出了改造传统农业的方法。

农业在经济生活中并不是可有可无的部门,它是国民经济中最具有基础性意义的经济部门,对农业的过度汲取是不合理的。世界银行 WDI 和宾州大学世界表(PTW9.0)中包含了三张对比图(见图9-1),三张图的横轴均为一国人均 GDP 和美国人均 GDP 的比值,纵轴分别为美国农业劳动生产率与一国农业劳动生产率的比值、美国工业劳动生产率与一国工业劳动生产率的比值和一国工业与农业生产率比例和美国工业和农业生产率比例的比值。由此可以看出,穷国的农业劳动生产率和美国的农业劳动生产率之间存在巨

---

① [美]西奥多·W. 舒尔茨:《改造传统农业》,梁小民译,商务印书馆2006年版,第33页。

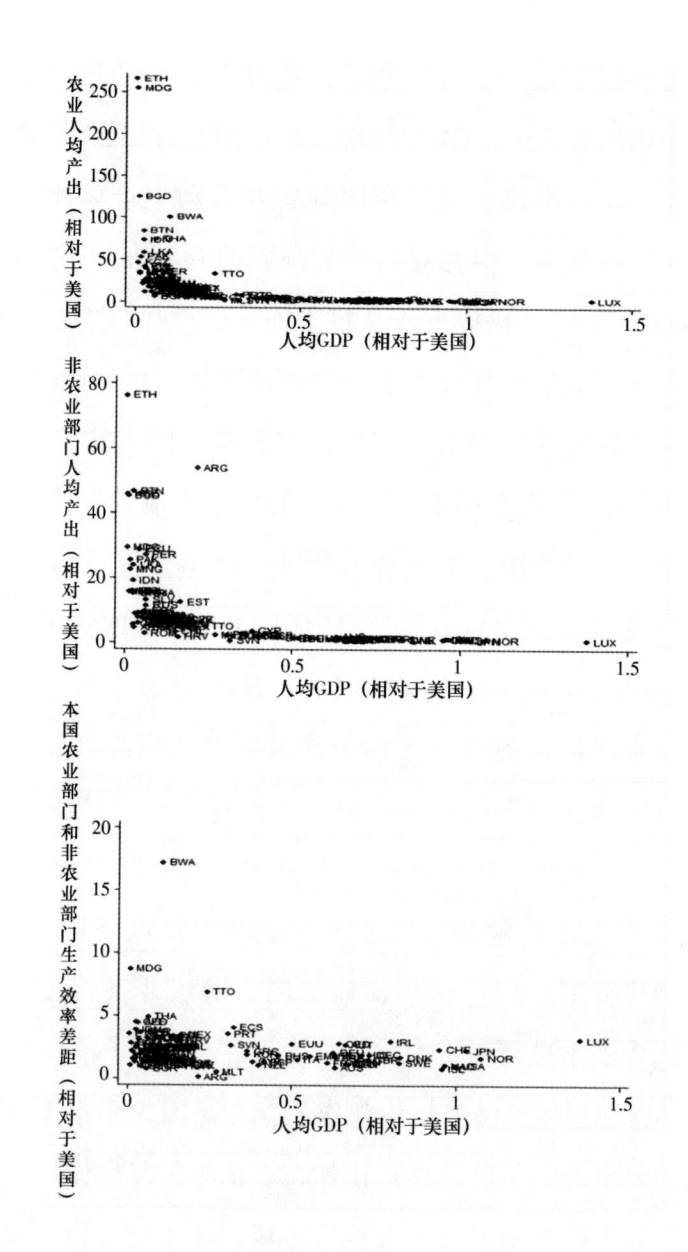

图 9-1　世界各国工、农业劳动生产率对比（2009 年）

资料来源：WDI 和 PWT6.0。

大差异，有些国家接近了100倍，图中没有显示马达加斯加的数据，因为该国的农业生产率仅为美国的1/309，已经无法在图中显示了。和第一张图相比，虽然穷国的工业劳动生产率比美国的工业劳动生产率低很多，但是只有少数国家的差距在20倍以上，大多数国家实际上在10倍以下。从最下面一张图可以看出，除少数国家外（基本上是农业比较不发达的产油国），这一比值在较为富裕的国家中间比较小，但对于穷国，它随着一国人均GDP的下降而上升，一些国家超过10倍。① 农业的落后会制约一个国家或地区的总体经济增长，因为农业不仅能提供粮食供给，还可以提供就业。1997年的亚洲金融危机使得中国3000多万的农民工失去了工作，他们中的大多数不得不返回农村从事农业生产。正是由于在中国农村家家户户拥有自己的土地，失去工作的进城务工人员可以回到自家的土地上就业。同时，农业还可以促进劳动力转移和工业化进程。相比之下，印度尼西亚在危机中发生大规模骚乱，最终导致苏哈托政权解体。农业可以成为国民经济增长的源泉，但这需要现代要素的广泛使用，前提则是对农业进行投资，对实物资本和人力资本进行投资。

农业不存在规模经济，规模效应的存在是因为要素市场的不完善而带来的要素的假不可分性。比如在农忙时节需要使用大型现代化机械时，如果存在完善的要素租赁市场，那么便可租赁大型机械设备而非建立大规模农业经营单位以购买它。因此，传统农业改造

---

① 姚洋：《发展经济学》，北京大学出版社2018年版，第66页。

的第一步便是要素市场的完善。输入并使用与该地区特定环境相适应的现代要素是实物资本投资的关键。翻新农田兴修水坝使之获得高产的肥力，引进优质种子和适应性的机械设备来提高生产力。但不建议农场从事相应的农业研究，因为它不能占有这种研究工作的全部收益也不能建立起一个最优规模的研究机构。

对传统农业的改造最为核心的便是对人力资本的投资。正如前文所提及的那样，教育是提高人力资本最基本的主要手段，所以也可以把人力投资视为教育投资问题。农民所得到的能力在实现农业现代化中是头等重要的，这些能力与资本品一样是被生产出来的生产资料。对大型人口群体来说，天赋能力的水平和分布大概是趋于相同的，关键是后天获得的能力。它显然并不是在出生时、在十岁时、甚至在以后完全接受完中等教育和高等教育的年龄时就既定的。虽然在一生中人的技能与相关的知识都可以完全提高，但有充分的文化和经济方面原因可以说明在年轻时就获得了大部分知识和技能。[①] 因此，初等教育是最有利的，而且当孩子仍然非常小不能做什么有用的农活的时候，初等教育每年只需要最低的教育成本。而掌握一些有用的文化也就需要五年的时间，而且其中某些好处还会扩散。特别的是，当农民有文化时，农业杂志和报纸一般就成为了重要的信息工具，各大部门便可以利用公报、小册子和印刷物等

---

① [美] 西奥多·W. 舒尔茨：《改造传统农业》，梁小民译，商务印书馆2006年版，第150页。

教育品，这些东西在许多方面比与农民聚会完全以口述要便宜得多。①

◇◇4　辛庄村商品流通及贸易

辛庄村所在的吴堡县总人口 8.43 万人（2016 年），人口稀少，但扼秦晋之交通要冲。陕北虽是革命圣地，但一直都是贫困地区，并不丰富的资源、并不便利的交通和并不发达的工业体系造成了整个县城的贫困。直到 2019 年 5 月 7 日，吴堡县才被陕西省人民政府批准退出贫困县行列。

T. W. Schultz 在其著作《改造传统农业》中阐述了自己对于农业改造的观点。传统农业是不使用现代要素的农业生产，生产方式长期没有发生变动，是基本维持简单再生产的、长期停滞的小农经济，它是"贫穷且有效的"。"贫穷"是因为较低的生产力水平，单位面积产出和人均产出均较低；"有效"则是因为资源配置效率有效，组织和制度没有效率损失，要素边际产出依旧等于要素边际价格。在辛庄村的社会调查中，我们也感受到了其"有效且贫穷的特点"。农户们很少会让自己闲下来，他们总是会去找事情做，尽管只能对收入增长起到一丁点儿的作用，比如他们会在闲下来的时候去田地里面拔出杂草。

---

① ［美］西奥多·W. 舒尔茨：《改造传统农业》，梁小民译，商务印书馆 2006 年版，第 172 页。

第九章　商品流通、贸易与信贷

辛庄村的商品流通与他们生活的其他方面一样，简单而朴素。接受调研的村民们告诉我们，在改革开放前，他们从外界获得商品的最主要方式是步行去往距离村子12.5公里的佳县，那里定期会有集市，来回需要一天的时间。当然也可以去吴堡县城，只是走的距离会更长。集市并非每天都有，而是在农历的"逢五逢十"才有，即农历初五、初十、十五、二十、二十五和三十，村民们可以在集市上购买一些基本的生活用品。当然，在"夏一套，冬一套；新三年，旧三年，缝缝补补又三年"的穿衣观念下，可以预见商品贸易的规模和范围并不大。在种植农产品可以实现基本的自给自足时，集市无非是把人们聚集起来，进行生活必需品的交换，并不存在过多的盈利空间和更高级的交换形式。当时村民需要去购买的一种重要的生活用品是煤，在没有电力供应、没有道路的情况下，村民需要走着山路，去往12.5公里外的佳县，购买足够一段时间使用的煤，再沿着山路返回。在这样的情况下，不难想象村民进行商品交易的其他细节。

这种情况到了改革开放前后发生了改变，由于商品经济的发展和人口的增多，在张家山镇出现了集市，村民们可以去相距仅2.4公里的张家山镇上赶集。集市出现的时间和佳县的集市时间完全重叠，即"逢五逢十"。距离缩短意味着赶集更加便利，赶集的成本也大大地降低，但是村民们购买的物品种类并未发生很大变化——仍以自己不能生产的生活必需品为主。但是经过询问可以得知，到这一阶段，村民购买的肉蛋类较之前明显增多，可以窥见村民生活水平的提高。

村里贸易的高峰应当是20世纪90年代中后期以及21世纪前十年。村里的青壮年外出打工，并把大部分所得寄回家中，购买力增加了，村子里尚有小孩及青少年，需求较大，加之更便捷的交通出行，以及家电下乡政策的推进。从小商品，例如小零食、鞋子衣物，到耐用品，比如电视、冰箱、摩托车，交易数量都有了显著的提升，我们在农户家里访谈时还仍能看见家电下乡时期购买的电视机。当然辛庄村内从未形成一个贸易中心，一方面是农民工外出务工使得村内常住人口急剧减少，另一方面是因为辛庄村距离张家山镇的距离太近而被吸走了客源。村民们购买生活用品还是要去镇上，而对于一些较为贵重的耐用品，虽然镇上也有售卖的地方，村民们还是更偏向去佳县或者吴堡县城甚至榆林（辛庄村位于榆林市吴堡县张家山镇）购买。这一阶段，随着村民外出打工带来的家庭收入的增多，带来了购买力的提升以及购买商品种类的增多以及平均价格的提升。这一阶段可以说是辛庄村商品贸易的黄金时期。

最近十年，随着上一代农民工年龄变大返乡，以及新一代农民工的外出，村内的年龄结构发生了较大的变化，村内人口以五六十岁以上的老人为主。村里的强壮年外出打工，为孩子能接受到更好的教育而把孩子也带出了家乡，他们在外租房或者买房，空心的农村同样在这里上演。年龄结构变化带来的最明显的改变是回到了改革开放前自给自足的状态。村民种地可以维持基本的生活，老年人也并没有很强的购买欲望，青壮年在外打工买房也给家庭经济带来压力，导致了购买力的下降。很明显的一点印证就是镇上家电、摩托车销售点的消失。当然了，现在会有小商贩开着车进村里卖一些小商品，比如水豆腐和豆浆。老人们显然对这样的贸易产品十分喜爱。这一阶段村内主要的消费者是学龄前的儿童，玩具奶粉和衣物是他们的主要消费品。在外打工的青壮年会从自己打工的地方购买品质足够好的奶粉，然后找人带回家。到这里也有必要提一下现在村内的商品流通方式，人们依然选择从镇上购买最基础的生活用品，但是各种"代购"也出现——邻村的大巴司机会帮忙从县城买东西、青壮年会托大巴司机从市里带东西回来。改变中国的网购在这里也可以看见踪迹，年轻的村干部也选择网购，虽然只有邮政快递可以通到这里。

随着青壮年的离开以及城里定居的心理，村内的购买力和需求逐渐萎缩，商品流通和贸易也在一个小高峰之后陷入低谷。如果说改革开放前的低消费是收入所限，那如今的低消费更像是村子消亡的征兆。

村民做生意的并不多，典型人物是现任村支书。其他的村民也有售卖东西的，主要以初级的农产品为主，如玉米、小米或是羊。村内采访只见到一家通过微信售卖从广东批发来的袜子的，这也是中国内陆许多地区的缩影。受到集体经济的影响，现在五六十岁这批人甚至没有过要做生意的想法，而更为年轻的三十岁左右的这一代，虽在改革开放的洪流中成长，但由于生长环境的限制，也很少有人真正开始做生意。

◇◇5　人力资本与借贷

人力资本理论是经济学的核心问题，人力资源是一切资源中最主要的资源。中国和印度实践的实证研究证明了人力资本的提高对经济增长的贡献率大于投资的贡献率。从表9-1可以看出，人均GDP年平均增长率的主要原因是人力资本的提高，而投资的作用相比之下则低得多。蒋萍和田成诗在2009年有关健康人力资本同经济增长之间的关系的论文中将GDP对数用作经济增长代理的变量，将公共卫生支出对数用作健康人力资本代理变量，使用中国31个省份2004年的数据，得到的回归系数为3.47。[1]

人力资本是一个可以变化的存量，人力资本投入的增加可以调高人力资本作为一种生产投入要素的生产效率。人力资本投入的增加也可以提高人力资本自身的生产效率，在数学上证明了这一结论。不应当把人力资本的再生产仅仅视为一种消费，而应视同为一种投资，这种投资的经济效益远大于物质投资的经济效益。实证研究也表明，具有更高人力资本水平的人对经济增长的作用远大于普通劳动力在经济增长中的作用。[2] 增加人力资本的方式很多，如接

---

[1] 蒋萍、田成诗、尚红云，《中国卫生行业与经济发展关系研究》，人民教育出版社2009年版。

[2] 李建民、王金营：《人才资源在经济增长中的作用研究——来自京津沪三城市的实证结果》，《人口与经济》1999年第5期。

受更多教育、接受职业培训、注意公共卫生并及时就医等。教育是提高人力资本最基本的主要手段，所以也可以把人力投资视为教育投资问题。全面普及基础教育，使得国民都有一个基础的知识技能水平，高技术知识程度的人力带来的产出明显高于技术程度低的人力；完善并提升职业学校和大学的科研教学水平，使得大部分人享有接受高等教育的权利；开展职业技术培训，让员工获得个人发展所需要的知识和技能。在国民健康领域，要以人民健康为中心，坚持"预防为主，治疗为辅"的医疗卫生政策，开展爱国卫生运动，注重个人卫生，建立健全医院体系。

表 9-1　　　　　　　　　　中印经济增长核算对比

	中国	印度
1960—1965 年和 1995—2000 年，人均 GDP 年平均增长率	5.3	3.4
预期寿命延长的贡献	2.5	1.3
贸易发展的贡献	1.1	0.6
劳动力人口占比增高的贡献	0.9	0.7
行政化质量提高的贡献	0.2	0.2
工业化的贡献	0	0.1
投资率的贡献	0.1	0
教育水平提高的贡献	0.5	0.5

为方便本章后续的讨论，我们在此针对吴堡县辛庄村的人力资本提出一种可以进行简单量化并比较的办法，不够严谨是在所难免的。

首先是教育资本，以村民受教育年限进行衡量。在实地调研过程中我们了解到，由于学制的不同，不同时代的学制时间是不同的。比如小学的受教育时长为五年或六年，高中的受教育时长为两年或三年。我们统一认为幼儿园和学前班的受教育时长为零，小学的受教育时长为六年，初中和高中的受教育时长均为三年，职业技术学校的受教育时长为两年，大学专科、本科、硕士研究生和博士研究生的受教育时长分别为三年、四年、三年和三年，某一阶段教育未完成则按照新标准折算而得到教育时长。由于教育是人力资本中最基础的部分，是其他类型人力资本投资的投入要素和形成基础，所以对它的量化是十分必要的。虽然这样的量化方法忽略了不同时代的教学水平差异和不同人对知识的掌握程度不同。

其次是健康资本，主要是健康状况。在微观层面上我们发现，预期寿命对当前家庭的产出是没有影响的，他们不能预期到自己的寿命而决定当前的生存策略。所以我们在衡量健康资本时不去考虑预期寿命，尽管这一指标对宏观人力资本的影响是巨大的。相反，我们更多去考虑人的健康状况，采用 A、B、C 三个评级。身强力壮并身不染疾或者疾病并不影响工作的人采用 A 评级，年迈无力或者工作能力受到极大打击的人才有 C 评级，其余人则用 B 评级。

再次要去考虑的指标则是专业技术。它指的是人们通过接受专业技术教育获得的可以直接用于生产或服务的知识或技能。具体到辛庄村村民是否接受过其他训练，比如政府扶贫产业训练或者夜校培训。对于这一类指标，我们采用数字累加评分的方法。对于村民会的每一项技能我们给予一个评分，这些评分加总便得到专业技术的最终评分。尽管这样的评分方法会忽略了不同技能之间的难易程度、不同技能的市场价格和不同村民之间对某一技能的掌握程度，但对于定性分析来说还是可以采取的。

最后是针对农村的情况，我们考虑将被调查人亲朋好友也纳入人力资本的范围，虽然这更像是一种社会资本。比如说被调查者的哥哥生活在西安，生活水平尚可，那么他们兄弟闲谈间很可能会涉及一些其他村民无法掌握的信息和知识，从而使得被调查者相比其他村民获取更多的优势。对于这一类指标，我们采用"有"和"无"两个分类，对于被调查者来说，如果他有关系好并且生活水平较好的亲朋好友的话，那就给予"有"分类，反之则为分类"无"。除此之外，针对辛庄村村民从事的体力劳作所需要的努力和勤奋程度，我们认为可以采用有效劳动时间来衡量，但这是生产要素之一的劳动力。这并不容易量化，但是我们会在接下来的叙述中试图说明个体勤奋努力的作用。

在辛庄村的实地走访调查中，我们发现了这样两个事实：一是村内不存在人力资本高但依旧贫困的现象；二是但凡利用国家脱贫政策脱贫的人都使用过政策性贷款。基于在村内的实地走访调查所获得的信息，我们提出了这样的猜想：人力资本达到一定水平的家庭尽管在国家扶贫之前是处于贫困阶段的，可能是因为信息的匮乏，也可能是因为工作机会的稀少，但当国家开始反贫困斗争时，人力资本较高的家庭会利用政府政策去获得低利率甚至是零利率的贷款。这笔贷款解决了生产经营所要求的资本问题，这一初始资金往往是之前困扰他们的大难题，之后利用这笔贷款进行生产经营，通过自身努力和勤奋来实现脱贫,而脱贫的他们往往对政府会打出极高的评分。反之,由于低人力资本或懒惰的问题,多数家庭只能通过政府的巨额补贴而勉强超过贫困线,从而让省、县和村寨摘掉贫困的帽子。我们很难想象这一输血型脱贫在2020年之后是否还具有持续性,这种脆弱的小康也无法去接受风吹雨打,比如生病、上学和结婚,更别奢望买房了。

辛庄村村民的贷款来源主要分为两类:政策性贷款和非政策性贷款。政策性贷款包括户主基金和扶贫办贷款。户主基金成立于2010年,是为了帮助村民解决种植养殖的资金问题而设立的,并且贷款用途只能是种植养殖和加工。村内为了户主基金的有效管理而成立了相应的管理机构,以负责整个基金的运行,包括贷款的审核和发放。2010年扶贫办为户主基金注资了15万元,首期户主基金贷款总额为15万元,可贷总额为13.5万元,并开放了75户可申请名额。任何想向户主基金申请贷款的村民均需要交200元的押金,只有交了押金的村民才有贷款的资格,交了押金的村民不能超过75户。每一户交了押金的村民都可以得到2000元的贷款,这笔贷款时长不能超过一年,贷款利率为5.7%,这一利率是明显低于其他渠道的贷款利率的。每户一年只能向户主基金贷款一次,并且向户主基金贷过款的农户在今后的贷款中只能申请到最高贷款额度的90%。贷款者的信用担保采用"三户联保"的方式,即贷款者需要找一户贷款者和一户非贷款者形成三户联保,一旦有任何一方出现违约,其余人便要承担贷款风险。由于村邻之间特有的传统情谊和村子内的早已形成的规矩,目前还没有出现过违约的现象。户主基金的收入，即利息收入，60%计提管理人员的工资，10%计提公积金，30%计提公益基金以用于村内事业的发展。有趣的是，如果考虑通货膨胀的话，基金的实际资金额度（以购买力来衡量）是逐渐缩小的，这样说明了基金的管理是不合理的。2014年，扶贫办再次注资20万元，二期户主基金的贷款总额达到了35万元，可贷额度为31.5万元。此时，村民交400元的押金（含之前的200元）便可以贷到10000元，贷款时长不得超过一年，贷款利息仍为5.7%。2016年，扶贫办再一次注资了15万元，三期的户主基金贷款总额也达到了50万元，可贷额度也达到了45万元，这时候村民交的400元押金已经可以拿到20000元的贷款了。后在2018年经过利率调整，贷款利率为4.35%。由于贷款程序简单，贷款利率低，户主基金深受村民们的喜爱。每到贷款申请日，管理机构都会收到大量的贷款申请，贷款池最终也只剩下10%用于抵御违约风险。在建档立卡期间被认定为贫困户的家庭均可以申请县扶贫办的贷款，即使脱贫也不脱政策，但户主不能超过60岁。由于所有的补贴都是通过银行卡给到农户的，一旦出现贷款违约状况，他们便无法得到补贴，于是村内还没出现过贷款违约的现象，这笔贷款也不需要抵押物。按照相关规定在脱贫攻坚期内，符合以下四个条件的贫困户每户最高可贷款5万元，由当地县级财政机构按照同期贷款基准利率给予全额贴息，对于农户来说也就是三年内免息，换句话说，也就是国家拿5万元无偿地给农户用三年，农户可以利用这笔钱进行生产或者创业，进而脱贫致富。对于这四个条件的认定，需要村委会盖章以示证明。

（1）"三好"农民。即遵纪守法好、家庭和睦好、邻里团结好。

（2）"三强"农民。即责任意识强、信用观念强、履约保障强。

（3）"三有"农民。即有劳动能力、有致富愿望、有致富项目。

（4）"三无"农民。无赌博、吸毒、嫖娼等不良风气；无拖欠贷款本息、被列入贷款黑名单记录；无游手好闲、好吃懒做行为。

非政策性贷款包括向亲朋好友的借款，每个农户有众多亲朋好友，他总会去优先寻找无利息的借款，故这部分贷款常常为无息贷款；包括赊账，在相邻之间，由于缺少现金流，在购买商品时相互之间赊账是一件很正常的事情，因欠款小且欠款时间不稳定，这部分借款也常常表现出免息的特点；包括信用社贷款，贷款程序复杂，则呈现出典型的贷款难、贷款贵的问题，贷款利率在11%左右；包括高利贷，由于本村较为良好的社会风气，高利贷则来自外村，利率可以达到18%。

◇◇6 辛庄村案例

王辛峁一家在建档立卡的时候被认定为贫困户，他家之前的贫困状况也是难以想象的。王辛峁爷爷出生于1941年，奶奶比爷爷小一岁，1942年生，二人均是高小毕业。在那个年代，高小指的是小学五年级和六年级，在旧社会读到高小毕业文凭实属不易，尤其是在那个文盲率极高的陕北农村，他们的文言文水平也超过了现在的高中生。二人还在青年时便经人介绍后认识并成婚，爷爷奶奶当时的工作便是在村里种地。婚后二人育有四子，经济一直很困难。大儿子出生于1959年，属猪，现在外谋生，家庭条件不错已定居西安。爷爷告诉我们，在外的孩子们早已经分家出去了，每年只回来一次，回来的时候都会给二老1000元的零花钱，除此而外便不会有其他的经济往来。三儿子出生于1966年，也早已经和王辛峁分家，现在在西安打工，同大儿子一样，每年只回来一次，不一定是过年，回来的时候还是会给二老1000元。小儿子出生于1968年，现在的工作便是在镇上做饭，由于孩子在外上学所以小儿子也很少回家，尽管他离家很近。而总是和王辛峁爷爷生活在一起的便是二儿子。二儿子出生于1964年，由于家庭经济的困难并没有接受过教育，婚姻状况离异但育有一子，孩子已经定居西安。但幸运的是，爷爷奶奶和二儿子身体状况都很好，没有什么疾病，头脑也十分的灵活。在扶贫政策出来之前，三人一直在村内务农，经济十分困难，二儿媳选择离婚也是有经济方面的考虑。在王辛峁一家被认定为贫困户之后，他们开始享受到了一系列的优惠政策。当地政府鼓励村民们养羊和做挂面来致富，王辛峁一家选择了养羊。据王辛峁反映，家里养羊已经有十几年的历史了，但是之前都是小范围的养羊，每年也就数十只，这十几年的时间里也积累了很多养羊的经验。从事养羊的第一步便要进行投资——扩建羊圈，在之前，扩建羊圈所需要的费用便已经吓住了他们，而政府主动提供了三万元的资金用于设施的建设。就这样，在他们家没有花费一分钱的情况下便建好了羊圈。建好羊圈之后，政府还有养羊补贴用于购买羊羔，每年补贴5000元，总计补贴不超过一万元。把养羊作为致富方式时，在夏天得起早贪黑地出去放羊，这里我们不去讨论辛庄村的环境承载力，因为陕北高原恶劣的生态环境是很难支撑庞大数量的羊群的，在冬天的任务便是在羊圈里给羊喂玉米。羊的繁殖速度特别快，村上干部告诉我们，一对羊羔五个月便进入了繁殖期，两年内产三胎，每胎一到两只羊，每胎的羊羔数为二一的循环。只两年的时间，王辛崩一家便已经养了180只羊了。爷爷和我们说，养羊不愁卖不出去，总是会有很多商贩进村里来收购羊群，他们便会去等待最高的报价，而他们每年的卖羊收入可以达到十万余元，十万元在农村来说已经是一笔很高的收入了。最为重要的是，每年卖掉羊群后买羊的钱并不是自己前一年的积蓄，而是县扶贫办的贷款。在买羊之前，他们会去县扶贫办申请免息贷款，尽管他们现在已经脱贫了，但根据国家政策的精神，脱贫不脱政策，所以他们仍然可以拿到这笔贷款，并在每年卖了羊之后去把这笔贷款还上，在下一年进行生产经营时依然去贷款。自己赚的钱则存进银行赚取利息收入。三人除了养羊之外还种了十多亩的地，大部分的土地选择种植玉米，因为玉米还可以在冬天时拿去喂羊，这样便可以少向乡邻买点玉米，并且他们每年还拿到了三千元左右的种地补贴。三人平时在家里也没啥大额支出，所以每年总能剩下很多钱。当我们问及政府及干部的工作时，王辛崩爷爷是赞不绝口，他说道没有党和国家这么好的政策，他们依旧会是贫苦人民，至少现在可以通过自己的双手致富了，于是他给了各级政府满分的评分。

在《舌尖上的中国》对张家山镇挂面进行拍摄并播出后，张家山挂面的市场迅速扩张了。张家山镇辛庄村的村民们选择的另一个产业脱贫的手段便是制作挂面。挂面制作资质的取得是很容易的，只需要办理健康证等证件然后保证家里不从事养殖行业便可以从事挂面行业。特别是挂面成了吴堡县政府的一个产业脱贫的政策，所以从事挂面行业的准入门槛降低了。在辛庄村的日子里，当地人向我们展示过挂面的制作工艺，我们也亲自尝试过，初次体验的感受便是制作挂面很辛苦，不仅要和面揉面，还得调汁。挂面有许多种颜色，这些颜色的上色并不是通过使用色素，而是通过使用健康的蔬菜汁，所以挂面也通过主打绿色健康受到了越来越多人的欢迎。做挂面是一个体力活，受访村民告诉我们，一个家庭要想从事挂面制作工作至少需要两个人，早上五点得起床和面，然后就得忙到夜间十一二点。这么大的劳动强度对于许多家庭来说是无法承担的，尤其是在大部分村民都是老人的辛庄村。挂面的收购价也是很高的，而且政府也会去补贴价格，总是会有挂面加工厂来村内收购挂面，平均每天做的挂面可以赚三百元到五百元。张建光一家就曾响应过政策号召去做过挂面。张建光出生于1959年，他的妻子则比他小四岁。张建光初中还未毕业便回家务农，妻子则未上过学，二人育有三子一女。大儿子在部队当兵，兵龄已有17年，每个月的工资都破万元并准备在今年转业到事业单位，在西安已经买了房。女儿今年30岁，西安理工大学毕业，现在银川工作并定居。二儿子和三儿子年纪分别为27岁和25岁，都在陕煤集团神木分公司当矿工，每月工资能有八千元，这在当地来说是一笔很高的收入。四个孩子里面就只有二儿子还没结婚，张建光和老伴也特别担心二儿子的婚姻问题，他们认为现在结婚得至少在县城买房买车。几个孩子平常都不太回家，尤其是在部队的儿子，三年才会回家一次，平时大家都通过微信视频聊天来增进感情也看看对方最近的生活过得怎么样。张建光和妻子种了三十多亩地，能够拿到5000元的补贴，同时每年还能够通过售卖粮食得到一万余元的收入。除了种地之外张建光还是村内的村干部，负责村里的治安维护。由于村内的风气良好，所以这份工作比较清闲，而且每年还有7200元的工资收入，此外孩子每年往家里寄4000元钱来孝敬父母。张建光和老伴曾去做过挂面。做挂面的第一步便是去办理证件，包括健康证。政府给了他们一万元用作起步费去购买做挂面的机器设备，这笔钱基本不会有剩余。设施准备好后，便是挂面的生产环节了，两人起早贪黑地去制作挂面，一天基本很少有休息的时间，每做出一斤挂面便可赚三块钱，利润率不可谓不高。但后来老伴得了脑梗，挂面生意不得不中断，但张建光坦言挂面是一个完全可以发家致富的门道。值得注意的是，我们调研的辛庄村村民患有脑梗疾病的现象十分普遍，我们调研的农户里有一半的家庭的成员患有脑梗。后来为了赚取收入，张建光从扶贫办申请了四万元扶贫贷款用于养羊。张建光喂养了十余只羊，每年能赚一万多元，包括养羊补贴。显而易见的是，养羊用不完这四万元的贷款，剩下的钱就给了他的三儿子以购买车辆，张建光还为二儿子在县农村信用社贷款了一万元。当我们问及政府的工作时，张建光觉得自习总书记执政后，政府干部的工作态度明显地好转，政府总是会出台为农民考虑的政策，他对于目前的政府工作十分满意。

  幸福的家庭总是相似的，不幸的家庭却各有各的不同。王平年的家庭是我们调研中发现的一户生活极为艰难的家庭。出生于1972

年的王平年小学三年级毕业，婚姻状况离异。根据其他小组反馈的信息，辛庄村存在着较为普遍的买妻现象，在和王平年的交谈中，我们觉得他有过买妻的经历。王平年有两个年迈的父母，他们出生于1940年和1941年，有一个聋哑的亲哥哥，出生于1970年，还有两个儿子，出生于1999年和2000年，大儿子在读技校，小儿子在上高中。王平年平时在内蒙古或银川打工，每个月的工资有4000元左右，哥哥则在家养羊和种地，养羊每年能赚10000元左右，得到过政府9000元的养羊补贴。哥哥还种了十多亩的地，能拿到三千多元的种地补贴。父母在家由于年迈无力没有从事具体的生产性劳动。最让他头疼的是两个儿子。由于家庭教育的缺失，两个儿子的成绩很糟糕，同时还是学校的小混混。兄弟俩每个月的生活费达到惊人的7000元，这已经明显高于王平年的工资，去年王平年打工还被老板"黑吃"了36000元。我们问及为何不控制兄弟俩的生活费时，王平年说道，两个孩子缺乏管教，大手笔花钱成了他们的习惯，每次不给他们钱他们都会吵闹，自己不得已便向亲朋好友借钱来给他们，哥哥由于没有结婚也会把自己赚的钱给两个侄子。王平年一家从未申请过任何生产性贷款，对各种贷款也不清楚，只是去年找亲戚借过6000元钱，今年也已经还掉了。正如我们之前所提及的那样，生活困难的家庭对政府的评分都很低。王平年一家对政府很厌恶，他认为自己家没有通路是因为自己在村委会没有人自己也没有本事，所以大家都不待见他。县乡两级的政府贪污严重，总是贪污补贴，也不为民办事，所以他给了政府两分的评分（见表9-2）。

表9-2　　　　　　　　辛庄村受访对象人力资本

户主名	人力资本	是否申请政策性贷款	勤奋程度	家庭经济状况	政府评分
王平年	低	否	中	困难	2
张建光	较高	是	勤奋	较好	10
王辛峁	较高	是	勤奋	好	10
张建军	低	否	懒	困难	5
张建社	高	否	勤奋	好（一直不错）	10
王文则	较高	否	勤奋	好（一直好）	10
张建德	低	否	勤奋	困难	10
王子国	较高	否	勤奋	好（一直不错）	10
王爱军	低	否	中	一般	7.5

◇7　结语

"这是一本描述中国农民的消费、生产、分配和交易等体系的书，是根据对中国东部太湖东岸开弦弓村的实地考察写成的。它旨在说明这一经济体系与特定地理环境的关系，以及与这个社区的社会结构的关系。"费孝通先生在其著作《江村经济》的前言开篇中这样写道。今日的辛庄村与费老在81年前所描述的中国农村似乎并没有太多的改变，它依旧在现代化新农村的路上探索并挣扎着。著名学者姚洋曾多次强调，乡村振兴战略的重点不应该是振兴乡村经济，而应是在乡村进行一场推动乡村政治、社会和人的现代化。

第 十 章

土地制度

◇1　村内土地产权概况

走进辛庄村，第一个冲击脑海的画面是漫山遍野的枣树。我们是在 7 月初到达的，本不是枣树大面积成熟的季节，但经常会在道路上看见路旁枣树上掉下的一大片红枣。枣树不喜湿，尤其是成熟的时节，被雨水打湿过的红枣隔夜就会腐烂。这里的红枣很甜，但与市面上的红枣相比，却并不饱满，捏一下就会瘪下去不少。在一棵棵枣树的背后，是一位位面朝黄土背朝天的农民。在我们与一位位皮肤被黄土高原灿烂的阳光晒得黝黑的农户的交流中，听到最多的一个词是"靠天吃饭"，在谈到耕种的时候，老大爷啜了一口城里女儿给的茶叶泡出的茶水，"这年头农民种地都不赚钱了啊"，他笑笑，眼神中却尽是无奈与苦涩。

几十年前，种植枣树可以获得很大的收益，每家的农民都兢兢业业照料灌溉，祈祷着一年的丰收。但近年来受到外地品种的冲击,红枣价格大幅跳水,种植枣树不再有利可图,大量青壮年劳动力进城,土地进一步贬值。时至今日,辛庄村土地抛荒现象严重。

辛庄村土地产权的自由度很高,同时因为土地的价值很低且并不稀缺,辛庄村村民的日常社会活动习惯和通行社会规范并不鼓励农民占用其他农户的土地,因此这个村子土地产权的强度非常高。农民可以将土地抵押、转让,但同样由于土地的低价值,辛庄村目前并没有抵押、转让土地的现象。

除了正式制度规定的土地流转形式外,辛庄村仍然存在很多非正式的土地流转形式,例如农户间宅基地和农用地互换、开荒、私自交换承包的土地、经营权流转等多种形式。近年来,也出现了为发展基础设施建设和集体产业而导致的土地流转形式。但是不可否认,因为辛庄村交通极为不便,也就导致了在与外界的交流、交易过程中极高的交易成本,从而阻断了很多有效率的交易的发生。

在征用土地进行村集体工程建设的时候,我们注意到,绝大多数农户都是资源提供土地,而并不会要求赔偿金或赔偿地,在第1.4节中我们也将对这一现象进行一些探讨。

1.1 土地价值不断贬损

费雪认为,收入是一连串事件。[①] 依据这种思想,土地价值则

[①] Fisher I., Theory of Interest: *As Determined by Impatience to Spend Income and Opportunity to Invest It*, Augustusm Kelly Publishers, Clifton, 1930.

由其提供产品的价值决定，而价值贬损的本质是由农产品价值的降低导致。

农产品价值降低，和其供给、需求弹性密切相关：一方面，农产品生产周期较长，缺乏供给价格弹性，农户无法根据市价灵活有效地调整产量；另一方面，农产品为基本生活用品，缺乏需求价格弹性和需求收入弹性，使得供给一旦增加，会导致价格大幅下降，同时，人均收入增加，农产品的相对消费量也会下降。[①] 在辛庄村，20世纪枣树价格高，利润丰厚，辛庄村的村民看中这一点，种了漫山遍野的枣树。然而近年来河北邢台红枣异军突起，迅速占领市场，加之辛庄村交通不便，进一步压低了红枣的价格。农户生活难以为继，大量劳动力进城，土地抛荒现象严重。

导致抛荒现象的另一个重要原因是土地的分布极为分散。在我们走访的村民中，有一户人家有18块地，一共24.78亩，分布在他们家的各个方向，从他们家的窑洞走到自己承包的土地上平均下来都要三四十分钟的路程。老大爷的儿子进城打工了，他说自己平时根本不会去打理土地，也基本上没有能力去打理土地，绝大多数农户家承包的土地也并没有灌溉的条件，一年到头靠天吃饭，如果今年天气好些，或许能多收上些吃的。

1.2 土地确权

由于农产品价格下降严重且大量劳动力进城，人少地多的情况

[①] 林毅夫：《解读中国经济》，北京大学出版社2018年版。

赋予了土地产权很大的自由度，农户并不太介意其他人是否侵占了自己的土地，用村民的话来说，"自己家的土地都种不完，没有人会去占其他人的地"。

"产权是一种通过社会强制而实现的对某种经济物品的多种用途进行选择的权利。私有产权的有效性（强度）取决于对其强制实现的可能性及为之付出的代价。"[①] 由于土地的低价值，辛庄村村民的日常社会活动习惯和通行社会规范并不鼓励村民侵占他人土地，因此土地产权强度极高。因此，村民可以将土地经营权抵押、转让，但同样由于土地的低价值，目前村中并没有出现抵押、转让的情况。但在土地价值相对较高的几十年前，的确存在转让土地产权的现象。

1.3 土地流转

1.3.1 "三权分置"政策的提出

从1978年确立家庭联产承包制以来，1980年9月中共中央印发《关于进一步加强和完善农业生产责任制的几个问题》，其中肯定了包产到户的地位，"就这种地区的具体情况来看，实行包产到户，是联系群众，发展生产，解决温饱问题的一种必要的措施"。自此，实现了农村土地集体所有权与经营权的分离、农村土地处置权与收益权的分离。

[①] ［英］约翰·伊特韦尔、［美］默里·米尔盖特、［美］彼得·纽曼：《新帕尔格雷夫经济学大辞典》，经济科学出版社2018年版。

1984年中共中央1号文件《关于1984年农村工作的通知》中提出"大稳定，小调整"①的原则，将土地承包期延长到15年不变，从而"鼓励农民增加投资，培养地力，实行集约经营"。如果群众有调整土地的要求，例如人口变动、地块过于零散不便耕作，或者基建占地等，可以进行小调整，但必须在延长承包期以前进行。

同时，本文件中也规定了农村土地买卖、出租、转换用途、转包等方面的权利范围边界。"自留地、承包地均不准买卖，不准出租，不准转做宅基地和其他非农业用地。""社员在承包期内，因无力耕种或转营他业而要求不包或少包土地的，可以将土地交给集体统一安排，也可以经集体同意，由社员自找对象协商转包，但不能擅自改变向集体承包合同的内容。"由此可见，当时并未实现土地承包权与土地经营权的分离。

1993年中共中央发布11号文件《关于当前农业和农村经济发展的若干政策措施》，其中提出第二轮延长承包期——将土地承包期延长30年不变，并且为防止土地细碎化调整，给农户更稳定的未来土地承包权预期，提出实行"增人不增地，减人不减地"的措施；同时决定放活土地使用权，建立使用权流转机制，使得土地可以转让、出租、抵押。

1997年8月中共中央办公厅和国务院办公厅印发的《关于进一步稳定和完善农村土地承包关系的通知》中明确了土地承包期30

---

① 小调整是指可以对个别农户之间承包的土地进行小范围适当调整，仅仅限于人口与土地矛盾突出的个别农户，不能大范围进行调整。

年不变，而小调整仅仅限于人地矛盾突出的个别农户。2001年《关于做好农户承包地使用权流转工作的通知》中提出开放土地的合法流转，于2003年颁布的《农村土地承包法》中为稳定农户关于土地承包权和经营权的预期，提出原则上"发包方不得调整承包地"。

2016年11月国务院发布《中共中央办公厅 国务院办公厅关于完善农村土地所有权承办权经营权分置办法的意见》，其中提出"三权分置"的政策：所有权、承包权、经营权三权分置，所有权属于集体所有、承包权30年保持不变、经营权流转，赋予经营权正式的法律地位以盘活经营权，提高土地利用效率。

2018年修正的《农村土地承包法》中添加了"三权分置"的条款，并提出"农户的土地经营权可以融资担保"。

1.3.2 辛庄村土地流转具体形式

20世纪80年代以来，辛庄村的土地经营权和承包权均发生过流转，同时也发生过新产权的界定，下文将按时间的顺序描述这一变化。

从20世纪80年代初期实行包产到户开始，土地承包权正式流转的原因主要是新生儿诞生、女儿出嫁、老人过世等造成的人口数量与土地面积不匹配，因此在延长土地承包期以前进行了调整。而20世纪90年代初期一直到2018年初，村中一直按照国家政策中的"增人不增地，减人不减地"，农户土地承包权并没有制度层面上的正式流转。

然而，尽管并未发生正式的土地流转，但仍然存在很多国家制度层面未涉及的流转情况，诸如农户间宅基地和农用地互换、开荒、私自交换承包土地、经营权流转等。这些非正式流转大多发生在20世纪八九十年代，并且相当数量的承包权流转结果也进入了1999年颁发的中华人民共和国农村土地承包经营权证中。下文将对这四种非正式土地流转进行说明。

1.3.3 非正式流转：农户间宅基地和农用地互换

在我们走访的农户的情况中，妇女主任家的窑洞（宅基地）原来是村中另一户人家的耕地。由于这个耕地所处的地势相对平坦、交通较为方便，同时光照通风条件也较好，妇女主任家便看中了这块土地，想用来建自己家的窑洞。于是两家就进行协商，最终用妇女主任家的一块最好的耕地的承包经营权来交换这块耕地，并且妇女主任家有权在这块耕地上建窑洞。这块耕地也就完成了从农用地到宅基地的转变，同时妇女主任家那块最好的耕地的承包经营权也从妇女主任家流转到了建窑洞的耕地的承包者手中。

据妇女主任回忆，这个窑洞建成的时间大概在20世纪90年代初，因此最终的换地结果也反映在了1999年颁发的农村土地承包经营权证中，这块土地的交易得到了正式的认可。

1.3.4 非正式流转：开荒

除了农户间宅基地和农用地互换的情况外，在20世纪仍然存在通过开荒的方式获得承包经营权的行为。《中华人民共和国土地管理法》第四十条规定，开发未确定使用权的国有荒山、荒地、荒滩从事种植业、林业、畜牧业、渔业生产的，经县级以上人民政府依法批准，可以确定给开发单位或者个人长期使用。20世纪90年代，因为种植枣树可以获得利润，辛庄村存在很多农户开荒来种植农作物的情况，同时，因为开荒后可以享有这部分土地的承包权和经营权，更加促进了农户开荒种植农作物的热情。

1.3.5 非正式流转：私自交换承包的土地

由于历史原因，农户分到的土地较为零散，不同地块间相距较远。在我们走访的农户中，有一户有8块土地，土地面积约为7亩，他也坦言，自己根本无暇顾及所有的土地，因为不同的地块之间相距太远，尤其在村里的几条环山路都没有动工的情况下，就算能耗得起走十几里山路的时间，也实在无法兼顾所有的土地。尤其是近年来当地红枣价格跳水，农民更加没有动力精心照料每一亩土地，无法为所有土地提供灌溉。为了解决地块分散的问题，有一些农户开始互相交换土地，努力缩小自己地块间和地块与居住的窑洞之间的距离，因为这些交换大多发生在20世纪90年代，绝大多数的交易都得到了正式认可，交换后的承包经营权结果出现在了1999年颁发的中华人民共和国土地承包经营权证中。当然，不可否认，这种交换仍是小范围的，直至目前，大多数农户的土地分布仍然十分分散。

1.3.6 非正式流转：经营权流转

除了上述土地流转类型外，这个村子中仍然存在一些仅仅流转土地经营权,而并不改变土地承包权的情况,比如,一位农民想要外出打工,就把自己家的土地委托给自己的哥哥打理,这就相当于将土地的经营权流转给了哥哥,而自己仍然享有土地的承包权。在辛庄村,这块土地的收益完全由哥哥享有。我们可以从一个侧面观察到这两种不同权利的归属:国家给予的每亩耕地43元的补贴由拥有土地承包权的弟弟享有,而给予的对种植某种农作物的补贴则由真正在耕地上耕种的哥哥享有。

为了阐述经营权流转的过程,我们首先需要了解一条辛庄村的土地耕种惯例"谁耕种,谁受益"——不论土地的承包权归谁,谁耕种了这片土地,就可以享有所有的产出盈余。

为什么在辛庄村的土地问题上,承包权变得"不值钱"了呢?如果把交易者剩余定义为消费者剩余与生产者剩余之和,把上述例子中的集体与农民之间的合约视为非人力资本与人力资本之间的合约[1],出现人力资本完全享有交易者剩余的原因是非人力资本变得不稀缺了,而与此同时,人力资本的相对价值上升,以至于完全压扁了非人力资本(土地承包权)的交易者剩余。

因此,在土地经营权流转的过程中,土地产出的剩余索取权完全附着在了土地的经营权上,并最终由土地经营权的买方享有。在这个交易中,形成的土地经营权最终价格为零,相对于人力资本来说变得不再稀缺的土地并不值钱。我们也将会在下文中"公共品的自愿供给"问题中再次回到这种逻辑。

---

[1] 周其仁:《市场里的企业:一个人力资本与非人力资本的特别合约》,《经济研究》1996年第6期。

1.3.7 村建设规划征地

2000年以来，辛庄村启动了一些村集体基础建设项目，诸如修建广场、修建环山路等。在这个过程一定会占用农户的一些土地，此时，土地的经济产权就发生了转移。在实施修建计划的时候，需要占用一些农户的土地，此时这块土地真正的经营权就从农户的土地中分离了出来，变为村集体的集体规划征地。从而发生了土地的流转。

1.3.8 集体产业中的土地产权

2018年以来，村集体打算用以土地入股、按照劳动力分成的方式来创建集体产业，以提高土地的利用率，此时这些土地的经营权流转到了集体的权利中，由集体统一规划管理。流转的对象仅仅涉及土地的经营权，与承包权和所有权无关，同时这种流转的过程并没有经过行政权力的强迫，而是一个近乎自愿的过程。与包产到户中土地经营权从集体流向个人不同，这种土地经营权由个人流向集体的趋势，更准确的是由个人流向"企业化"的集体的趋势，将是本章着重探讨的问题。

1.4 共用品的资源提供

在广场和马路等的共用品的供给中，我们注意到农户是自愿提供土地的，政府和村集体并没有提供赔偿金和赔偿地。这与我们的常识并不符合，为了探讨其中的原因，我们对农户提供土地和不提供土地两种情况来做收益—成本分析。

1.4.1 提供土地的成本收益分析（见表10-1）

表10-1　　　　　　　　　农户提供土地的成本效益

	收益	成本
提供土地	共用品社会收益+熟人网络收益（高）	土地减少（低）
不提供土地	土地增加（低）	熟人网络成本（高）

因为土地上的产出（枣）的价格大幅跳水，同时伴随着劳动力进城，土地变得不稀缺了，土地的价值也降低了，而此时农户提供土地的成本和不提供土地的收益也较低；如果从产权的方面来分析，在征用土地之前，因为农户没有能力精心耕种每一块土地，大部分土地都处于抛荒的状态，农户也就不会在意其他村民占用自己的土地来耕种，此时经营权已经有相当一部分留在了公共领域中了。换句话来说，农户真正关心的是附着在土地承包权上的43元钱的补贴，而提供土地来建设公共品恰好没有侵犯农户的承包权，无论是否承包土地，农户都可以获得43元的补贴。

另外，因为整个村庄中村民数量非常少，流动性也不大，村民之间相互都认识，这种"熟人网络"的效益就非常高。用农民的话来说，就是"做了好事就有人看有人夸，做了坏事其他村民就不会搭理你"。选择性激励①是一种对组织内每一位成员都进行"赏罚分明"的区别对待激励的动力机制。这里对提供土地和不提供土地的农民的选择性激励依托于辛庄村的"熟人网络",从而大幅提高了农户提供土地的收益和不提供土地的成本。

除了"熟人网络"中的选择性激励,农户提供土地建设广场和公路还可以获得极高的共用品社会收益,例如,修建环山路可以获得交通便利的收益,修建广场可以获得交通便利、拥有社交娱乐场所、拥有小杂粮加工厂来发展经济等社会收益。提到建成公共品之后的效果,我们走访的农户无一不向我们形容其中带来的便利,其眼神中流露出的憧憬和希望实在令人动容。

1.4.2 农户的不确定性规避心理

为了建设广场,政府投资了 200 万元,张维迎老师也拉到了 200 万元的赞助,这种外部投资的形成具有极大的不确定性,一旦错过这次机会,农户们都不知道下次的外部投资是什么时候。我们走访的农户经常对我们说,"我们一定要让政府和张老师看到,我们能够办成事;因为我们一旦错过这次机会,不知道下次会是什么时候了"。在面临极大的不确定性的时候,绝大多数农户都展现出了自己的风险厌恶的心理,这体现在他们不断告诉自己和他人,这个村子一定要抓住这次难得的机会,不让政府和张老师失望。因为只有让他们看到自己能够办成事,他们才会在未来更加信任自己,

---

① [美]曼瑟尔·奥尔森:《集体行动的逻辑》,陈郁、郭宇峰、李崇新译,上海人民出版社 1995 年版。

敢把资金交给辛庄村来运营。

这种面对极大的风险不确定性时的风险规避心理也促成了农户为建造共用品，自愿供给土地的现象。

◇◇2 "企业化"与土地产权演进趋势

2.1 经营权流转趋势

正如前文所述，不仅辛庄村的土地产权得到了较为清楚的界定，土地经营权流转也早以非正式制度的形式在村中推行。从改革开放起，村中便一直秉持"谁种地，谁受益"的非正式制度，这本质上是在不改变所有权和承包权的前提下，通过经营权的流转，促使土地资源流向生产率更高的生产单元。我国直到近几年才以法律形式确定"三权分置"，即所有权、承包权和经营权的分置——的施行，但辛庄村的村民早在数十年前便摸索出类似的制度安排，农民的集体智慧令人称赞。

大致以20世纪和21世纪之交为分水岭，土地经营权的流转经历了两个阶段。改革开放初期，经营权的流转多发生在农户之间。起初，农民通过家庭联产承包责任制分得土地，但分得的土地往往过于破碎，耕地面积小、分布零散的现象十分普遍。图10-1是某户村民经营证上的土地分布，黑色部分为其分得的土地。不难看出，农户的土地甚至散落在东南西北四个方向，其中从最南端的地走到最北端，要花上超过一个半小时。因此，村民之间常常私自交换土地的经营权，试图通过交换土地，使得自己耕种的土地尽可能相近，从而减少路途奔波的时间。个体之间出于便利的交换在20世纪末便基本告一段落，此后没有发生大的变化。

图 10-1 辛庄村某农户承包土地分布

但是随后，土地经营权出现了新的流转趋势——从个人流向集体的流转，这种"企业化"的流转以经营权为对象，以自愿为前提，成为村内土地产权新的趋势。这种企业化大致有两种形式。其一是自愿的集体管理，由于农业收入相对于非农收入降低，使得大量农村劳动力外流，他们留下的土地无人耕种，被村委会收归集体管理，待到需要耕种的时候再返还给村民。其二是入股形式的土地转让，即村委会组织兴办集体产业，动员村民以土地入股，收成按照土地分红。两种形式虽有执行的差别，其本质却是相同的——土地经营权以自愿交易的形式，从个人手中转移到村集体手中。

在自愿交易的情况下，土地经营权从个人手中流向集体，说明土地的集体经营比个体经营更有效率。这是很朴素的经济学原理，自愿交易要想成功，那么必须对双方都有好处，否则集体负担不起收集土地的成本，个体也不会有贡献土地的愿望。经营权的"企业化"趋势，本质上是集体生产率高过个人生产率的趋势。因此，我们对企业化的探讨便可以转到对集体生产和个人生产的比较上来。近年来土地企业化的趋势增强，说明某种原因的形成，使集体生产相对优于个体生产，使集体有能力付出一定的代价，从个人手中拿到土地进行经营，这将是我们重点讨论的问题。

2.2 企业化 VS 个体经营——"三正一反"的角逐

企业化的本质是集体和个人生产率的变化，要想搞懂企业化，就必须明白个体和集体两种生产模式的差异。这种差异可以分为横向和纵向两个角度。横向的企业化，即仅仅扩大生产规模——和个体生产，其优势仅仅在于规模经济；而纵向的企业化，即在扩大生产规模后，向加工、销售等环节渗透——和个体生产，优势则在于利用市场机制的成本，以及应对市场不确定性上。但是，无论是横向还是纵向的企业化，都面临激励问题的劣势——指挥工作的人和实际工作的人之间存在利益分歧。

因此,农业生产是否发生企业化,企业化的程度如何,取决于企业化和个体生产的优劣势的角力,我们将其概括为"三正一反",即企业化在规模经济、不确定性和市场成本方面存在优势,个体经营在激励上存在优势,四种力量相互角逐,决定着具体的合约安排形式。

横向企业化,即扩大生产规模,把各种生产要素聚集起来,其最大的优势在于规模经济。规模经济,用俗语来说,是"强者恒强",而用经济学语言来说,便是生产越多,单位成本越低,平均生产成本随规模增大而下降。规模经济要能发挥作用和生产中的固定成本,即一次投入,不管产量如何不再变化的成本——分不开干系。产量越大,这些成本越能被摊销到产品中,从而使得每件产品的成本不至于过高。譬如,雇一辆车运输鸡蛋到镇里,无论运输一箱还是十箱,出的包车费都是一样的(假设需要200元)。但是运输一箱鸡蛋,其平均成本便高达200元/箱;而运输十箱鸡蛋,平均成本就下降为20元/箱。类似的例子在农业生产中十分常见:在小规模土地上使用拖拉机并不是很划算,由于面积过小,拖拉机大部分时候闲置,反而造成了一种浪费。在市场经济发达的区域,这种浪费可以通过租赁的手段解决——只需上网百度一下,便可以见到租赁拖拉机、叉车的广告——但是在相对封闭的地方,租赁市场不发达,通过市场解决固定成本问题不大可能,规模经济仍然以摊销固定成本的形式存在。新中国成立初期的农业合作社,一开始也是出于利用规模经济的考虑:各家把生产工具凑到一起，拖拉机一起用，打井一起打，水库一起修，比大家各自为政成本要划算。① 由于规模经济的存在，我们便可以看见许多"集中力量办大事"的案例：辛庄村里原来单户生产花椒吸引不到的收购商，现在计划集体生产再联络就容易很多；花椒树需要浇灌，个体花椒地打井的成本太高，现在由集体来打出井浇灌集体花椒地，灌溉规模大大提高，平均成本自然降低。详细的案例，我们将在本章第 4 节深入讨论。

企业化的另一重维度在于纵向合并，即借由规模的扩大，集体得以向生产、销售等上游产业链进军。生产沿产业链的扩张可能有多重目的。最著名的一种目的出自经济学家科斯②，即生产的集聚和扩张是出于节约使用市场机制的成本。经济学家所仰仗的市场交易有时不能成真，由于信息收集、交易等环节往往存在成本，个体生产者无法处理这种成本，从而和市场割裂开来。这种成本被科斯的弟子张五常总结为"不知价"，即生产者并不清楚价格信号几何，也不知道怎么去利用它。在辛庄村由于消息闭塞，"不知价"的情况比比皆是。一个很经典的例子是养蚕业。同行的小组成员询问过一位个体养蚕的农户，根据他们的采访结果，该农户认为成熟蚕蛹的价格仅仅为 2 元 3 斤（这个价格是收购商提供的），不值得继续养蚕。然而，上网查找蚕茧的批发价格发现，陕西省蚕茧的批发价格其实在 20 元/斤以上，价格高的时候甚至可以达到 34 元/斤。而

---

① Lin J. Y., "Collectivization and China's agricultural crisis in 1959 – 1961", *Journal of Political Economy*, 1990, 98 (6)：1228 – 1252.

② Coase, Ronald H. "The nature of the finn." *Economica* 4.16 (1937)：386 – 405.

根据村委会的描述，即使是蚕茧的政府收购价，每年也有30元/斤。倘若我们的采访结果无误，这将是极具冲击性的例子——纵使养蚕能有可观的价格，由于村民不知道价格几何，蚕茧生产也不会发生！企业生产正是为了对付这种情况而发生：通过村集体的整合，村内的产品计划将直接对上市场渠道（或者政府收购），从而省去中间环节的成本。而另一种企业化的动机，则在于化解市场的不确定性。① 农产品市场的不确定性非常强，今年的"蒜你狠""姜你军"，明年价格可能就一落千丈，造成大量损失。这种剧烈波动来自农产品的需求和供给特性：由于需求价格弹性不足，只要产量稍微增加，农产品价格就会滑落；而由于供给缺乏弹性，短时间内很难调整产量适应市场。因此，生产能否盈利，取决于投资能否走在其他竞争对手前面。在我们的走访中发现，辛庄村曾经试图改种核桃，但由于生产稍微落后一步，核桃价格迅速回落，没有给村民带来多少收益。为了化解市场的不确定性，具备收集信息、灵敏决策、足以应对风险的中枢是必不可少的。

但是，企业化的致命短板在于人员的激励问题，这恰恰是个体生产的优势所在。在个体生产的时候，由于收成都归自己，农民生产的积极性大幅提高，耕种、浇水、除草一样不落。然而在企业化的时候，农民是为了集体而生产，目的是获得工资（雇佣关系）或工分（公社时期），不直接对产出负责，生产积极性大打折扣。劳动与否完全靠劳动者掌控，一旦对劳动者激励不足，

---

① ［美］弗兰克·奈特：《风险、不确定性和利润》，王宇、王文玉译，中国人民大学出版社2005年版。

他就会偷懒、不听从甚至进行对抗,劳动的价值也就大打折扣。①"一个和尚挑水喝,三个和尚没水喝"说的就是这个道理。这种矛盾在公社时期尤为突出。公社时期大家吃大锅饭,干好干坏一个样,又缺乏可靠的方式进行监督,使得大量的人开始偷懒。当农民拥有自留地的时候,可以显著看出公田和自留地的收成差别——农民平日在公田省着力气,到了自留地里便卖力耕种,使得公田往往收成不佳,自留地却长势喜人。② 在我们的采访中也得知,在推行包产到户之后,给足国家的,剩下全是自己的,辛庄村农民生产积极性空前提高,全村的小杂粮当年就实现了完全自足,和公社时期形成鲜明对比。事实上,上述问题不仅存在于农业,任何具有层级的企业都存在激励问题:如果激励得当,那么上下一心,其利断金,公司就有生命力;如果激励不足,那么离心离德,人心惶惶,公司就面临死亡。集体生产也好,企业也好,能用人者荣,这是恒久不变的道理。20 世纪农业集体化的代价如此惨重,以至于我们不得不对"企业化"的农业生产抱有疑问:它能否解决激励问题?企业化的优势是否会被缺乏激励所抵消?这将是所有涉及管理的环节绕不开的话题。

可见,企业化和个体经营各有千秋,也各自存在短板。随着时空和条件变换,"三正一反"的相对力量发生变化,一种生产方式的优势会压倒另外一种,从而使得组织形式发生相应的演化。

---

① 周其仁:《产权与中国变革》,北京大学出版社 2017 年版。
② 周其仁:《中国农村改革:国家和所有权关系的变化(下)——一个经济制度变迁史的回顾》,《管理世界》1995 年第 4 期。

在20世纪,"一反"压倒了"三正",家庭联产承包制取得了空前的成功。而从辛庄村的现状看来,似乎又是"三正"占据上风,个体经营似乎又陷入困境,集体开始接手农业生产。历史的钟摆循环往复,沉淀其中的,是个人沉浮的故事,也是国家兴衰的史诗。

2.3 变革动力——价格变化与生产方式进步

从集体到个体,再从个体到"企业化",辛庄村的组织形式经历着摇摆。在不断摇摆的背后,是某种冥冥之中的推手,看不见摸不着,却影响着人们的行为,通过"三正一反"的角逐,改变着村中无形的制度。这个推手到底是什么?它是怎么影响村中的土地制度的?我们认为,决定其组织形式变化的,恰恰是农产品价格的变化,以及随之而来的农业生产方式的进步。

我国进入市场经济后,农产品价格出现两个维度的变化——短期风云变幻,长期相对价格降低。难以预测的价格使得农民"聚拢"的倾向增强,而农产品相对价格的降低正引发劳动力大量外流。从短期来看,全国性统一市场建立后,农产品价格更加波诡云谲、难以预测,今年还高企不下的价格,明年可能就一落千丈,这就要求农民对价格信号迅速做出反应。但是,正如前文所述,辛庄村的村民间存在"不知价"的问题,对于农产品在外到底能卖出多少钱,他们的信息渠道其实非常有限:城里价格或许多样但路途遥远、不便打听;收购商的价格容易获取,却被压得很低；政府收购价格可观而确定，个体农户却因为产量不足，很难和政府搭上线。农产品价格的变化加剧了市场的不确定性，信息不畅更使得农民难以应对这种变化，在风险规避的驱使下，个体经营的农户往往退而求其次，接受收购商的价格，将大部分收益拱手让人。市场越复杂，掌握信息的收购商就越能获得大多数利润，农民在农产品价值链中分享到的收益反而是降低了。但是任何事物都会激起它的对立面，依靠掌握信息优势有利可图，村中就会试图掌握这种优势：如果通过村委会的组织，可以联络上外部的销售渠道，政府也好、加工商也好，从而绕开收购商这一环节，岂不是会有更高的收入？而从长期来看，由于农产品的收入弹性较低，伴随着经济增长，农产品相对于其他产品的需求降低，体现在居民消费中，就是食物在消费的比重不断下降。作为结果，在城市化和工业化的进程中，农业占国民经济的比重逐年下降，大量劳动力随之流出，进入城市中谋求生计，以往劳动力密集的农村，现在却面临劳动力稀缺的困境。劳动力的稀缺呼吁着农业生产方式的转变，使得农业生产不再像以前一样依靠大量人力，而是可以通过改进作物、使用机械，提高资本在生产中的地位。总而言之，短期内农产品的价格波动增强了企业化的趋势，而长期农业地位的下降，则呼吁着依赖投资的现代农业生产的发展。

现代农业生产，即以现代要素投入（如机械和农业技术的应用）为主要特征的农业生产。现代农业生产不仅节约劳动力，还能提高农业生产效率：以前田里要除草，现在可以喷洒除草剂；以前土地缺肥，现在化肥就能提高土地营养；以前浇灌需要挑水，现在通过水管水渠就能实现……然而，现代农业生产方式并非招之即来、毫无代价的，只有投资能顺利开展，现代农业转型才有可能。[①]但是，小农经济向现代农业的转型面临着两方面的阻碍：一是由于农民的储蓄不足，扩大生产尚且十分困难，更不用说转变生产方式；二是许多改良生产的投资具有规模经济，在小规模土地上采用反而不大划算（如拖拉机、水井等）。在此背景下，由某个中心把大家的资源集合在一起，集中力量办大事，充分发挥好规模经济，似乎是一种明智的选择。与此同时，现代农业生产下，农民的劳动更易监督——如以前用锄头锄草，管理者完全不知道锄草者有没有用力，是否在偷懒；现在喷洒除草剂，喷洒范围如何、速度怎么样一清二楚，监督成本最终是下降了。在实现有效监督的前提下，企业化生产的劣势或许得到有效弥补。

农产品价格的波动加剧了不确定性和市场信息成本，这推动了农民土地的聚拢，而价格在长期内的相对降低，使得劳动力大规模从农业转移到其他产业，对现代农业技术的发展提出了更高的要求。现代农业生产依赖于剩余积累和规模经济，并且可以有效降低农业的监督成本，这使得企业化生产相对有利可图。因此，正是价格的变化和生产方式的转变，将土地产权的方向从个体经营推向企业化生产。农民自愿出让不断贬值的土地，由生产效率更高的集体负责经营管理，这不仅不是开"吃大锅饭"的倒车，反而实现了资

[①] [美]西奥多·W. 舒尔茨：《改造传统农业》，梁小民译，商务印书馆2006年版。

源更高效率的配置。

2.4 辛庄村集体产业概况

如前所述,企业化相对于个体生产,具有三个优势和一个劣势。三个优势分别是:利用规模经济(由于存在高额固定成本)、擅长对付不确定性、降低市场机制成本;而劣势则在于人员的激励问题。随着时代变迁,优势在逐渐成长,劣势在逐渐淡化,使辛庄村的集体产业成为了可能。作为上述理论的现实映证,本节将梳理辛庄村目前起步的花椒林、桑树林、葡萄和小杂粮四个集体产业,具体分析这些产业的生产特性,在个体和集体生产下的绩效成果,以及集体生产下对应的分配和激励措施。其中,花椒地的合约安排最为成熟,其他的合约安排仅仅在议程上,因此我们将重点讨论花椒地的特性,花椒地的具体合约安排则将在本章第4节的案例分析中继续讨论。

村内目前规模最大、发展最成熟的集体产业是花椒林产业,其基本思路是以入股形式吸纳村民土地,借助政府投资兴办花椒种植业,由村委会实行集中管理。花椒的种植在村内并非新奇事,许多村民自家都有栽种花椒树,用来采集调料。近年来随着国内调味品市场不断成长,花椒的价格不断上涨,种植花椒似乎有利可图。但是我们在采访中发现,个体大规模种植花椒用于售卖十分困难,究其因,仍然在个体生产的三个劣势上。从固定成本上看,辛庄村花椒树的种植具有规模经济。花椒树尽管耐旱,若想大规模生产仍需要灌溉，而辛庄村内几乎没有灌溉系统，这使得单户种植花椒变得几乎不可能；与此同时，花椒产业面临村内所有产业的通病——运输困难，倘若生产规模不足，单是将花椒运输到镇上售卖就要花去一大笔成本。而从不确定性上看，花椒树未来的收益并不明朗：花椒树的栽培投资大，但见效时间长，一棵树需要 3—5 年才可以收获，这期间花椒价格如何变化，没有人敢做出定论，种植花椒树可谓存在一定风险，个体经营者不敢贸然投资。再看市场成本，目前村内的花椒种植和外部市场基本隔绝：和镇上的市场由于交通运输问题难以联通，而外部收购商对收购单户小面积花椒并不感兴趣，村民即使有富余的花椒，也很难拿到市场上交换。种种因素叠加，使即使花椒种植有利可图，个体也很难适应花椒的大规模生产，村内的花椒种植长时间被限制在缺乏灌溉、小户种植、自给自足的限度内。

自 2018 年新一任村委会上台来，集体花椒林的安排便如火如荼地展开。集体花椒林的制度安排大致如下：村委会向政府申请拨款投资，从村民处以入股的形式征集土地的部分经营权，[①] 交由村集体统一管理。在大规模生产下，规模经济得以发挥：由村内统一修建集体水井、大规模平整土地，降低了生产的平均成本。目前，村内的集体花椒林已经达到 300 余亩，并计划在 2019 年施行第二次扩张，届时固定成本将会被摊得更薄。与此同时，由于产业是政府出资、村集体管理，不确定性实际上转移到了村集体和政府身上：纵

---

① 需要注意的是，花椒林仅仅征集了村民的"部分"经营权，在入股的自家地块上，村民仍然有权利种植矮秆作物，收成归自己所有。

使花椒地收成欠佳，也仅仅是村集体的信誉、政府的资金发生损失，村民不需要付出大的代价，而且他们的土地经由集体平整、修建灌溉后更易耕种，这份合约对农民来说利大于弊。就市场成本看，在村委会的采访中得知，在生产规模扩大后，联络外部收购商将更加容易，村内也具备一定的议价能力，可以有效降低村内和外部缺乏交易的情况。这样看来，花椒地的企业化仅仅剩下一个问题——如何激励个体的生产积极性。根据村委会的说法，花椒地的收益分配将尽可能兼顾效率和公平：大致有60%的收成进行股权分配，股权由村民入股的土地，以及集体劳动生产的劳动评分（由专人监督）组成；剩下的收成将在全村按人头评分。这种"股份制＋大锅饭"的混合安排十分少见，我们也无法断言其实施后的绩效。它将在多大程度上激励村民的劳动，能否实现效率和公平的统一，还需要留待时间检验。

村内另一个如火如荼开展的集体工程，是养蚕业的发展，其基本思路是吸纳政府投资，鼓励村民以地入股种植桑树，并改造废弃窑洞兴建养蚕基地。和花椒林相似，辛庄村也有较长的养蚕历史，但多以个体经营为主，鲜见集体经营。由于养蚕业生产的三大特性，个体养蚕渐渐无利可图，在村中越来越少，以至于集体挑起了发展养蚕业的大梁。在固定成本方面，除了困扰村内的运输问题，养蚕业主要受制于技术壁垒。我们从村中了解到，养蚕并非谁都能养好，需要一定的专业知识，如果技术得当，一张能养出八十只甚至一百多只蚕茧，那么就能有较多盈利；如果只能养出六十只不到，肯定会面临亏损，这本身便阻挡了村民个体对养蚕业的发展。

至于不确定性，市场价格变化自不必说，更严重的是蚕种存在患病的风险，一旦蚕种感染疾病，在短时间内就会扩散开来，对农户造成巨大损失。而市场成本更是耐人寻味，正如之前提到的，蚕茧的市场价格常年在20元以上，但村民从收购商处了解到的价格仅仅是2元3斤（如果走访信息无误），不知价的情况十分严重。重重因素叠加，个体生产者不仅难以处理好养蚕中的技术、疾病问题，也难以获取准确的价格信息调节生产，养蚕业即使存在前景，也让人望而却步。

针对这一问题，村内对养蚕业进行企业化似乎是合情合理的。养蚕业的安排和桑树林相似，仍然是农民出地、政府出资、村委会管理的模式，只是存在安排的细微不同。从村委会的交谈中发现，针对养蚕业中的技术和疾病问题，村委会的集体养蚕一旦形成规模，就能向县里申请专业的养蚕专家作为技术顾问，协助养蚕业发展，大大解决了其中的成本和风险问题。而在市场成本方面，村委会则负责联系政府收购渠道，以30元一斤的价格卖出蚕茧，克服了以往"不知价""不知道卖给谁"的困境。而在管理和激励方面，村中一方面将采取"花椒林式的土地+劳动分成"模式，另一方面将雇用一部分村内的老弱人口，负责照看桑树的生长（村内称为"老年团"），通过"股权+工资"的形式进行剩余的分配。由于桑树和养蚕业仅仅处于构想阶段，具体的合约安排并不详细，合约分析和绩效评估只能稍微放在一边，这将是我们未来几年所关注的话题。

如果说花椒林和桑树林的企业化都是"从多到一"的过程，那么集体葡萄地更接近于"从零到一"的制度安排，前者依托于土地经营权的流转，而后者直接开垦出一片坝地供集体使用。葡萄的种植不仅存在运输困难、缺乏渠道等共性问题，还伴随着高昂的管理成本和余种成本问题。不仅如此，葡萄作为水果容易腐烂、很难保藏。受制于上述条件，村内目前尚无种植葡萄的历史，葡萄种植究竟是否可行仍然是未知数。因此，村集体作为"第一个吃螃蟹"的创新者，便承担了种植葡萄的试点任务：由集体打出适合葡萄生产的坝地，购买葡萄种子，雇用村内专业人员管理，倘若收成较好，则整体装车运输，并推广种植。这种"先试验、再推广"的模式，普通的农户无法承担投资失败的风险，只能交由集体完成。由于试点规模小、前景不明朗，土地入股的合约并不是太现实，因此集体葡萄地的试点更接近于我们通常理解的"集体产业"——集体生产，剩余索取权归集体所有。至于其中激励问题如何，和前两种产业一样，我们的回答只能是"等待"。

小杂粮地较为特殊，它并非纯粹"企业化"的集体生产，并不涉及土地经营权的完全流转，更接近于"统一规划"的发展理念，即由村内规划出种植杂粮的土地，给予地上农户一定补贴，规定他们只能种植小杂粮，杂粮由集体进行收购，销往政府。若要进行定义，这个过程应属于土地经营权的部分让渡——以往农户能自由选择种植的作物，现在只能种植杂粮，但换取了村集体的补贴，相当于流转了自由选择作物的权利。小杂粮是辛庄村的传统作物，种植并不困难，但销售渠道和运输问题常常困扰着个体生产者，与此同时，村内缺乏对杂粮进一步加工的设备，处于价值链的最低端。以往小杂粮并不值钱，近年来城市里提倡"健康生活"，主张多吃杂粮，对杂粮的需求增加，种植杂粮反而有利可图了。因此，村集体和县政府签订了杂粮的收购合约，将合约的产量分摊到部分土地，并负责这些土地的整地、施肥工作，并对该地块的农户给予补贴，农户只需要完成种植任务即可。而在未来，村集体计划在村内广场修建完成后，建起一座杂粮加工厂，对村内生产的杂粮进行脱壳、装袋等初步加工，从而提高粮食等附加值，提高杂粮带来的收入。如果说葡萄地接近于纯粹的集体生产，那么小杂粮地则更接近于纯粹的个体生产，只是村集体介入其中，改变了村民的部分产权安排——尽管如此，小杂粮地的收成仍然归农户所有，因此并不存在严重的激励问题。

表10-2总结了本节对集体产业的分析，包括其生产特性、经营状况和分配情况。从中不难看出，即使"企业化"的趋势正逐渐演化，视农业生产的情况而定，企业化仍然具有不同的合同安排，但是万变不离其宗，借助表10-2我们不难看出，这些产业尽管存在个体差异，其中的核心却是相似的："三正一反"的角逐，即集体生产在规模经济、不确定性和市场成本上的优势，和个体生产在激励上的优势角逐，形成了变化万千的合约形态。在固定成本庞大、不确定性较高、使用市场机制代价高昂的情况下，产业会更接近于纯粹的集体产业，即集体拥有大部分的剩余索取权（如葡萄地）；而在固定成本不高、不确定性较小的产业，个体化的趋势会更加明显（如小杂粮）；而更多时候，产业生产会夹杂在个体和集体之间，以土地入股的形态存在（如花椒林和养蚕业）。

表 10-2　　　　　　　　　辛庄村集体产业特性一览

		花椒林（股份）	养蚕业（股份）	葡萄（集体）	小杂粮（个体）
生产特性	固定成本	需要打井浇灌；运输困难	存在技术壁垒；运输困难	苗贵管理成本高；极难保存；运输困难	种植容易，运输困难
	不确定性	投资大周期长；五年后价格不确定	蚕种易得病；价格不确定	村中尚未种植过	价格依赖市场偏好，近年来上升
	市场成本	缺乏销货渠道	严重"不知价"	缺乏销售渠道	缺乏加工环节；缺乏销售渠道
过去：个体经营		缺乏灌溉；小规模培育；自足为主	技术差产量小；易生病减产；常低价卖给收购商	几乎无人种植	难以外销多自足；止步于初级产品
规划：集体/集体+个人	产权安排	土地经营权部分流转	土地经营权流转	开发新地，集体全权经营	无经营权流转，仅仅限制种植作物权利
	经营安排	农民出地，政府注资，村里管理；统一打井浇灌；统一联络经销商	农民出地，政府注资，村里管理；联系技术人员辅导；县上专人诊治疾病；政府统一收购	集体打坝地、买苗子；村内专业人员管理；统一装车运输；先试点再推广	村里规划、集体整地、施肥；个人种植管理、享受补贴、收入独享；联络县城签订订购协议；未来建加工厂卖产成品
收入归属		土地+劳动力分成60%；剩余40%收入村内平分	土地+劳动力分成；雇佣工资	村集体+雇佣合同	村民个人

综上所述，本节主要阐述了"三正一反"的力量在企业化进程中发挥的作用。我们指出，正是近年来价格和生产方式的变化，改变了集体生产在规模经济、不确定性和市场成本上的优势，和个体生产在激励上优势的相对大小，从而使得土地经营权以自愿形式向着村集体流转。在具体的合约安排上，视"三正一反"力量的不同，产业会在完全集体化和完全个体化之间找到平衡点，以某种特殊的合约形态存在。由于村内产业大多数仍然在规划阶段，我们只能管窥蠡测进行大致总结，更进一步的推断和分析，还有待于村集体经济的实践发展。

◇◇3 "企业家"与制度演进动力

毋庸置疑，辛庄村的土地产权正向着企业化的趋势发展，但趋势并不等于结果，要实现土地制度的演进，推动力是必不可少的。尽管"三正一反"的变化早已发生，辛庄村直到2018年新一届村委会上任后才出现集体产业，可见村领导班子在推动土地演进上起着不可或缺的作用。如何理解村委会在制度演进中的地位？新一任的村领导是怎么把辛庄村一步步带上企业化的道路的？这是不可回避的问题。

我们认为，村委会在企业化的进程中，扮演了类似于企业家的角色，即作为中心缔约者，将各方资源整合起来，并承担了企业家决策、创新等方面的职能。正是这一群"村企业家"的活动使得集体产业的发展成为可能，令辛庄村的面貌焕然一新。

3.1 "企业家"存在的必要性

"企业化"的进程离不开"企业家"的活动。这里的企业家，借用阿尔钦①的定义，是一系列合约的中心缔约者，实现资源整合并协调团队合作。我们在文初就已经提到，村内集体产业的兴办是建立在自愿的基础上的，各方资源看到集体产业有利可图，甘愿让渡资源的使用权，从这个意义上看，集体产业和企业十分类似。企业的存在是企业家活动的结果，集体产业的兴办，同样需要一个发挥相似职能的中枢。我们不妨用汽车打一个比方，轮胎、发动机、方向盘等零件是不会自己上路行驶的，必须经过装配工人的加工，让它们相互配合、共同协作，汽车才能开上路。集体产业也是类似。要种植花椒林，要征地，要雇人，要吸引投资，还要掌握销售渠道……一言以蔽之，要将各种有形无形的资源整合在一起，创造出盈利的能力，集体产业才能繁衍生息。企业家之于企业，便类似于装配工人之于汽车（尽管企业的许多零件——特别是劳动力——是活的，需要企业家的管理），企业家不出现，企业也就荡然无存。

因此，企业化的核心在于整合资源，要整合资源就离不开企业家的活动。在集体产业的发展中，恰恰是村委会登上了舞台，扮演了"企业家"这个角色，它将村内的人力和土地资本，以及外部的政府

---

① Alchian, Armen A., and Harold Demsetz, "Production, information costs, and economic organization", *The American Economic Review*, Vol. 62, No. 5, 1972.

投资和社会资本汇聚在一起，为贫穷的辛庄村注入了充沛的生命力。本节的主要话题，便是村委会这个"企业家"，究竟是如何成为中心缔约者，带领辛庄村走上集体产业道路的。村内吸纳资源的机制不尽相同：村内资源由村委会自行整合，而村外的投资和社会资本，则通过"示之以能"的方式进行吸引。正是从村内到村外，从"能"到"示之以能"的过渡，使得辛庄村得以汇聚各方力量，如火如荼地推进改革进程。

3.2 集体产业需要的资本

企业化要想成功，集体产业要能办起来，离不了以下四方面的资本。

（1）土地资本：家庭联产承包责任制推行后，土地的经营权和承包权都归村民个人所有，要搞集体产业，就需要有大片集体经营的土地，就必须实现土地经营权从个体到集体的转移。

（2）人力资本：分为两种劳动力——普通劳动力和技术劳动力，后者具有专业知识，对产业发展——尤其是养蚕等具有技术壁垒等行业——有重要作用。

（3）金钱资本：即资金的注入，由于村内发展落后，储蓄和普遍较少，新兴产业的发展离不开外来资金的注入，尤其是政府款项的支持。

（4）社会资本：以社会关系网络的形式存在，即社会关系给村内带来的优势，譬如张维迎老师为了支援村内广场建设，就从香港的朋友处拉来 200 万元的资金援助。

其中，土地资本和人力资本基本为村内所有，可以被村委会直接组织管理；而金钱和社会资本来自辛庄村之外，需要通过一些方式争取，图 10-2 对上述的资源进行了总结。内部的资本容易获取，可以起到的作用也有限；而外部的金钱资本和社会资本是否汇入，决定了村办产业是否能够成功，我们对村委会的采访也印证了这一点。因此，站在 2018 年的时间点上，摆在村委会面前的是两个问题：如何动员、组织起内部资源？如何吸引、拉拢外部资源？村委会选择了"先内而外"的战略：通过内部资源的整合，以及一部分村内公共工程的修建，展示出村子发展的潜力，再通过"示之以能"吸引社会资本和政府投资进入村中，从而推动产业起飞。内部资源的整合是前提，外部资源的汇入是关键，这便是村委会作为"企业家"的任务。

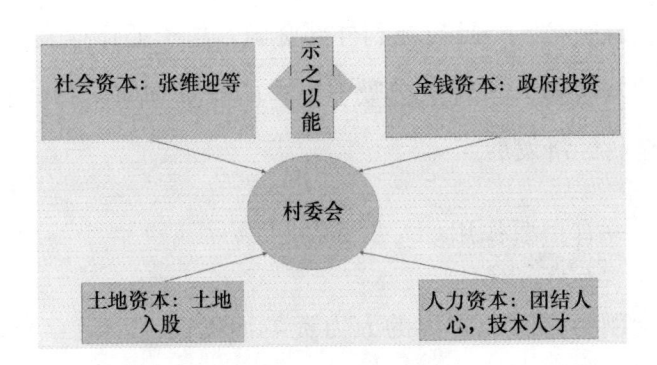

图 10-2　辛庄村潜在的资本

3.3 资源的整合逻辑

企业化的资源整合并非一蹴而就的，而是遵循"先内后外"的脉络，首先整合村里的资源，运用整合的结果，争取外部资金、社会资本的支持。为什么不"毕其功于一役"呢？究其原因在于村委会和资源提供者的信息不对称差异。土地资本和人力资本几乎都来自村民，村民和村委会朝夕共处，对村委会的办事效率、村干部的个人能力有清楚的认识，如果村委会确实具有潜力，村民也容易信任村干部。但是外部社会资本和政府投资不同，它们和村子存在严重的信息不对称，这就形成了阿克罗夫[1]笔下的"柠檬市场"[2]：真能办事的村子和骗取补贴的村子混在一起，外部投资者并不了解村内的情况，忧虑资本会不会打水漂，在投资方面会更加谨慎。要获得这部分资源所有者的信任，村子就必须向他们发出信号，展示出自己未来的潜力，破除村内外的信息壁垒。一旦拉拢到外部资源，村子的产业发展就会容易很多，产业发展喜人，自然会吸引更多的投资项目，形成良性循环，最终带动全村经济发展。

3.3.1 内部整合

村委会刚上任时，村内的人力资本面临两大问题：年轻劳动力

---

[1] Akerlof G. A., *The Market for "Lemons": Quality Uncertainty and the Market Mechanism*, Academic Press, 1978: 235 – 251.

[2] 柠檬外表好看，味道酸涩，在国外代指以次充好的产品。所谓"柠檬市场"，就是良莠不齐，好的坏的积在一起、难以区分的市场。

流失，村民之间不团结，二者都是传统乡村体系瓦解的后遗症。劳动力流失是经济发展的长期趋势，不可轻易逆转，短期内村子也无能为力，唯一能做的只有发展不那么依靠劳动力的产业，让村子富裕起来，进而吸引劳动力回流。村委会的改革，更多的是针对第二个问题——如何把村民团结起来？一方面，由于前几任的村委会无功无过，村民对村委会的了解和信任并不是很深；另一方面，村民之间相互不走动，村子的凝聚力有待加强。为了赢得村民的信任，村委会上任之后，便自掏腰包为村子做了不少事情：修缮寺庙、修筑道路、组织爱心超市……没过多久，村委会的工作就得到了人们的支持。为了增进村民的联系，村委会还决定举办集体活动：端午节举办吃粽子、包粽子大赛，中秋节为孤寡老人办团圆饭，平日里组织村民扭秧歌、文艺会演（村主任甚至亲自上台表演）。在一次次的活动中，村民之间熟络了起来，村子也开始有团结一心的迹象。

辛庄村的土地资源分散在村民手中，要创办集体产业就要把土地的经营权流转到集体手中，这个过程充满着村集体智慧的结晶。和计划经济时期的强制征地不同，在赢得村民的信任后，村委会设计出一系列合约安排，激励村民们自愿提供土地。譬如土地分成、集体帮助平整土地、仅仅要求让渡部分权利（如花椒地就允许村民在入股的土地上种植低秆作物）等。在传统农业下土地本身便不能提供多大价值，面对土地入股的优厚条件，绝大多数村民都愿意把土地交给集体进行耕种，少数实在不想让渡的，集体也不会勉强。这样一来，村集体成功将分散的土地聚拢到一起，以便于对土地实行统一修整、灌溉。

村委会用诚意换取了村民的信任,用行动赢得了村民的团结;而在适当的合约安排下,土地经营权不费吹灰之力,就流转到集体手中。这样一来,集体产业需要的村内资源已经准备就绪,"示之以能"吸引外来资本的条件也已成熟。

3.3.2 外部吸引——示之以能

内部资源整合只是第一步,是为外部资源引进做的铺垫,只有当村民团结一心、村内设计出分成制等土地制度安排后,集体产业出现曙光,外部资源才会相信村子真的具有发展的可能性,从而支持村内建设,我们将这一机制称为"示之以能"。孙子兵法云"能而示之以不能",这说的是欺骗敌人,在这里我们反用其意,"能而示之以能",即村子通过一系列信号,传达出自己"能"的信息,从而吸引外部资源,是一种合作的手段。由于社会资本和政府投资的机制相似,我们只需讨论政府投资便已充分。

辛庄村和镇政府具有相似的目标和相容的激励,但是信息不对称阻碍了二者的合作。对于辛庄村而言,当务之急便是动员一切资源,将村子发展起来;对于政府而言,他们既希望村庄发展起来、实现脱贫目标,也希望尽可能避免款项的贪污和浪费,二者激励其实相容,存在合作的可能性。但是政府对村庄内部并不了解,在投资上抱有谨慎的态度。在此情况下的一个最优解,便是村庄通过"示之以能",发出信号告诉政府自己的发展潜力,而政府对村庄进行甄别,判断是否进行投资。图10-3是我们整理出的村镇互动示意图。要获得政府项目的支持,村庄需要主动申请项目,由镇政府派人进行调研和考察,根据可行性决定是否立项——如果可行,则先小规模投资试点,等到试点成功再追加投资。良好的表现能帮助村庄赢得信誉,信誉越可靠,获得政府支持就越容易,进而实现村镇的良性互动。

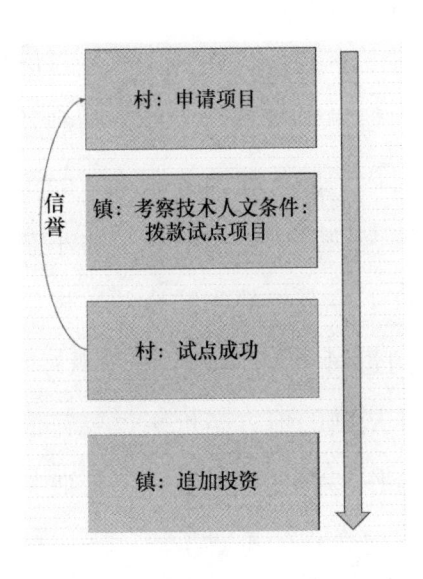

图 10-3 村镇互动示意图

可见,在村镇互动的"示之以能"中,村庄如何通过政府的考核,并且建立良好的信誉至关重要。对于村庄而言,实现目的有两种手段:在政府考核中取得良好表现,或者完成政府项目间接赢取信任。通过走访发现,政府的考核中有两大重要内容:村庄的凝聚力以及项目的可行性。在整合内部资源的过程中,辛庄村已经在这两大方面取得了满意的成绩:村民变得空前团结,村委会也设计出集体产业可能的合约安排，这也是新一任村委会上台后，外来资金源源不断注入的重要原因。更为重要的是，辛庄村在村内事业做出了成绩，建立起自己的信誉，正推动村镇互动步入良性循环。在集体产业、村民广场如火如荼开展建设的时候，水利局又主动派人下来考察，提议帮助村里兴修水库，彻底解决村民的自来水供应问题，这在之前是前所未有的。

这一良性循环得之不易，以至于村内对"信誉"一词看得非常重，为了维护村子的信誉不惜牺牲一段眼前利益。之前修路时，由于政府拨款不足，村内道路修建面临困难，为了完成工程，村委会甚至自掏腰包填补资金缺口。类似的例子在小杂粮的种植上也有体现。村内和政府签订了小杂粮的收购合约，规定每年缴纳一定产量的杂粮。我们曾询问过村干部，倘若收成不好完不成任务怎么办？回答干脆利落：就算从别的地方高价买也要完成任务，不然村子的信誉砸了，以后的合作都会进行不下去。长期关系是信息不对称的天敌，也是将各方引向合作的重要手段。辛庄村或许没有人学过博弈论，但他们的实践却分明印证着其中的道理："人无信不立"，这是为人处世最朴素却也是最难的道理之一。

总而言之，辛庄村的企业化进程离不开村委会作为企业家的活动。村委会作为缔约的中心，对内外部资源采用不同的方法进行整合，最终获得了令人满意的阶段性成果，村子这一"企业"也正走向正途。在吸引外部资源的过程中，村子"示之以能"的举措，以及对信誉的重视令人称赞，也无怪乎小小的村庄能挣脱信息不对称的桎梏，焕发出如此庞大的生命力。

◇◇4 花椒地的合同设计

我们认为,辛庄村集体产业这种特殊产权的激励机制和退出成本约束是使得这种"企业化"的产业能够有效实施的重要因素之一。有效的激励机制可以避免村子重走"大锅饭"的老路,而合理的退出成本约束能够减少农户搭便车获得集体平整土地的机会。

在花椒地中,并不存在完整的经济产权。我们了解到,在一块集体种植的花椒地中,只要不挡到花椒树的阳光,农民仍然可以在底部种植一些低秆的作物。这些低秆作物的产权是完全归属于农户的。因此,我们认为,花椒地是一个集体产权和个人产权的充分混合体。

下文中我们将以花椒地的合同为例,对上述问题进行探讨。

4.1 特殊产权安排中的激励问题:"股份公司和人民公社的结合体"

花椒地的剩余分配分为两个部分,第一个部分是按照以地分成、按劳分配的方式进行分配,这种机制类似于企业;第二个部分是将剩下的一小部分剩余收归集体管理,用于集体规划建设或者采用全村平分的形式。我们认为,这两个分配机制相互补充,合理的分配比例可以使得这种机制兼顾效率与公平。既可以使得村集体发挥企业的制度性激励优势高效利用人力资本和非人力资本，也可以发挥村委会作为一个经行政村村民选举产生的群众性自治组织的职能。

4.1.1 "股份公司"式地按人力资本和非人力资本分配大部分剩余

我们认为辛庄村一部分的分配方式类似于股份制公司：以地入股，按劳动力分成，而土地和劳动力部分的分成比例为60%和40%。如果把这种分成比例看成人力资本与非人力资本的合同，相较于未实行集体产业时的情况，我们发现这种机制相当于人为提高了非人力资本——土地的分配比例。未实行集体产业时，村中的惯例是"谁耕种，谁受益"，此时因为土地的价值非常低，非人力资本土地的分成比例为零，耕种者享有全部的剩余索取权；在集体产业中，土地的分成比例被提高了。

土地的分成比例为什么会提高了呢？辛庄村修建诸如小杂粮加工厂、广场、盘山路等基础设施，雇用专业技术人员照料农作物、改良作物等一系列措施使得农产品价值上升，同时村集体"企业化"的制度模式提高了生产效率和对资源的利用效率，因此附着在土地之上的价值上升了，土地这一非人力资本也就获得了一部分的剩余索取权。

4.1.2 "人民公社"式的小部分集体剩余索取权

种植花椒地的剩余中，村集体仍然会留有一部分，收归集体管理用于全村规划建设或者采用全村平分的形式。据村中的会计说，2019年秋天，花椒地就会包含所有农户的土地，也就是说，所有的农户都可以享受集体产业带来的好处。虽然如此，在总剩余中保留出一部分用作集体规划管理也是非常必要的，这样可以一定程度上缓解全村收入分配不均的状况，也能够为村集体进一步建造集体基础建设项目提供更大的空间。

4.2 特殊产权安排中的退出成本约束

"辛庄村集体经济合作社入股协议书"中提到"乙方（农户）入股合作期限为5年，从2018年10月15日起至2023年10月15日止，在本合同期满后，甲方若需继续使用该土地，乙方不能悔改"。这就为农户退出集体经济产业设立了较高的退出成本。村中的会计向我们介绍，如果到2023年，有农户想要退出花椒树集体产业，需要村委会和所有入股农民投票通过才会被准许。

这种较高的退出成本有效避免了农户搭便车获得政府和村委会免费为其平整土地、种植花椒树服务的机会。到第一个5年合同期止时，倘若农户发现种植花椒树有利可图，想要继续利用之前政府和村委会为其播种的花椒树，并且退出集体产业自己继续管理花椒树会比留在集体产业中效用更高，这个集体产业就会面临失败的不确定性，而一旦设立了这一条款，就可以较为有效地规避这一问题。

4.3 集体产权和个人产权的充分混合

在集体种植的花椒地中,个人仍然可以种植一些低秆作物,但要求是不会影响花椒树的生长。因此,这些农户自己种植的低秆作物的产权是完全属于农户的,而在上层的花椒树的产权却是部分属于农户,部分属于村集体。每一块土地都可以视作集体产权和个人产权的充分混合,较大限度地利用了资源。

◇ 5 总结

辛庄村土地的确权和流转的过程相对领先,早在"三权分置"推行以前,便已经出现经营权流转的非正式制度。并且依赖于村中小范围的"熟人网络",这些非正式制度的有效性非常高,很多土地确权和流转的结果都在国家于1999年颁发的中华人民共和国农村土地承包经营权证中得到认可。

尽管辛庄村的土地产权如此清楚,仍然无法阻止因为枣树价格下降带来的土地价值的贬损。农民种地不赚钱了,大量青年劳动力流入城市,土地不再稀缺,抛荒现象严重。伴随着土地价值和人口结构的变化,村内包括土地制度在内的社会规范和法规制度发生了日新月异的变化。

因为当地土地的低价值,农户在辛庄村共用品建设过程中土地资源的提供方面成本极低，又可以获得"熟人网络效益"中的"选择性激励"和共用品的社会收益；另外，能否获得外部资源的不确定性极大。此时，提供土地的成本收益分析和农户对不确定性的规避心理同时促成了辛庄村农户自愿提供土地建设共用品的局面。

村中的土地经营权出现了新的流转趋势——从个体流向集体的趋势。这种流向集体的，我们称为"企业化"的趋势形成的原因，取决于企业化与个体经营之间"三正一反"的力量博弈，即企业化在规模经济、不确定性和市场成本方面的优势与个体经营在激励方面的优势之间的相互角逐。在辛庄村，企业化对整体福利的提高显著高于个体经营时对整体福利的提高，村庄生产组织制度趋向企业化。同时，辛庄村集体化产业中合同的设定也考虑到了激励的问题，例如合同中涉及的以地入股、按劳分配、较高的退出成本约束等。

土地的贬值和生产方式的转变，改变了"三正一反"的相对力量，是一系列制度变化的根本原因。伴随中国近年来的经济增长，食物占家庭总消费的比重不断下降，居民对农产品需求降低。作为结果，体现在城市化和工业化的进程中，农业占国民经济的比重逐年下降，大量劳动力流出。另外，现代农业技术迅速发展，但由于辛庄村资金的短缺和分散化的小农经济历史，在之前一段时间里未能完成向现代农业的转型。这两个转变改变了"三正一反"的相对力量，引起了辛庄村生产组织制度的"企业化"转变。

在一体化的进程中，村委会发挥了类似企业家的职能，成为中心缔约者——通过直接整合的方式利用内部资源，团结村民，增进村民之间的感情联系；通过"示之以能"的方式汇聚外部资源，向政府等外部资源发布信号，告诉政府自己的发展潜力，并建立良好的信誉机制以获得持续的外部资源供应。

由此可见，企业化并非自上而下的计划经济产物，而是村内自下而上的机制设计结果。在这一过程中，村镇之间互动的机制，以及辛庄村村委会企业家精神的发挥都是可供借鉴的经验。

附　　录

◇◇附录一：辛庄村第一组访问家庭生育情况表

第一户

成员身份	出生年份	子女个数（个）	男孩个数（个）	女孩个数（个）
户主	1953	2	1	1
配偶	1955	2	1	1
女儿	1990	0	0	0
儿子	1992	0	0	0

第二户

成员身份	出生年份	子女个数（个）	男孩个数（个）	女孩个数（个）
户主	1951	3	3	3
配偶	1949	3	3	0
大儿子	1979	1	0	1
二儿子	1983	1	1	0
三儿子	1990	1	1	0

第三户

成员身份	出生年份	子女个数(个)	男孩个数(个)	女孩个数(个)
户主	1951	1	1	0
配偶(二婚)	1949	2	2	0
养子	1981	2	1	1
次子	1989	1	1	0

第四户

成员身份	出生年份	子女个数(个)	男孩个数(个)	女孩个数(个)
户主	1956	3	2	1
配偶(二婚)	1969	1	0	1
长子	1982	1	1	0
次子	1984	2	1	1
女儿	1985	0	0	0

第五户

成员身份	出生年份	子女个数(个)	男孩个数(个)	女孩个数(个)
户主	1952	3	2	1
配偶	1955	3	2	1
长子	1974	3	0	3
次子	1975	1	1	0
女儿	1979	1	1	0

第六户

成员身份	出生年份	子女个数(个)	男孩个数(个)	女孩个数(个)
户主	1952	4	3	1
配偶	1960	4	3	1
大儿子	1981	1	无数据	无数据
二儿子	1983	3	无数据	无数据
三女儿	1985	1	无数据	无数据
四儿子	1988	0	0	0

第七户

成员身份	出生年份	子女个数（个）	男孩个数（个）	女孩个数（个）
户主	1949	4	1	3
配偶	1952	4	1	3
大女儿	1970	4	1	3
二女儿	1974	2	1	1
三女儿	1977	2	0	2
儿子	1979	1	1	0

第八户

成员身份	出生年份	子女个数（个）	男孩个数（个）	女孩个数（个）
户主	1961	2	2	0
配偶	1966	2	2	0
大儿子	1988	3	3	0
二儿子	1999	0	0	0
大儿媳妇	1993	3	3	0

◇◇ 附录二：辛庄村民俗——鬼附

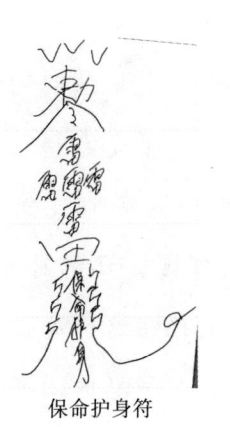

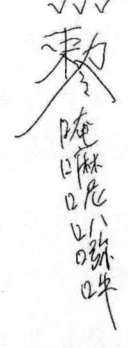

保命护身符

观音符

考察感想

第一章

  一直都很喜欢参加社会实践，去外面走走，是一种放空，埋在书本里久了，各种事情缠身，心思都是沉重的混乱的。用脚丈量土地，用眼观察社会，一段时间抛弃繁杂专心于一件事，可以让心再次沉静、眼更加澄明、脑更加睿智。从真实世界看到象牙塔里所没有的，让不食人间烟火的书生气被社会冷暖炎凉洗礼，之后才能做对社会真正有意义的研究。

  这次社会实践始于辛庄村的田野调查。第一次来到如此贫困偏僻的山村，聊天式地和乡亲们访谈，了解他们的过去与现在。了解到的内容有一半是意料之内，一半是意料之外，当从前在书本里或者报道里看到的特殊事件真实地被受访者谈起时，便又是一次成长。在快速发展的中国，日新月异的中国，在我们对着宏观向好的数据分析时，也存在这样的山村，似乎脱离于我们所认知的世界，山中岁月长，消息的闭塞、环境的不适促使年轻人一批批地离开，山村的发展又该何去何从，也许快要消亡，也许还会存在……

红色实践也是此次社会实践的重要组成部分。冒雨寻访梁家河，第二天继续参观延安众多的革命遗址。我一直在想作为一门经济学必修专业课，为什么一定要和红色教育联系起来。后来我突然明白，初心从这里出发，经济学是一门经世济民的学问，它立足于现实，扎根于祖国，经世济民本就是我们经济学学生的初心，革命用的是刀枪，科研用的是学问，但相同的是那颗火热跳动、为民族为国家的心，需要的都是那种精神。

最后一站西安，我觉得应该称它长安，太好的名字，与民万世长安。与缅怀抗战的西安事变纪念馆不同，陕博是了解华夏历史。十三朝古都，西安本就是用来朝圣的地方，用心感受历史的悠久与沧桑、时光的久远、民族的兴衰，这是一种文化认同，认同了文化，认同了民族，才有澄澈坚定的初心，向前走。

解道生民想，修远路长。

念济民经世，吾辈愿担当！

重回首，中华雄立，僻壤辉煌。

王笑雨

古有魏相佐玄宗创贞观之治，有诗言："昭昭有唐，天俾万国。"今日有习总书记之"伟大复兴"，复兴的便是当年国富民强、万邦来朝；入则法治，出则兵胜；人各其位，物尽其用。处庙堂之高，察万民情而执政；处江湖之远，观世人态而立足。"夫以铜为镜，可以正衣冠；以史为镜，可以知兴替；以人为镜，可以明得失。"虽言镜，实言察。兵法有言察而庙算者胜，万物当此理也。

无论是做政策、做学术还是做人，脚踏实地地获取、观察、分析第一手资料永远都是最不可忽视的事情。离开了基层，一切政策学说都是无源之水，无本之木。半月陕北行，短暂而难忘。我们深入黄土高坡，和经历了新中国成立、建设历史的村民面对面交流，真正学到了许多课本上学不到的知识。从陕北吴堡，我才终于学会了一点"观察"的能力。

什么叫"上有政策，下有对策"。我们学习的众多模型、办法都是从上往下泼洒下来，他们真正有效吗？执行的哪一步出了问题？

什么叫"中国农民"。农民工是他们，坚韧而沉默；连生十个的是他们，勤劳且愚昧；算命道士是他们，狡黠且聪慧。理解中国农民，才能理解中国。

刘作杰

写感想之前，我低头看了看自己黑黑的手臂，笑了笑。写感想啊，写辛庄村太阳太大，太晒就不错。不过后来想想，毕竟晒黑什么的，在家躺个十天半月也恢复得差不多了，相比之下，调研带来的乐趣留得恐怕比这个要长久许多了吧。

正如我刚说的，调研的环境自然是极其恶劣的，我相信这给我们所有人带来的印象也是很深刻的。烈日狂风，黄土漫天，虽说夸张了点，但心里感觉已经恶劣至极了。但是正因如此，调研时候的一点点小幸运就被这恼人的天气给衬托得让人无比快乐，在记住了恶劣天气的同时，也记住了其中偶然出现的小美好。

说点儿不正经的，要说这一趟印象最深的，莫过于在村里吃的那几顿饭了。虽说上的菜完全不如平时吃的精致，口感也没有那么细腻，但这粗犷的味道着实令人难忘。回来之后发现自己胖了不少，我想这应该是有着很大的功劳吧。至于那些有趣的故事，现在依稀还记得一点，不过纵然有趣，还是不如食物和当地村民的热情来的直接。

总的来说，如果有机会，当然还是愿意再去陕西玩一下的，只是希望下次天气对我好一点。

吴子贤

第二章

这次经济学实践是我第一次来到陕西省，见识到了很多不一样的自然风光和人文景观，觉得颇有收获。

在辛庄村的几天，有几点给我留下了很深的印象。第一当然是风景，村庄坐落在山间，天空特别特别蓝，而且绿化也不像一些小说或电视剧中描述得那样糟糕，山间植被覆盖率还是比较高的，听说退耕还林起到了一些作用。去村民家里走访，还看到了很多他们种植的农作物，第一次看到高粱，我还误以为是玉米。不过村里施工填沟，凿山平地，尘土飞扬，一吹起风就黄沙漫漫，受了不少苦。

第二是村民们的热情。连续几天都在村委会吃饭，他们还特意从县城买回来矿泉水和西瓜，饭菜总怕我们不够吃，非常热情地招待我们。去村民家里调查，他们也很耐心地听我们说话，努力地回答。很多村民还拿出自家的杏子、水招待我们，临走还要我们带点走。

第三是我对村庄有了一些了解后产生的想法。辛庄村贫困户数量占比非常高，留在村中的几乎全是老人，稍微有能力的年轻人都会离开村庄，去县城甚至更远的地方谋生。村庄交通非常不便，进村的山路两车相遇会车都很难。长此以往，村庄真的能一直存在吗？前景堪忧。

去延安和西安这几天的行程相对比较松，其中我觉得参观陕西历史博物馆特别有意思。从一件件藏品中（配合解说员姐姐的解说），可以感受到西安作为多朝古都的历史沉淀。

为期十天左右的实践活动中，我们走访了许多不同的地方，深入了解了陕北农村的面貌，参观了延安以及西安等地的革命纪念馆。实践活动时间虽短，但我收获颇丰。

蒋嘉毅

在辛庄村调研的几天，让我看到了中国社会的另一个面貌。这里自然条件恶劣，是长期的贫困村，人们的生活条件很艰难，在辛庄村调研的这几天，仅仅是在大太阳天下走不长的一段山路，就已经让我叫苦不迭了，而这里的村民们在这样的天气下还要从事辛苦的农业劳动，其艰辛可见一斑。我之前很少到农村，更没有去过这样的贫困村，这里的生活条件之差，是我没有想见的。平时都生活在城市里，潜意识中便觉得中国都是这样的好地方，这次到辛庄村，才发觉，中国还有另外一面；而且，从统计数字上来说，辛庄村所代表的这一面，也是半个中国。中国的城乡差距很大，这一差距的主要后果是一种生活方式不能想象另一种，更不要说理解另一种了；但是，不管这差距有多大，这都是同一个中国。对于经济学家来说，在提到中国，考虑中国问题时，一定不能忽略了那半个中国；对于决策制定者来说，也一定不能忽视这二者的不同，但同时也要将它们一视同仁；要做到这样，就离不开真实地深入辛庄村这样的村庄中，即使是走马观花地看一眼，也会纠正许多思维定式和思维盲区。

袁振宇

第三章

我从来没有去过陕北。沙尘暴、窑洞、扭秧歌,被一面红色的旗帜包裹在我的记忆里。有人说陕北人热情好客;也有人说陕西地邪,有各种诡异的传说。

第一天开始就有西瓜。西瓜很甜,还有点冰。大家都狼吞虎咽。可是西瓜太大了,纵使大家在不算平整的山路上颠簸了近两个小时,吃这么多的西瓜也远超过了大家的能力。

吃饱了没多久,就到了开会的时间。开完会,大家就被村干部带到了各家各户。

我认为能拿出这么多冰西瓜的地方,应该会产西瓜吧。向填沟的地方望去,这一片黄土的地方,也许有一大片种西瓜的绿洲吧。之前说过,这里气候干燥,只有枣子之类的东西才能长。这里真的长西瓜吗?但是这么大一盘西瓜让人不得不信。

后来我知道西瓜是从县里运进来的。从吴堡县上山要花两个小时。我想了一下,从吴堡县一路颠上来,西瓜没破——也许破了不少,那些都没端上来。

这中间有怎样的工序呢?还有新买来的移动厕所,每天现杀的羊。毕竟我们第一家访问的家庭,两年才吃一次自家养的羊。西瓜为什么是冰的?也许这个问题的答案已经不重要了。

我们组的题目是财产与继承。与其他组相比,我们的工作像是在收集古老的民歌。在辛庄村的这几天我一直在想，我们的这个实践活动会对村子造成什么样的影响呢？也许我们只能作为村里的谈资，也许我们的文章会成为村里人了解自己的一面镜子，也许这个村子会因为我们的调研和建议得到不一样的发展。

我希望我们的工作能让村民们过得更好。我希望我们的工作能让勤劳而热情的人们生活得更加快乐。这也是我学经济学的本意。

刘梓轩

此次陕西吴堡辛庄村之行，触动了所有人的灵魂。

旅途中，我觉察到一种对城市人而言无可避免的违和感——陕北老乡对重男轻女现象的理所当然与他们的善良淳朴、他们寒酸的文化水平与惊人的生活记忆力、他们狭小的活动范围与广博的生活阅历……不协调却也不矛盾，或许这就是真实的农村，非调研不能认识之。

调研本身则让我深刻地认识了知易行难的道理。印象最深者即是询问老乡物品折旧后的价值这个主观上很难作答的问题的过程：由于直接问现值太过抽象，我们有时不得不"拐弯抹角"——如"这个东西能卖多少钱？"，甚至"如果把这个东西从这里拿走，您要多少钱？"——方能得到答案。

给我印象颇深的是老乡们对生活苦难的诉说，与声泪俱下的电影式煽情不同，他们仅仅是微皱眉头，以平静甚至枯燥的语调陈述悲惨的事实。这不禁让我想到阿炳独奏版本的《二泉映月》：与后世伴有华丽管弦乐协奏的音乐厅版本相比，阿炳的版本只用了一把二胡，却给人以绝妙的艺术感受。这，或许就是中华民族对于苦难与不公的情感体验，与《悲惨世界》抑或"高贵的愤怒如波涛般翻滚"般的欧式表述完全不同。

当然，此次旅程也不免激起我对中国农村前途的思考：农村的衰落看上去无法避免，但18亿亩的耕地红线又坚定地告诉我们，中国农村不会消亡。不仅如此，日益增长的人口还暗示我们，农村不仅不会消亡，还要扮演更加重要的角色。到那时，或许会有数不清的如空心挂面、炸油糕、张老师旧居一般的闪亮元素进入都市人的视线，城里人会毫不吝惜地为它们"慷慨解囊"，再加之劳动力减少导致的大规模资本使用，我们的农村也许就能摆脱贫穷的刻板印象，真正成为田园牧歌的乐土。

但过渡的过程将是痛苦的，注定有数以十万计的农村终将人去楼空。辛庄村能否免于这种命运？雷厉风行的霍主任和勤劳要强的村民让我看到了希望。

路遥的《平凡的世界》和数部革命题材影视剧曾构成了我对陕北农民生活的全部认知。但在此次行程后，我只想说：

真实的世界，比《平凡的世界》更加平凡。

朱依诺

前往辛庄村进行调研对我个人而言，有三点格外触动人心。

第一点，便是农村地区的真实生活情况和我们所了解到的信息之间的矛盾。我们当然知道村庄是穷困的，农村的各项设施对我们而言也并非毫无概念——旱厕、沼气池乃至乡间小路。但是真实的世界和纸上谈兵的巨大差距，无疑是令人震撼的。纸上无数次写下的"贫穷"，也比不上走进窑洞时，门额上方摇摇欲坠的石块，和受访者苦笑着说自己母亲险些被石头砸到的感受真实可靠。

第二点，是大政方针制定与地方管理者执行间的矛盾关系。比如国家制定的为保护环境而发放野生动物到农村进行保护繁衍的政策，旨在保护青山绿水，但当地居民普遍表示：发放到当地的野鸡不仅破坏农作物、使得每年春天需要播种多遍才能顺利完成耕种，而且也没有领到应有的补贴、更不能捕杀野鸡，实在是造成了巨大的麻烦。此外，国家试图给予人民对土地的更大权力，但地方领导者的土地政策可能造成完全相反的认识。

第三点，则是调研手段本身相关的。我们对于调研这个行为究竟该如何看待？我尝试在交流过程中更多使用当地的方言、平易的语言和前倾的身体姿态，这种更加平等的、唠嗑一般的感觉实际上也的确帮助当地居民放松了心情，更愿意和我们进行交流。语言上的流通是非常重要的，第一天我们麻烦村委会干部进行翻译中介时，得到的信息和受访者的态度和之后都有鲜明的反差。我们在正式采访前或许还是应该在当地略微生活一段时间，熟悉和感受当地文化，以便采访的顺利进行。

后续几天的行程中,还是陕博的参观最为打动我。历史的洪流滚滚前去,只有这些物品长久留存,见证着历代人的是非功过。青铜龙、倒置壶、唐三彩……无不给我留下了深刻的印象。

此次行程总体而言,是瑕不掩瑜的。从中学习到的、收获到的某些抽象性的东西,也将伴随我的学习、研究生涯一路继续下去。

王子晨

第四章

本次调研加深了我对中国经济现实的认识。正所谓"纸上得来终觉浅,绝知此事要躬行",经过与村民几天的深入交流和在村中的实地考察,我真切地体会到了脱贫攻坚的难度、问题与重大意义。我发现,"精准扶贫"在出发点上是好的,但在具体执行中,存在着不小的水分与浪费。我认识到,要让乡亲们真正脱贫,不仅需要更加完善的社会保障体系来"兜底",更需要加快城乡统筹,推进城市化,为年轻人提供更开放的发展平台和更多机会。我更感受到,中国这个泱泱大国治理的难度与复杂性。

在辛庄村调研之后,我们又进行了一系列参访。通过参观陕西历史博物馆,我再次认识了中华文明的辉煌灿烂;通过参访梁家河、延安革命纪念馆等红色遗迹，我真真切切地感受到中国共产党"为人民谋幸福、为民族谋复兴"的初心。随着2050年中华民族伟大复兴时间节点的接近，我们青年一代将在民族复兴的时代潮流中，完成更加艰巨的任务。在未来的学习中，我不仅要把经济理论掌握扎实，更要积极实践，把书本上的理论与经济建设的现实紧密地结合起来，为人民生活改善、国家发展做出实实在在的贡献。

胡诗云

为期十天左右的社会实践结束了。在辛庄村的实地走访令人难忘，尽管听懂陕北老乡的口音略带困难，但通过一次次略显吃力的交流，我们得知了吴堡人民面朝黄土的每日生活，农民们的热情让我们感动，最后盛大的欢送会更是成为我们这十几天行程的难忘记忆，但值得我们深思的是，辛庄村为什么至今还是几千年以前的生产方式，为什么至今辛庄村的人民都还在种地，靠天吃饭？

从辛庄村人民的谈吐中，我们也许可以略窥一二。对于辛庄村人民来说，吴堡是"县城"，绥德就是"城市"，延安则是"大城市"，西安就成了"世界中心"。虽然西安如今已经成为了国家中心城市，但和世界上其他城市相比确实是相形见绌的。辛庄村人民的见闻让我们看到了当年"乡下人进城"的影像，而这种农村和城市的割裂感相比起以前的故事甚至有过之而无不及——故事里面什么都有,农村人最终安居大城市,但辛庄村的老伯们则只能一辈子扎根在黄土地上,带着对于"大城市"的幻想走完一生。

当然,类似的悲剧现在已经很少上演,上述故事主要来自我们对于老年人的采访,而如今的年轻人已经走出了辛庄村,见识了外面的世界,但随之而来的就是辛庄村的老龄化和空心化问题,村子里面只剩下了老人,而一个只有老年人的村子最终必然走向消亡。出乎我们意料的是,辛庄村的填沟工程一定程度上帮助了劳动力的回流。"村子里好久没有这么热闹了。"采访时一个老伯这么说。然而,基于基础设施建设带来的村子的生机能够持续多久,辛庄村是会重焕生机,还是会不可避免地消亡,唯有未来才会知道。

江弘毅

"靠天吃饭"算不算"听天由命"?

从县城要颠簸一个多小时才能到辛庄村口,从村委会到稍远一点的人家就又要近半个小时的翻山路;村里多是沟壑和陡崖,平整的土地甚少,作物的幼苗大多都在龟裂的黄土地上努力地生长着。辛庄村的自然条件可谓恶劣。村民大多都会说到一个词"靠天吃饭",这里面有多少辛酸、无奈。因为交通闭塞,条件恶劣,村庄年轻人外出务工,老人留守,乡村逐步老化。

在这种情况下,村里大兴土木修建工程,依靠外部投资为村民提供工作岗位，为年迈的乡村注入了活力。大型广场几近完工，水利工程和观光景点尚在规划，辛庄村的宏伟蓝图颇有"我命由我不由天"的态度。

然而这一工程完工之后，村庄何去何从？"靠天吃饭"的村民改变不了微薄的收入，集体合作农业的成效也有待考证，更重要的是，再轰轰烈烈的工程也难以扭转村庄不断老化的进程。村庄的条件难以维持对于年轻人的持久吸引力，村庄内的老年人也难以充分利用修葺好的气派的广场和设施，大型工程可能难逃被闲置被荒废的命运。所以"靠天吃饭"究竟是"顺其自然"还是"自暴自弃"？"人定胜天"又究竟是充分发挥能动性的自我实现过程，还是逆流而上的不自量力？对于辛庄村的这一"村庄梦想"来说，在经济学的角度看最终可能造成资源的浪费，但从村庄的角度出发，这一工程却会带来村民自我价值的实现和幸福指数的提高，所以可能这一问题并没有绝对对错的答案，但让我们在看待这项梦想工程时有了更多的思考。

辛庄村的工程可能只是中国的一个缩影。各地大兴土木以刺激投资和就业，我们往往只能看到当下的繁荣，而不愿意去想未来。再宏伟的工程，如果没有人持续的参与，就是死寂；如果只顾眼前的热火朝天，不将可持续发展这一目标落到实处，那么必然会受到浪费的惩罚。

小小的村庄里，蕴含着一个中国，这便是此行的收获。

洪景鹏

第五章

从 7 月 3 日初入辛庄，到 7 月 13 日返京，10 多天的实践活动已然结束，也许我再也不会回到辛庄村，但这些见闻会是漫漫人生路上的财富，像是珍珠一样，躺在记忆深处闪烁着，照亮着我。

在辛庄村的五日，毫无疑问是最艰难辛苦的时光，辛庄村给我的第一印象是大部分农户仍未能脱离的贫穷。我走进的第一户人家里，奶奶独自一人在家，说着我不太能听懂的陕北方言，腼腆地笑着、回答着我们不太成熟的提问，就这样我逐渐走进了一个典型辛庄人的生活：问到饮食的时候，奶奶慢慢走到灶边拿起中午的碗——里面还剩了小半碗中午吃剩的小米饭，她依旧腼腆地用筷子夹起一小口喂进嘴里。我走进的十户人家里，也有经济条件较为宽松的，但大多数都仍过着紧巴巴的生活，贫穷仍然像幽灵一样缠绕在辛庄村人民的周围。从世界，到中国，到每一个城市，我们都在繁荣的求索之路上，也收获了许多成就，在遥远的村庄里，"脱贫"的号角也正响，但脱贫是否真的有效、如何让每个人都能可持续地脱离贫穷，是我们每一个人应该思考的，更是我们这些经济学的研习者应该思索并为之苦苦奋斗的。

尽管仍身处贫穷之中，辛庄村人民对生活的热爱与勤劳也深深打动着我。从村口处漫天黄沙里辛勤劳动的村民，到每日起早贪黑牧羊、做挂面的人家，每一个村民都在为着自己、为着儿女们更好的生活奋斗着；村民们也会在节日里聚在一起扭扭秧歌唱唱歌，在走访的十户人家里，辛庄村每一个村民都有着自家难念的经，不论是疾病还是儿女的婚嫁与房子车子，但他们的脸上从来都是笑呵呵的，不曾埋怨过什么——也许这即是罗曼·罗兰口中英雄主义"认清生活的真相后仍然热爱它"的体现吧。

从辛庄村离开后，我们来到了延安与西安这两座历史古城，走进了延安革命纪念馆、西安历史博物馆、西安事变纪念馆等。再次走进几十年前的那些地点，带给我无限的敬畏感，延安精神是那个时代的产物，但时至今日，也仍是宝贵的精神财富，也适用于社会、生活的方方面面。

陈潇爽

辛庄村是我调研过的第二个村落。在经历过广西都安扶贫调研后，辛庄村的一切对我来说都好似预有准备，却又无处不透露出一种新鲜感。闷热与潮湿是都安夏天的代名词；而辛庄村所拥有的，却是烈日下难耐的燥热，与永远吹不尽的黄沙。

生活方式实际上是一个相当社会学的题目，与经济学有关的内容实际上少于与社会学相关的话题。所以，调查时的感性认识便相当要紧。尤记得调查前两天时，我们问问题的方式还相当凌乱，但在经过了几天的整合、归纳、复盘、讨论之后，我们形成了自己的话语体系，发掘了一套提纲挈领的思维脉络，在提出问题时逐渐懂得有的放矢。

最难能可贵的，是我们学到了许多象牙塔中无法习得的知识。随着时间的推移，我们发现沟通时要留有余地、放慢语速，营造一种和缓的氛围，我们成了和农户们聊天的朋友，而不仅是为了工作而入户的访员。这样得到的知识和信息，与用表格与按键器得到的内容相比，有着不一样的温度和热忱。

和全国大部分农村一样，辛庄村很穷。我在城市里一个月几千元的生活费，到了辛庄村却可能是某居民一整年的收入。

这相当不公平，起点、过程和结果都不公平。

在北大的两年光阴，让许多事情都在我的生命中逐渐沉淀了下来。那些不公，那些底层的无奈与痛苦，这曾是击水少年心头的一条芒刺。但是，时间、阅历，这些都是宝贵的财富，它们无时无刻不在提醒着我："多谈些问题，少谈些主义"——大有裨益的并非遥远的上层建筑，而是切身细碎的诸多事宜。农民的礼节性负担真的来自随礼时出的份子钱吗？并非如此。经过分析讨论，我们发现真正的罪魁祸首实际上是办酒席花的钱。然而，不办酒席就收不回回礼，所以农户才会不断地办席请客。而这种经济关系同时又与道德准则联系在了一起，用村中熟人网络的声誉约束着人们的行为。这是一种道德绑架，其根源来自婚丧宴席的大操大办。不高的收入水平与巨大的婚丧开销并不匹配，婚事丧事从简实际上便可大幅度改善农民的生活方式。改变一个文化体的习俗有多难？这是一个难题，但同时也并非一个不可能的任务。小事也可以从小处着眼，能够被我们改变的事情还有很多很多。

张想

本次调研的见闻和感悟自然有很多，第一次在内陆省份见证最真实的甚至有些原始的农村生活，了解黄土高原上的劳作者们与刻板印象中的区别，倾听他们的勤劳、忙碌和琐碎，观察这个国家最底层的面貌。而其中我最想谈的是我们观察到的这个村里的人们对未来的求索——相似的艰难的攀缘可能在中国广大土地上的其他千万个村庄中同时发生着。

不得不说，想象这个村子的未来时我有些绝望。本来就自然条件恶劣，交通极为不便，容易成活的特产枣、杏又遭到全国其他地区的倾轧，近些年完全断了销路。村里的年轻人太少，其一，是种地极为辛苦却挣不来钱，其二，是我认为更关键的，曾经在外闯荡，受过教育的年轻人已经认识到倘若自己的子女不能接受良好的教育，在社会等级的阶梯上攀升，那么他们将终其一生被困在这个狭小的村庄里。因此虽然镇上的学校设施已经十分完善，但年轻的家长们知道那里没有好的师资，所以不惜成本地把孩子送到县里市里去读书。

这本来看上去是一个合理又励志的故事，但通过教育逆转人生之路真的那么顺利吗？我们的受访户中有一个在吴堡县上初中的孩子，我们仔细询问了他的学习生活情况。主色调是灰的，没什么朋友，有空就打游戏，不喜欢学习，班里有同学读不下去就辍学，不知道要不要上高中，更不知道以后想做什么。我自然不能确认说每个初中的孩子都是这样，我甚至更希望他只是一个个例。但他身上折射出的农村孩子的一些特性，内敛，害羞，有些孤僻，迷茫以及环境造就的狭隘，我猜想会有不小的普遍性。家长们竭尽全力把孩子推上起跑线，但孩子或许还不知道未来的残酷——这也并不能怪他们。而且就算如此，连孩子都能察觉出老师讲得不好的极为普通的初中，在省市内的竞争力究竟有几何？因为不止贫困的家长想在教育上找出路，社会地位越高的家长越能意识到教育之重要并投入得更多。所谓倾尽全力去寻找出路，最后会不会因为投资能力上的差距而反而越离越远呢？

我为辛庄村，也为与之相似的无数农村担忧；我担心他们的努力成为无用功，而且直到目前，我们也并不知道应该怎么做，不论是让他们怎么做，还是我们如何去进行帮助。

周润人

第六章

既然是心得感悟，字数又有限，不如借此机会写一些放不进实践报告里的东西。这些东西多是途中遇到的平凡画面，不知怎的却给我留下很深的印象，在漏出脑海之前把它们记下来。

第一个画面大概是坐车进村的那一天。同学们还没有经历实践的"摧残"，伸长了脖子盯着窗外看。巨大而斑驳的黄土地，一道道深沟分布其间，像是要把地块割开吞掉。我从没来过陕北，此时只反复想着高中地理书上"黄土高原沟壑纵横"一句。但是跟高中学的不同的是，地上被深深浅浅的绿色覆盖着，也许是前些年退耕还林的成效。张维迎教授讲座时说，近来陕北气候改变，榆林等几个市降水增加，植被长起来，但也让当地的枣树收成锐减。后面我们去农民家里调研，很多人家也提到，去年秋天的雨水让正在结实的枣树烂在地里，几乎颗粒无收。农业生产的脆弱性由此可见一斑。

第二个画面跟窑洞内的生活有关。几家的调研之后，我感觉到一种明显的区别。到访的几位贫困户家中，光线昏暗，墙壁沾着油腻的灰，男主人光着脚踩在地上，一根接着一根地抽烟。我们就在这呛人的烟气中询问他收入的来源，"地就随便种种，卖不出价格。平时生活就靠补贴"。但是在不远处的另一个人家中，老两口依靠种地卖粮食的收入，修了干净的独立浴室，打了两口旱井。我们在阳光下聊天，院子里有晒干的杏子，储藏室里有成缸的粮食，老奶奶脸上有和缓的笑容。

我当时几乎要推翻组里辛苦总结的报告思路了。诚然，在这个交通的陕北山村里，农业发展有着天生的劣势，但这真的是问题的全部吗？到底是因为贫穷导致了一些落后甚至消极的生活态度，还是因为这种懒散的生活态度和精神面貌导致了人们无心生产？张维迎老师的那句"福利国家引发堕落"又在脑海里响起来。

第三个画面是临走的时候，大半个村都在准备联欢会，我们组向霍主任偷出一点时间，想问问去年开始的集体经济的事情。询问得知，辛庄村的桑树和花椒树种植确实是统一规划和申报的，但是比起20世纪60年代的农业生产合作社，更像是一个巨大的企业，霍主任就是那个中心缔约人，也就是企业家。他的想法是，既然单门独户的生产无法致富，那集结整个村子的力量、利用规模经济的优势也许可以杀出一条路。站在高处，霍主任告诉我们，那个声势浩大的"三峡"工程建成后，村里的沟壑变平原，最西边可以建小杂粮加工基地，中间是花椒基地，东边用作扭秧歌的平台和村委会的扩建，等我们下次再去调研，就不会再出现坐不下的状况了。

我心里动了一下，似乎也被霍主任的热情所感染。在人口流失的大背景下，辛庄村能否在霍主任的领导下，利用剩余劳力和政策支持，发展出有长久竞争力的产业；还是会像其他很多村落一样，逐渐消失在历史的长河中？三年以后定当回访。

訾亦然

农村的贫穷，是一个沉重而无法忽视的话题。很多时候我们对农村的了解仅来源于一些网络上的社交媒体，加上一些想当然的认知，与现实相差甚远。这次在辛庄村每家每户的走访经历以及与村民、村干部的交流给我的最大感受就是：要去真实世界中看中国经济的发展状况，唯有亲身体验，才能体会到现实中的改革与发展受到的约束与阻碍。

辛庄村是贫穷的，地处黄土高原，干旱的气候与被零碎分割的土地限制了农业的大规模生产，农民无法仅靠土地生活，很多村民外出打工。但贫穷带来的困境不仅是物质上的匮乏，更多的是在生活选择上的局限。即使外出打工，收入也仅能维持生活，没有储蓄，家里一旦有人生病，所有家庭成员的生活都会受到很大打击。在子女的教育上，很多村民也显得不够重视或无力重视，这种情况下子女往往只能重复上一辈的生活轨迹。没有机会、没有希望，这是我认为贫穷带来的最大困境。而要帮助农村摆脱贫困，最重要的即是扶持一个可持续发展的机会，给村民发展的信心和希望。这正是辛庄村新一任领导班子在做的事，在村主任霍东征的主导下，村里平整了几百亩林地，种桑树、花椒等经济价值较高的作物，计划在填沟造出的平地上建小杂粮加工厂和花椒生产基地，尽管现在还不能知道这些规划能否给村里建立起具有支撑性的产业，但我认为这激发了村庄的内生发展动力，具有可持续性，可以说是授之以渔而非授之以鱼。

讨论贫穷和如何脱离贫穷，最终都要回归人本身。通过教育、通过提升个体的能力和面貌，带来希望。贫穷并不可怕，可怕的是贫穷的重复，只有可持续发展的机制和可持续发展的人，才能从根本上切断贫穷。

姚思雨

七月初，我们在徐老师、蒋老师等老师的带领下，对陕西省榆林市吴堡县张家山镇的辛庄村进行了深入的调研，在挨家挨户的探访后，收获很多，触动很大。之后我们又抵达延安、西安等地，缅怀了革命先烈，感受了历史文化古韵，这次经济学社会实践顺利完成，给我了很深刻的触动，特别是在辛庄村经历的一切一切，让我窥见到了真正的农村是什么面貌，也引发了我对经济学学习方法和学习意义的思考。

辛庄村的观察让我知道了中国的贫困一面，中国的农村问题很多，农民生活很艰苦，如果说之前的华为参访让我感受到祖国强大的一面的话，那么辛庄村的调研是让我认识到了祖国虚弱的一角。想起林老师的话："只要民族没有复兴，我们的责任就没有完成，只要天下还有贫穷的人，就是我们自己在贫穷中，只要天下还有苦难的人，就是我们自己在苦难中。"以前只是在书本上看到，觉得这个胸怀很伟大，但辛庄村一行让我真真切切体会到了这句话的分量。

我还认识到做学术一定要严谨，要实事求是。中央的一个政策，经过一级一级的传递，在基层会变成完全不同的样子，这值得思考。学术一定要有现实的根基，要严谨，要实事求是。错误的理论，错误的做事方式，一级一级传导到基层上，会造成巨大的灾难。

　　淳朴热情的村民也给了我很深的印象，他们对北大学生的热情，对北大的向往与敬重，对比他们的贫困处境，让我既感动又难过，让我又一次思考自己学习的意义。特别的一点，我在调研中发现，同样的条件下，有的人很勤劳，努力奋斗，自己日子过得相对很好，而一些人，懒惰、没有眼光、不愿吃苦，有些人把生活指望在补贴上，把养老指望在政府身上，完全不愿靠自己努力奋斗，这是要引以为戒的。

　　之后的红色教育，就我在陕西革命老区的经历来推断，当年的条件真的非常非常艰苦，在那样艰苦的条件下，共产党人努力奋斗，领导中国人民取得了今天这样了不起的成就，这种精神值得我们学习并践行！

　　无穷的远方，无数的人们，都和我有关。学习不光是提升自己，更是要用来造福人民，希望自己努力成长，能为中华民族的伟大复兴贡献一份自己的功劳。

陈艺多

第七章

　　在这之前，我对陕北的视觉印象全部来自纪录片：那些窑洞在想象中总是幽暗的，挂在墙上的玉米串似乎也并不新鲜。陕北人在农忙时是罗贯中《父亲》中的老汉，农闲时则摇身变成高唱"山丹丹花开红艳艳"的民间奇才。我对农民工的理解，也仅停留于春节返乡大军与城市边缘人。

　　走访的四天里，陕北农村的图景逐渐立体起来。使我吃惊的是，黄土地上竟然覆盖着绿荫；一场夜雨过后，山中凉爽犹如秋日之清晨。即使是贫苦人家也可以住上一连五孔整齐的窑洞，端上最甜美的杏子。玉米大约都是新鲜煮着吃的，爽洁鲜甜。这样的家乡，想来也是足以怀念和自豪的。

　　稍稍了解村里的情况，心情就不能不感到有些沉重。"农村真穷，农民真苦，农业真危险"这句话，即便是在这即将脱贫之年，也仍应使人警醒。村里的老人们每天早晨不到五点起身，先走一段陡峭崎岖的黄土路，再到几公里外的地里劳作。如果身患脑梗，一个小时下来可能就两眼漆黑不见庄稼。疾病对家庭的冲击总是令人心痛，直肠癌可能导致孩子的求学梦瞬间破碎，脑梗可能瞬间将一个年轻力壮的民工打回农村。从前不自觉地将全国各地农村与我所属的村庄比较，如今看来不太公允。

我们仅仅用记录本上短短一行，来概括个体的一生。数字和直接的交谈给人的冲击都非常大，家户之间境况之差别无疑是显著的。但是当唢呐高歌，秧歌起舞，这时无论是扯着桌布流泪的奶奶，戴着眼镜抱怨时代不公的老三届，还是户口被扣在娘家的胖儿媳，都会带着爽朗的笑容加入队伍之中。有些痛苦在我们无法想象，但脆弱的苇草即便经受摧折，仍然可以迎风起舞。我们，他们，还有他们在城市里打拼的儿辈们，在这时便显出本质上的同一性。痛苦与阶级差别不是人的本质。

延安城里，我见到一位卖水果的小贩。我仿佛看到他窑洞里的母亲坐在牌桌边，红着眼望着黄土山，等着朋友来打牌。

冷泓霆

本次调研给我带来了非常深刻的印象，因为这是我第一次，实打实地，面对面地，进入并调查农村。在本次调研之前，农村、农民、农业，对我来说是一组浮萍一样的词汇。在平时的话语中，这些事物抽象地和其他概念发生着某些对我而言没什么真实感的联系，使得我在平常生活中言说这些词汇时，往往持有一种十分轻浮的态度。然而，本次调研彻底地打翻了我的这种无知的傲慢，我深切地体会到，当我说到农村、农民或者农业这样的词汇时，背后存在着一个沉甸甸的真实世界。所谓"相在尔室，尚不愧于屋漏"，我和我访问的对象同处在一国之中，所以，我只有负责任地谈论社会问题，珍惜自己的生活，才能不使自己感到羞愧。

我们小组所承担的非农就业话题，为我打开了了解年青一代农民生活经历的窗口。在调研的过程中和报告的撰写中，我竭尽全力地希望，能够通过非农就业这个角度，尽可能地展开一个农民的完整的微观生活。从社会的功能和城市的需要的角度来谈农民非农就业的文献太多了，它们准确又合理，却唯独远离了对农民群体的体贴。我希望我们本次完成的报告，能够为这些文献从农民生活的角度，略做一点点的补充。

这次调研使我明白，在真实的农民，农民的理想生活和城市对农民群体那不负责任的共同想象之间，有着天差地别。而从事学术的责任，就是要直面这些差别，把那些存在于自己心中的和社会当中的幻觉撕裂，去触碰和感受真实的社会。经济学的训练教会了我们重要的理性，但我们更不能失去难能可贵的同理心。只有带着同理心去看待社会，才可能看到社会中每个活生生个体的真实生活。

我相信此次令我受益匪浅的调查会使我难忘终生。

尉银杰

第八章

本次的调研地陕北和我的家乡山西相邻，黄河两岸的地理环境、气候条件和生活习惯都有很多相似之处。之前在山西我也去过不少农村,见过它们各种各样的发展情况。然而深入农村访谈确实几乎是头一次。去年我曾在河南参加过企业调查(ESIEC),跑遍了尉氏县相当一部分村庄。将这些经历对比起来,还是会发现许多相同和不同之处。

河南地处平原,村庄之间虽然道路状况优劣不一,但完全不存在山的阻隔。或许正是这个原因,河南尉氏县的村庄之间距离很近,同村人的房子也往往连在一起。有时甚至会出现本村的房子与其他村的房子连成一片的情况,这在晋陕的山区是无法想象的。晋陕的行政划分与自然界限有更大的重合度。

地貌地势的不同,再加上气候的略微差异,河南的种植业比本次调查的陕北农村要发达得多。我在尉氏的村间穿梭时几乎没有看到荒地,粮食作物产出在当地农村占非常重要的一部分。另外,地理条件的优势使得河南农村更有能力承载企业等形式的经营活动。

这几地的相同点也很明显,那就是农村的青壮年劳动力大量地外出打工。这当然是众所周知的现象。然而,我在两地都观察到了少数年轻人的回流。他们被农村的大力度优惠扶持政策吸引,在回村之后利用这些有利条件立刻成为了当地生产的新鲜血液。在陕北的挂面户和在河南的养羊户中,年轻人和老人的经营情况和感受是完全不同的。所以,乡村发展还是需要靠年轻人。他们不仅有活力,也懂得如何运用相关政策。

之前和同学老师交流,大家基本认同在如今的城镇化和人口流动大潮中,像陕北这样的农村很可能逐渐消亡,政府的政策只能是减缓速度。但是一旦城市发展到一定程度,城市劳动力过剩,过剩劳动力还是会选择回到农村。当他们面临选择的时候,会不会挑选更有发展潜力的农村,而非像陕北这样交通不便、地理条件先天不足的地区呢?他们的选择可能会决定那时中国农村发展的走向。但无论在哪里,他们都将成为农村现代化建设的中坚力量。

于元博

此次陕西之行,我们不仅了解了陕北农村的乡土风貌,也去到了延安、西安两座城市,领略了西部城市的风光。关于农村,在报告里写得够多了。结合我故乡上海的见闻,在此谈谈我对城市餐饮业的一些粗浅观感,也算是意料之外的收获。

我们所游览的城市按行政级别构成了一个完整的链条:从吴堡(县级),到延安(市级),再到西安(省级),并且都住在这些城市的中心地段。可以看到不同级别的城市,其中心餐饮业有着不同的特点。

吴堡县城中心的餐饮业主要是个体小店,有的颇有些大排档的性质,没有连锁餐饮店的踪迹。延安市中心则出现了一些连锁餐饮,我们早餐去的德克士就是一例;然而,除了西式快餐以外,连锁餐饮仍然较少;在万达广场这样的购物中心,餐饮业的门店数只有寥寥几家。西安市中心则有着丰富得多的连锁餐饮，包括许多国内连锁品牌，如"魏家凉皮"等，也有星巴克这样的咖啡厅；餐饮业的门店数大幅增加，往往能占据购物中心的一层。在上海市中心的一些新建购物中心中，餐饮业能占据数层，并且只有餐饮业热闹非凡，其他店铺则少有人问津。

餐饮业是城市发展水平的缩影。连锁餐饮的出现，说明当地家庭已能够负担有一定品质的外出就餐，聚会不再是外出就餐的唯一理由；餐饮业门店数的增加则反映出外出就餐频率的上升，一方面代表更快的生活节奏，另一方面也反映更高的消费水平。吴堡县到上海市的上述情况则类似于在一把尺子上标出了刻度。参照这些情况，我们大致可以通过一个城市的餐饮业发达程度来判断其级别。

严元可

第九章

刚从土耳其飞抵北京首都国际机场，我便马不停蹄地赶往陕西吴堡县辛庄村。

通过之前张维迎老师的介绍，我对辛庄村有了一个大致的了解，但我还是远低了它的贫困程度。

就如同"幸福的家庭总是相似的，而不幸的家庭却各有各的不同"一样，在辛庄村这片贫瘠的陕北土地上，每个家庭都在演绎着自己的生活方式，有效且贫穷。

"世界上有两个美国，一个是美国，另一个是纽约。"迈克尔·哈林顿在其著作《另一个美国》中所描述的贫困问题刺痛了美国社会的神经，这令时任总统肯尼迪下定决心掀起一场全美反贫困的斗争。便捷的交通、丰富的商品、高耸的大楼，诚然，我们已经习惯了城市的生活。但当另一个中国摆在我们面前的时候，真的会触目惊心。依旧记得在调研采访时，遇到了这样一户人家：户主自己外出务工月工资四千元，妻子离异，父母和哥哥均重度残疾，而两个不懂事的儿子月生活费高达七千元。交谈中，他平静地讲述着他的家庭状况，包括去年打工挣了四万元却只拿到四千元的经历。他未曾显现出一丝对生活的积极态度，双目呆滞，衣衫褴褛。

起初的我一直在鼓励他要对生活抱有信心，要相信苦尽甘来的道理，但随着聊天的深入我才醒悟，要是我处于那样的境地，自己的精神状态绝不会比他好，或是已经疯掉。家庭人力资本的极度匮乏使得他们除了中彩票以外没有办法逃脱贫困，处在贫困线下的他们没有资格去谋划自己的未来，只能去努力填饱今天的肚子。

在现行国家脱贫政策的实施下，辛庄村村民的可支配收入大多数来源于政府补贴。而缺少支柱产业的辛庄村，只具有极其微弱的造血能力。很难想象在全面小康社会建成之后，政府补贴的减少会不会让他们重返贫困。

是的,我刚从土耳其回来。我在那里遇到了很多中国面孔,他们住着最好的海滨酒店,享受着地中海惬意的阳光。他们享受的任何一个旅游项目的花销都至少是辛庄村村民一年的家庭支出。"中国是一个二元的社会吧",我这样说道。"中国是一个两百元的社会",徐晋涛老师纠正了我。

李丁丁

我们习惯于分析一串串冷冰冰的数字,试图从中读懂中国;却从未在真实世界中探索现实的存在。

直到这个夏天,当我们踏上黄土高原,顶着烈日,沿着山路前行,进入一户户农户家中,去了解他们生活的方方面面,去重新认识另一个维度的中国。每一家都有自己的故事,每个故事都让我们重新思考脚下的这片土地。那些宏大的设想在这里也得到了体现,那些依旧发生的问题在这里也没有消失,只是换了表现形式。当然,也有那些如果不来这里,就永远不会看到的问题。

村民们如何利用政策脱贫,村委会如何规划村子的发展,就像是一部宏大的现实巨著。商品的流通、信贷的利用、日常生活的点点滴滴……是整个中国乡村的缩影却又有着只属于辛庄村的一面。

不到一周的实践或许不足以了解辛庄村的全部,但却在我们的心中埋下了种子。就像和徐晋涛老师聊到的那样:"中国不是一个二元社会，而是一个二百元社会。"希望将来，我们可以亲自探索，用脚步丈量这所有的"二百元"。

李烨星

第十章

这次调研中，感觉自己真的收获很多，限于篇幅，这里只能简单谈谈最重要的两点。

首先，在辛庄村的调研中，自己第一次初步地了解了经济学田野调查的基本知识。在田野调查的过程中，一个有经验的调查者需要具备很多方面的知识和素质。比如，在入户调查之前需要了解当地的习俗或者有没有交谈的禁忌；在调研一个课题之前需要把相关的法律条文都找到通读，这样的调查才会有针对性；以及很多情况受访者自己也不清楚我们问题的答案，为了能够收到有效的数据，我们需要帮助他们厘清思路，选择受访者更容易清楚了解的问题和问法。问卷的设计也颇有讲究，徐晋涛老师向我们介绍自己当时设计问卷时，特意加了一个土地情况的绘图，这样就可以指着这个图，完成土地和林地部分大部分的调研，简化了提问的形式，也在这个过程中增加了与受访者之间的互动，使得调研过程不再死板僵硬，起到了活跃气氛的作用。

其次，通过几天在陕西农村基层与农户和村干部之间的交流，自己也深深了解到中国几十年改革历程中的不易与艰辛。很多时候一项政策制定后会对基层人民的生活产生翻天覆地的影响，一项政策落实到基层也难免会衍生出很多种执行方式。中国的改革没有先例和范例可循，政策制定者唯一能做的就是依靠走过的路的经验，战战兢兢地一步步前行。基层人民不容易，政策制定也绝非易事。在政策制定的过程中，不仅要考虑到社会整体福利、效率与公平，还需要考虑到基层的落实能力，没有基层的调研生活经验，书桌上的政策一定无法在真实世界中有效运行。中国过去几十年的好的政策和制度都是融合了许许多多基层和中央的智慧的成果。

非常幸运能够有这次机会触摸这个生动的中国，调研过程不容易，但是现在想想，就像一杯回甘茶，经历的事情多了，才能越发感受到这种经历的价值和财富。中国的改革任重而道远，我们关注基层的心，永远在路上。

夏心怡

光阴似箭，不到两星期的社会实践很快就迎来尾声。在这两星期里，我们走访了吴堡县辛庄村的各户村民，对乡村土地制度有了更深刻的认识，也在梁家河、延安等红色教育基地留下了属于自己的印记。实践短短十天，带来的触动却远胜过在象牙塔中的日子。所获几何？心中思绪万千，仿佛有千言万语要写下，但思前想后，千言万语汇作一句话——"绝知此事要躬行"。

"纸上得来终觉浅，绝知此事要躬行"，这是我小学时便耳熟能详的诗句，只是一直以来阅历尚浅，并不觉得其中有什么过人之处，但此番辛庄村调研，却让我亲身感受到了其中的韵味。在两年的经济学学习中，我始终在和经济学理论打交道，对经济学实践的了解也仅仅来自书本和报刊，真实探访可谓寥寥无几。但是一些现象、一些问题，坐在书斋里是绝不能凭空想出来的，只有实地去探查才能发现。

此次参访给我最大的冲击在于对集体化的看法。在传统印象中，集体农业低效，应该由个体经营，但是在辛庄村中，却分明发生着土地从个人到集体的自愿流转——村民自愿把土地"入股"到村里形成合作社，集体化的趋势正在重现。为什么会发生这种改变？村民的闲谈击中了我："地太小打井不划算""找不到收购商""不敢尝试（新作物）、怕赔钱"……这促使我往规模经济、交易成本和不确定性的角度上考虑，最终我发现，如果把集体化理解成企业，那么集体化与否，不就恰恰取决于推动企业形成的力量和企业形成的成本的对抗吗？再进一步考虑，村委会不恰好符合企业家的角色吗？从企业的角度理解集体化，各类问题都迎刃而解！第一次从真实世界中"取经"便如此有趣，也难怪乎张五常会对理解经济运行如此痴迷。

这次实践给我的触动还不止于此。我国的农村人口仍然占到总人口的 40% 以上,但直到这次调研,我才开始注意到他们的生活,倾听他们的声音,但要了解农村的真实情况,短短几天的走访显然是不够的。这个世界如此宽阔,我对此了解的却少之又少,我越发感到自己的无知和渺小,所谓"仰之弥高,钻之弥坚",或许便是这样的感受。但是,正是认识到世界的宽广,我们才有动力走出书斋,去探查现象背后的奥秘,与其"羡长江之无穷",不如"焚膏油以继晷",沉下心来向世界学习。这或许是此次陕西之行,对我最大的触动吧。

赵家琪

参考文献

Becker G. S.：《人力资本》，梁小民译，北京大学出版社1987年版。

《合作社+农户，脱贫好门路》，《长治日报》，搜狐网，http：//www.sohu.com/a/277655533_99958012，2018年11月25日。

陈志：《我国农业可持续发展与农业机械化》，《农业机械学报》2001年第1期。

费孝通：《江村经济》，商务印书馆2001年版。

费孝通：《江村经济 中国农民的生活》，商务印书馆2001年版。

费孝通：《乡土中国》，上海人民出版社2006年版。

李建民、王金营：《人才资源在经济增长中的作用研究——来自京津沪三城市的实证结果》，《人口与经济》1999年第5期。

李建民：《人力资本通论》，上海三联书店1999年版。

林毅夫：《解读中国经济》，北京大学出版社2018年版。

莫丽霞：《当前我国农村居民的生育意愿与性别偏好研究》，《人口研究》2005年第2期。

全国人民代表大会：《中华人民共和国继承法》，1985年4月10日。

T. W. Schultz：《改造传统农业》，梁小民译，商务印书馆2006

年版。

T. W. Schultz:《论人力资本投资》，泽珠华译，北京经济学院出版社 1990 年版。

王金营:《对人力资本定义及涵义的再思考》，《南方人口》2001 年第 1 期。

王志:《浅谈加强农村合作经济组织管理的措施》，《中国市场》2019 年第 22 期。

闫磊、刘震、朱文:《农业产业化对农民收入的影响分析》，《农村经济》2016 年第 2 期。

杨发祥:《当代中国计划生育史研究》，《浙江大学》，浙江大学博士学位论文，2004 年。

姚宝刚:《现代农业与农业机械化发展》，《农业机械学报》2006 年第 1 期。

姚洋:《发展经济学》，北京大学出版社 2018 年版。

赵立人、朱楚珠:《计划外二胎问题初探》，《人口研究》1983 年第 3 期。

周立群、曹利群:《农村经济组织形态的演变与创新——山东省莱阳市农业产业化调查报告》，《经济研究》2001 年第 1 期。

周其仁:《产权与中国变革》，北京大学出版社 2017 年版。

周其仁:《市场里的企业：一个人力资本与非人力资本的特别合约》，《经济研究》1996 年第 6 期。

周其仁:《中国农村改革：国家和所有权关系的变化（上）——一个经济制度变迁史的回顾》，《管理世界》1995 年第 3 期。

周其仁:《中国农村改革: 国家和所有权关系的变化(下)——一个经济制度变迁史的回顾》,《管理世界》1995年第4期。

朱希刚:《农村产业结构调整与农村经济发展》,《农业技术经济》1999年第6期。

[美]弗兰克·奈特:《风险、不确定性和利润》,王宇、王文玉译,中国人民大学出版社2005年版。

[美]曼瑟尔·奥尔森:《集体行动的逻辑》,陈郁、郭宇峰、李崇新译,上海人民出版社1995年版。

[美]欧文·费雪:《利息理论》,陈彪如译,商务印书馆2013年版。

[美]西奥多·W.舒尔茨:《改造传统农业》,梁小民译,商务印书馆2006年版。

[英]约翰·伊特韦尔、[美]默里·米尔盖特、[美]彼得·纽曼:《新帕尔格雷夫经济学大辞典》,经济科学出版社2018年版。

Akerlof, George A., "The market for 'lemons': Quality uncertainty and the market mechanism", *Uncertainty in Economics*. Academic Press, 1978.

Alchian, Armen A., and Harold Demsetz, "Production, information costs, and economic organization", *The American Economic Review*, Vol. 62, No. 5, 1972.

Barro, Robert J. and XavierSala-i-Martin. Convergence. Economics Vol. 32, 1993.

Barro, Robert J., Economic Growth in a Cross Section of Countries.

NBER. Working Paper no. 3120, 1989.

Fei Xiaotong, *Peasant Life in China*, London: Routledge, 1939.

Lin, JustinYifu, "Collectivization and China's agricultural crisis in 1959 – 1961", *Journal of Political Economy*, Vol. 98, No. 6, 1990.

Lucas, Robert E. Jr., "On the Mechanic of Economic Development", *Journal of Monetary Economics*, Vol. 22, 1988.

Nelson, R. R. and Phelps, E. S. "Investment in Human, Technological Diffusion, and Economic Growth", *American Economic Review Proceedings*, Vol. 56 (May 1966).